MARTIN RÜTTER

Wie immer Chefsache

GOLDMANN
Lesen erleben

Buch

Mattes Reuter hatte immer das Ziel, Redakteur bei der ZEIT zu werden. Leider hängt er aber noch mit vierzig als freier Mitarbeiter bei einem Stadtteilmagazin fest und wohnt, nach einer gescheiterten Beziehung, mit Hund Mina bei seiner erfolgreichen Schwester. Das liegt nicht zuletzt an seiner Philosophie, dass es »Sucher« und »Finder« gibt, und Mattes eindeutig zu denen zählt, die lässig warten, bis sie von ihrer Chance gefunden werden. Widerwillig kommt er der Anfrage nach, bei »Hassos Herrchen – Finas Frauchen« als Chefredakteur zu beginnen und merkt mit Entsetzen, dass er sich damit beruflich zunächst nicht verbessert. Aber er hat nichts zu verlieren und pokert hoch. Seine neu eingeführte Magazinrubrik »Ich hätt da mal 'ne Frage«, in der er sich unter dem Pseudonym Mina R. den Problemen verzweifelter Hundehalter widmet, macht ihn zum Hundeexperten, und sein Leben nimmt unerwartet Fahrt auf …

Autor

Martin Rütter, geboren 1970, Tierpsychologe, avancierte durch seine Sendung »Der Hundeprofi« (VOX) und zahlreiche andere Fernsehauftritte zum »Star der Szene« (Focus), da er sowohl den Hund als auch den Mensch versteht. Martin Rütter betreibt ein deutschlandweites Netzwerk mit Zentren für Menschen mit Hund und bietet eine fundierte Ausbildung zum D.O.G.S.-Coach an. Seine Sachbücher sind Bestseller, sein Langenscheidt-Buch »Hund – Deutsch, Deutsch – Hund« ein amüsanter und beliebter Ratgeber. Das gleichnamige Live-Programm, konzipiert als eine Mischung aus Information und Entertainment, wird vom Publikum begeistert aufgenommen. »Wie immer Chefsache« ist sein erster Roman. Gemeinsam mit seiner Familie und Hündin Mina lebt er bei Bonn.

Martin Rütter

Wie immer Chefsache

Roman

GOLDMANN

MIX
Papier aus verantwortungsvollen Quellen
FSC® C014496
FSC
www.fsc.org

Verlagsgruppe Random House FSC-DEU-0100
Das FSC®-zertifizierte Papier *München Super* für dieses Buch
liefert Arctic Paper Mochenwangen GmbH.

2. Auflage
Taschenbuchausgabe Mai 2012
Wilhelm Goldmann Verlag, München,
in der Verlagsgruppe Random House GmbH

Mitarbeit: Anette Dewitz
Umschlaggestaltung: UNO Werbeagentur, München
Unter Verwendung der Umschlaggestaltung der Agentur
Das Buero, Hans-Peter Müller, Düsseldorf, www.dasbuero.net
Umschlagfoto: © Melanie Grande
An · Herstellung: Str.
Druck und Bindung: GGP Media GmbH, Pößneck
Printed in Germany
ISBN 978-3-442-47791-3

www.goldmann-verlag.de

Danke an B und die 5 Ms.
Danke, dass es euch gibt.
Ohne euch könnte es nie vollkommen sein.

Und? Was wirst du machen?«, fragte Alex, der neben ihm her rannte. Es war ein Dienstag im März. Die Luft war an diesem Vormittag unerwartet kalt, aber sie roch nach Frühling und Aufbruch.

»Ich weiß es nicht.« Mattes wusste es wirklich nicht. Sie befanden sich auf ihrer zweiten Runde um den See, und er hatte sich vorgenommen, bis zur Ankunft auf dem Parkplatz die Entscheidung über den weiteren Verlauf seines Lebens getroffen zu haben. Seit gestern Vormittag überlegte er daran herum. Leider begeisterten ihn die Auswahlmöglichkeiten nicht sonderlich. Er fühlte sich wie mit Los Nummer 27 am Tombola-Tisch des örtlichen Schützenvereins, bei dem er sich zwischen gehäkelten grünen Topflappen mit Schützenverein-Emblem oder einem Zinnbecher mit Geweihprägung entscheiden musste. Nichts sah wirklich verlockend aus, und auf jeden Fall war alles weit entfernt vom Hauptgewinn. Es ging um eine Stelle. Er hatte zwar einen Job, aber als mehr konnte er seine tägliche Arbeit wirklich nicht bezeichnen, denn es war nicht annähernd das, was er sich beruflich als Ziel gesetzt hatte. Wenn er es genau betrachtete, konnte er es nicht mal mehr als eine Art Vorstufe sehen, denn Berichte über Goldhochzeiten und kleine Empfänge im Rathaus, die er als freiberuflicher Redakteur für das Stadtteilmagazin schrieb, waren nicht der direkte Weg zum Chefsessel der ZEIT, den er anstrebte. Gleich nach dem Abi war er frisch und unbeirrt gestartet, aber der

Weg erschien ihm inzwischen lang, und er hatte jetzt schon ziemlich viel Zeit knapp hinter der Startlinie vertrödelt. Am Ende lag aber immer noch das Ziel und wartete auf ihn – redete er sich jedenfalls ein.

Alex grinste: »Wolltest du nicht immer Chefredakteur werden? Ich hör dich das seit zwanzig Jahren sagen.«

»Ja«, sagte Mattes und versuchte ihn mit der Faust am Oberarm zu treffen. Alex wich lachend aus, bis Mattes es aufgab und stöhnte: »Ich wäre ein perfekter Chefredakteur. Aber doch nicht bei einem Hundemagazin! Sehe ich aus wie ein Typ, der seine Zeit beim Schäferhundverein verbringen will?« Er kommandierte übertrieben laut und herrisch: »Sitz! Platz! Aus!!«, was ihm wegen der Lautstärke einige verwunderte Blicke anderer Parkbesucher einbrachte, und seufzte: »Ich bin der Mann für Politik, Sport und Kultur. Nicht für Dosenfutter und Hundekörbchen.«

Sie fielen in ein langsames Tempo und blieben stehen, als sie am Bootssteg angekommen waren. »Warum nicht ein Hundemagazin?«, fragte Alex und machte ein paar Dehnübungen. »Schlechter als das, was du jetzt machst, kann es nicht sein. Seit Sarah dich rausgeschmissen hat, baust du ab.«

»Sie hat mich nicht rausgeschmissen, wir haben uns getrennt«, stellte Mattes richtig.

Alex nickte: »Das kann ich gut verstehen. Erstaunlich genug, dass sie dich so lange ertragen hat. Aber jetzt bist du raus, und sie hat die Wohnung behalten. Im Gegensatz zu dir kann sie sich die auch leisten.«

»Du redest schon wie sie«, sagte Mattes und richtete sich auf.

»Ach, komm«, feixte Alex. »Mit deiner Hundeerfahrung bist du genau der Richtige für ein Hundemagazin.«

»Einen verfressenen Hund zu haben bedeutet keine Hundeerfahrung.«

»Ich mein doch nicht Mina, ich denke an Arco.«

»Arco!«, stöhnte Mattes und erinnerte sich schlagartig an das gelbe Gebiss und die gefletschten Zähne. Und sofort hatte er auch die Erinnerung an die grummelnde Angst im Bauch, die er als Kind vor diesem Hund gehabt hatte. »Arco war kein Hund, das war ein neurotisches Pudelmonster«, sagte er. Alex lachte: »Ich hatte so einen Schiss! Ich bin niemals wieder mit zu deiner Tante Thea gekommen. Hast du kein Foto von Arco, wie er an der Tür steht und seine Zähne zeigt? Das musst du in der Redaktion vorlegen, dann hast du den Job, weil du ihn überlebt hast!« Er streifte sich seinen Pullover über und strich sich mit den Fingern durch die Haare, um sie wieder in Form zu bringen. »Wie viele Menschen hat Arco eigentlich zerfleischt?« Mattes schüttelte den Kopf: »Gar keinen. Aber das kann echt nur Zufall gewesen sein. Das Biest war völlig gestört.« Alex klimperte mit seinem Autoschlüssel: »Morgen rufst du mich an und sagst, was du machen wirst!«

»Vielleicht will ich den Job gar nicht.«

»Auch gut. Aber entscheide dich!«

Mattes setzte sich in sein Auto und fuhr nach Hause. Nach Hause? Es war das Zuhause seiner Schwester, die ihm großzügigerweise die Einliegerwohnung im Keller angeboten hatte, nachdem seine Freundin Sarah eine Entscheidung über ihre gemeinsame Zukunft getroffen hatte. Im Entscheidungen treffen war er noch nie so gut gewesen. Entscheidungen setzten voraus, dass man Möglichkeiten abwägen und sein Handeln aktiv planen musste. Das war nicht sein Ding. Er hatte meistens gewartet, bis etwas entschieden war und er nur noch handeln musste.

Mattes unterteilte Menschen in Sucher und Finder. Die Sucher waren Menschen, die ihr Vorgehen planten, aktiv handelten, Dinge anpackten und ihre Chancen suchten. Diese Menschen waren ihm zuwider. Ihm war nahezu alles zuwider, was ein Konzept hatte. Für ihn hatten Genies, zu denen er sich unumwunden und ohne jeden Zweifel zählte, kein Konzept nötig. Sie waren Finder. Sie lebten in den Tag hinein und fanden, mehr oder weniger zufällig, ihre Chancen. Wobei er natürlich insgeheim darauf hoffte, von der Chance selbst gefunden zu werden. Die Möglichkeit, dass eines Tages die ZEIT anrufen und ihm den Posten des Chefredakteurs antragen würde, erschien ihm darum nicht ganz ausgeschlossen. An manchen Tagen sogar ziemlich wahrscheinlich. Seine »Abwarterei«, wie Sarah es verächtlich nannte, die es als typische Sucherin nicht nachvollziehen konnte, dass er in aller Gemütsruhe darauf wartete, zu Höherem berufen zu werden, löste dann auch ihren Trennungswunsch aus. Nach vier Jahren zuerst glücklicher, dann zunehmend nebeneinanderher plätschernder Beziehung, hatte sie entschieden, dass er seine Sachen packen und den Wohnungsschlüssel abgeben sollte. Mit vier Kisten und seinem Hund Mina hatte er plötzlich auf der Straße gestanden. Nicht mal die obligatorische Stereoanlage hatte er ausstöpseln und mitnehmen können, denn auch die hatte Sarah gekauft. So wie die CD-Sammlung, die Möbel und den großen Kühlschrank. Er hatte kurz überlegt, ob er die leeren Weinflaschen einpacken sollte, denn zumindest guten australischen Rotwein hatte er regelmäßig mitgebracht, und damit gehörten die Flaschen rechtlich gesehen ihm. Aber er hatte das Gefühl, dass das lächerlich wirken könnte. Außerdem sollte Sarah sich ruhig an ihn erinnern, wenn sie die Flaschen zum Altglascontainer bringen musste. Vielleicht würde sie ihre Entscheidung kurzzeitig bedauern. Aber dann war es zu spät. Jedes Klirren der zerberstenden Flaschen im Container würde ein hörbares Zeichen für ihre zerbrochene Beziehung sein. Mattes und Sarah gab es nicht mehr.

Aber jetzt ging es nicht mehr um Sarah, jetzt musste er eine Entscheidung über sein Leben treffen. Seit seiner Schulzeit wollte er Journalist werden und schnell zum Chefredakteur der ZEIT aufsteigen. Das machte was her. Als Chef würde er eine Art Oberaufsicht über die anderen Redakteure haben, könnte Arbeit delegieren und müsste nicht selber um jede Zeile, die er geschrieben hatte, kämpfen, damit sie veröffentlicht würde. Er wusste intuitiv und schon sehr früh, dass das der richtige Posten für ihn wäre. Inzwischen wäre es ihm schon recht gewesen, bei der ZEIT nur Ressortleiter zu sein. Oder Redakteur fürs Vermischte. Oder hin und wieder Schreiber einer Kolumne. Hauptsache irgendetwas, das seinem Ziel ansatzweise nahe kam. Immerhin war er Abonnent, obwohl er zugeben musste, dass das wirklich die unterste Stufe einer Zusammenarbeit war. Journalistisch hing er als freiberuflicher Mitarbeiter bei einem Stadtteilmagazin fest. Mit immer den gleichen Artikeln, die ihn weder intellektuell forderten, noch in irgendeiner Weise bedeutsam waren.

Ein einziges Mal hatte er einen aufdeckenden Artikel über die Schlamperei und kriminellen Machenschaften beim Einkauf der Desinfektionsmittel im örtlichen Schwimmbad geschrieben, wurde nach der ersten Empörungswelle in der Leserschaft aber sofort von seinem Chef gestoppt, der über undurchsichtige Ecken mit dem verantwortlichen Sportdezernenten verwandt war. Oder war er mit ihm in der gleichen Grundschulklasse gewesen? Egal. Der Bademeister bekam eine Abmahnung, und Mattes traute sich seitdem nicht mehr ins Schwimmbad, weil er sich sicher war, dass er bei einem unerwarteten Zwischenfall im Wasser nicht gerettet werden würde, ja, dass die Wahrscheinlichkeit eines plötzlichen Badeunfalls in seinem Fall sogar sehr gestiegen war. Die Blicke des Bademeisters, wenn er ihn zufällig auf der Straße traf, ließen ihn annehmen, dass Schwimmen für ihn zu einer Risikosportart geworden war. Er traute sich auch in kein anderes Schwimmbad der Umgebung, weil er nicht wusste, wie weit die Kontakte des örtlichen Bademeisters reichten. Es gab genug Leute, die seit Stunden zwei Meter unter dem Chlorwasserspiegel auf dem Grund des Beckens lagen und von der Badeaufsicht angeblich nicht bemerkt worden waren, obwohl tauchende Kinder mehrfach auf »den Mann da unten« hingewiesen hatten. Oder andere, die beim Gehen auf den nassen Fliesen ganz zufällig und ohne Fremdeinwirkung ausrutschten und mit dem Hinterkopf genau auf die Kante eines Startblocks knallten, was unschöne Blutspuren im Schwimmbad und einen Genickbruch mit sich brachte. Inwieweit die Opfer sich zuvor mit dem Bademeister angelegt hatten, entzog sich seinem Wissen. Aber vermutlich gab es da Zusammenhänge. Nahezu alle Bademeister dieses Landes, wenn nicht sogar der ganzen Welt, waren höchstwahrscheinlich in mafiaähnlichen Strukturen organisiert.

Beruflich stand er also immer noch am Anfang. Finanziell und gesellschaftlich auch. Das hatte er sich vor zwanzig Jahren anders vorgestellt. In der Oberstufe schrieb er nur glänzende Aufsätze, die regelmäßig in der Schülerzeitung veröffentlicht wurden und ihn auf einer Welle der Zustimmung und Begeisterung surfen ließen. Im Abitur dann die erwartete Eins in Deutsch und ein anerkennender Handschlag des Direktors. Danach eine Ausbildung zum Journalisten. Alles wies auf einen geraden und stolperfreien Weg zum Ziel hin. Gut, die fünf Jahre beim Frauenmagazin ›Der rote Teppich‹ waren ein kleiner Umweg gewesen, aber es gab damals eben gerade keine freien Stellen bei seinen bevorzugten politischen Blättern. Er hatte immer großspurig behauptet, dass er einen Einblick in die Klatsch- und Tratschwelt bekommen wolle, um dann die vielfältigen Verflechtungen schonungslos aufzudecken. In stillen Momenten, die er nach Möglichkeit vermied, die ihn aber immer mal wieder überfielen, hatte er das dumpfe Gefühl, dass seine Berichte über Schlagersternchen und Beziehungsdramen die bisher hochwertigsten Arbeiten waren. Abgesehen vom Schwimmbadskandal, der sich aber erledigt hatte, ehe er richtig aufgedeckt war. Aber wer wollte sich schon mit der in allen Ländern der Welt verstreuten Bademeistermafia anlegen?

Seit gestern hatte er eine Möglichkeit zur beruflichen Veränderung. Ein Schritt zum Chefsessel, auch wenn sich in ihm das unbestimmte Gefühl breitmachte, dass es nicht wirklich in die richtige Richtung ging. Im Prinzip schon, dann aber quasi doch nicht. Der nach seinem Gefühl schon lange überfällige Anruf mit dem Angebot des Chefredakteurpostens war endlich eingegangen. Leider kam es von einem miesen, kleinen Hundemagazin, das er zwar schon mal am Kiosk gesehen, aber nicht mal einer genaueren Ansicht für wert befunden hatte. Der Anruf hatte ihn mittags erreicht, als er gerade bei einer ersten Tasse Kaffee am Tisch saß und mit dem Messer die schwarzen Kokelstellen vom Brötchen schrubbte. Er hasste es, dass labberige Vortagsbrötchen beim Aufbacken auf dem Toaster immer verbrannte Stellen bekamen, seit er dieses seltsame Brötchen-Aufback-Metallgerüst zum Aufsetzen auf den Toaster verloren hatte. Vermutlich lag das jetzt bei Sarah, die damit den unerhörten Luxus von zwei Brötchen-Aufback-Metallgerüsten hatte. Und er hasste es, wenn er nicht mal in Ruhe frühstücken konnte. Als das Telefon klingelte, war er nicht gerade bester Laune.

»Ja?«, brummte er abwehrend in den Hörer.

»Herr Reuter?«

»Ja.«

»›Hassos Herrchen, Finas Frauchen‹. Althoff.«

»Wie bitte?«

Die Frau am anderen Ende der Leitung merkte sofort, dass er etwas länger brauchte.

»Mein Name ist Althoff. Vom Hundemagazin ›Hassos Herrchen – Finas Frauchen‹. Sie haben von uns gehört?«

»Nein«, brummte Mattes. Was wollte die von ihm? Ein Abonnement dieser blöden Hundezeitung verkaufen? Woher wusste sie, dass er einen Hund hatte? Abweisend sagte er: »Mein Hund liest nicht.«

»Es geht nicht um Ihren Hund, es geht um Sie.«

»Ich lese auch nicht.«

Erstaunlich, wie schlagfertig er ohne Frühstück war. Oder kam es ihm nur schlagfertig vor, weil er noch kein Frühstück hatte? Wenn es nach ihm ginge, würde er jetzt auflegen und seinen Kaffee trinken. Er stockte. Was sagte sie gerade?

»Aber Sie schreiben, Herr Reuter. Und das brauchen wir.«

Jetzt wurde es zum ersten Mal interessant. Die resolute Frauenstimme stellte ihm kurz und knapp die Möglichkeit einer Anstellung als Chefredakteur in Aussicht und bat ihn, sich bei Interesse am nächsten Tag persönlich vorzustellen.

»Wie kommen Sie auf mich?«, fragte Mattes verwirrt, aber auch geschmeichelt.

»Ich habe einige Ihrer Artikel in ›Der rote Teppich‹ gelesen. Sie haben mir gefallen.«

Geschmeichelt verzog er die Mundwinkel. Na, siehste! Hatte also doch was gebracht, sich mit Königin Beatrix und den Scheidungen des Zillertal-Trios zu beschäftigen.

»Und ich weiß, dass Sie mehr können«, ergänzte die Stimme.

Natürlich konnte er mehr. Aber wie meinte sie das jetzt wieder? War es ein Lob oder eher nicht? Sie gab ihm die Adresse der Redaktion, und das Gespräch war beendet. Mattes legte den Hörer auf. Althoff hieß sie, das hatte er sich gemerkt, aber sie hatte ihm nicht gesagt, ob sie das Personalbüro vertrat oder in der Chefetage saß. Aber er hatte durch das Telefon sehr deutlich ihre Autorität und die zielgerichtete Tatkraft gespürt. So was konnte er ja gar nicht leiden. Wieder so eine typische Sucherin, die nichts dem Zufall überließ und alles regeln musste. Männliche Sucher waren ihm schon ein Graus, weibliche stießen ihn, nicht erst seit Sarahs Rauswurf, regelrecht ab. Vor allem ärgerte es ihn ungemein, dass er sich am Telefon gefühlt hatte, als hätte sie ihm netterweise eine Praktikantenstelle angeboten. Fehlte nur noch, dass sie ihn geduzt hätte.

Er fuhr am gepflegten Einfamilienhaus seiner Schwester vorbei und parkte seinen Wagen hinter den Bäumen an der Straßenecke. Astrid musste ihm nicht unbedingt jetzt über den Weg laufen. Warum er immer wieder versuchte, unentdeckt ins Haus zu kommen, war ihm nicht klar. Vermutlich war es sein Freiheitsdrang. Oder schlicht die Genervtheit, eine ältere Schwester im Nacken zu haben, die sich wie eine Übermutter aufführte. Die sollte sich mal einfach zurückhalten. Er war selbständig und kam alleine zurecht. Nervig war, dass er wegen dieser Einliegerwohnung unmittelbar in ihren Einzugsbereich gerückt war. Aber es war ganz praktisch, dass er die Miete einsparen konnte, weil Astrid selbstverständlich davon ausging, dass er nur mit Mühe über die Runden kam. Von diesem Gedanken wollte er sie auch nicht unbedingt abbringen. Er war ja nicht blöd. Außerdem genoss es Astrid geradezu, sich als große, allwissende Schwester zu präsentieren, die neben Mann und zwei halbwüchsigen Kindern auch noch das Leben ihres Bruders managte. Ganz nebenbei war das 260-Quadratmeter-Wohnfläche-Haus auf 750 Quadratmeter Grundstück mit altem Baumbestand, einer 60-Quadratmeter-Einliegerwohnung, die einen separaten Eingang hatte, in angemessener Lage, einem ruhigen Viertel der Besserverdienenden – so Astrids Immobiliensprache –, keine schlechte Adresse. Es war eine Gegend, in der die Badezimmer Wellness-Oasen hießen und der Duschkopf unbedingt einen Regenwald-Schauer rieseln können musste. Mattes hätte auch gut in einer kleinen Altbau-Studentenklitsche leben können, aber gegen ein wenig Luxus und viel Bequemlichkeit hatte er überhaupt nichts einzuwenden. Besonders nicht, wenn es nichts kostete.

Natürlich bellte Mina in der Wohnung kurz auf, als er von außen den Schlüssel ins Schloss steckte. Für seine Schwester war das bis in ihr Wohnzimmer hinein ein deutliches Signal, dass Mattes gerade seinen Flur betrat. Ein lauter Gong, von einem livrierten Butler geschlagen, hätte den gleichen Effekt gehabt. Ach, auch egal. Mina begrüßte ihn schwanzwedelnd und drehte sich dann um, um gemächlich ins Wohnzimmer zurückzugehen und mit einem Seufzer auf ihre Hundedecke zu fallen. Sie hatte ihm gezeigt, dass sie auch in tiefem Schlaf alles mitbekam und genau gehört hatte, dass er gekommen war. Aufgabe erledigt.

Mattes ging duschen. Ohne Regenwald-Schauer – den hatte nur Astrid. Noch ehe er fertig war, wusste er, dass er heute noch bei der Redaktion vorbeifahren würde. Die Chance, an die er fest geglaubt und auf die er seit Jahren gewartet hatte, war auf ihn zugekommen und er musste nur noch zugreifen. Ob es eine wahre Chance war oder ein Blindgänger, würde sich zeigen. Vielleicht erledigte sich die Sache, wenn er dort war und sich alles ansah. Auch gut. Ein Hundemagazin – das war ja nicht so prickelnd. Was hatte er eigentlich für Erfahrungen, die ihn da zum Chefredakteur machen konnten? Er hatte einen Hund. Das war vielleicht wichtig. Aber sonst? Alex' Grinsen bei der Erwähnung von Arco kam ihm in den Sinn. Aber Alex hatte nicht nur gegrinst. Alex hatte auch deutlichen Respekt in der Stimme gehabt, denn Alex hatte damals mindestens genauso große Angst vor Arco gehabt wie er. Nein, sogar mehr, denn Alex hatte sich nur ein einziges Mal in den Flur von Tante Thea getraut, aber er, Mattes Reuter, immer wieder.

Er erinnerte sich noch gut. Er war damals noch in der Grundschule, als seine Tante Arco als Pflegehund annahm. Eine geschickte Tarnung, denn sein Onkel war strikt gegen einen Hund gewesen und Tante Thea konnte auf diese Weise jahrelang behaupten, der Hund wäre nur vorübergehend da und könne jederzeit wieder abgeholt werden. Dass die Pflegestelle für immer war, war jedem klar, auch Onkel Günther, der aber sein Gesicht gewahrt sah, weil der Hund offiziell nicht der eigene war. Da Tante Thea ihre Pflegehunde in kürzester Zeit zu gefährlichen und nicht mehr vermittelbaren Problemfällen machte, bestand keine Gefahr, dass sie sie jemals wieder hätte abgeben müssen.

Tante Thea war die ältere Schwester seiner Mutter und wohnte mit dem ausgestopften Onkel Günther und drei ausgestopften Söhnen nur einige Straßen entfernt von Mattes in einem der roten Zechenhäuser, die typisch für die kleinen Siedlungen im Ruhrpott waren. Vermutlich waren Onkel Günther und die Söhne gar nicht ausgestopft, aber Mattes kam es so vor. Sie waren nie weg bei einer Arbeit, sondern saßen im Wohnzimmer auf dem Sofa und starrten auf den Fernseher. Über ihre prallen, festen Bäuche spannten sich weiße Feinripp-Unterhemden. Seltsamerweise konnten sie laufen und das Zimmer verlassen, aber sie konnten nicht reden. Oder nur ganz selten. »Tach, Mattes«, brummte Onkel Günther hin und wieder, wenn Mattes leise das Wohnzimmer betrat, aber er wandte den Kopf dabei nicht vom Fernsehbild.

Seine Tante Thea kannte Mattes nur in geblümter Kittelschürze, in die ihre ausladende Körperfülle eingequetscht war. Vorne wurde der Kittel von einer Reihe kleiner, weißer Knöpfe gehalten, die es zu seiner Verwunderung schafften, den knapp sitzenden Stoff zusammenzuhalten, ohne einfach abgesprengt zu werden. An den Schulterlöchern kamen Tante Theas gewaltige, nackte Oberarme heraus, an deren Ende erstaunlich kleine Hände mit schmalen Fingern hingen. Die zarten Hände an der sonst eher in die Breite gehenden Tante Thea erstaunten Mattes immer wieder.

Im Gegensatz zu Onkel Günther redete Tante Thea gerne und fast ununterbrochen. Aber weil sie aus für Mattes unerklärlichen Gründen nicht mit Onkel Günther und er nicht mit ihr redete, rollte ihre Kommunikation wie eine Lawine über wehrlose Tiere. Sie sprach mit ihrem Pflegehund, ihrem Wellensittich, den streunenden Katzen und sogar mit den Vögeln, die auf dem Balkon Brotkrumen pickten. Alle waren Mittelpunkt ihrer konzentrierten Aufmerksamkeit, wurden umsorgt und waren einer sprachlichen Dauerberieselung ausgesetzt.

Sobald Mattes sich mit Günther und den drei Söhnen – den lebenden Beweisen, dass ohne Zweifel Mitte der 70er-Jahre schon an harmlosen Bürgern Klonexperimente durchgeführt wurden – im Wohnzimmer befand, hörte man Thea in auf die Sekunde genau getimten Abständen immer wieder »Jokki... Jokki... Jokki... Jokki...« säuseln. Das erste »Jokki« war stets der Startschuss zum internationalen »Wer-quatscht-den-Vogel-taub«-Wettbewerb, bei dem Tante Thea seit über dreißig Jahren den Titel erfolgreich verteidigte. Gut, sie war die einzige Teilnehmerin, aber sie perfektionierte ihre Strategie, das Tier verbal zu foltern, von Jahr zu Jahr. Einmal hatte sich Mattes unbemerkt in den Flur geschlichen, um nachzusehen, ob auch das Federtier im Laufe der Zeit eine eigene Strategie entwickelt hatte, sich dem Verbalterror zu entziehen. Ob Vögel sich die Ohren zuhalten konnten? Oder zwitscherten sie vielleicht nur, um sich mit selbst produziertem Lärm zur Wehr zu setzen? Auf jeden Fall stellte Mattes bei dem Versuch, dies herauszufinden, fest, dass Tante Thea nach exakt jedem zehnten »Jokki« ein elftes »Jokki« folgen ließ, das sich nicht an das Tier richtete, sondern zielgenau in Richtung Flur ausgestoßen wurde. Und nachdem sie sich mit dem Flurruf vergewissert hatte, dass ihre vier apathischen, männlichen Mitbewohner nicht gerade zufällig ihr Sofaterritorium verließen, kippte sie sich doch tatsächlich höchst heimlich und mehr als hastig einen ihrer selbst gebrannten Pflaumenschnäpse hinter die Binde. Als sie Mattes einmal dabei entdeckte, wie er sie beobachtete, kam ein kurzes »Das ist gut für die Stimmbänder« von ihr.

Ihr Pudelrüde Arco war der erste Hund, mit dem Mattes näher zusammenkam. Er war eine der größten existierenden Gefahren des Universums. Noch vor King Kong und Goldfinger. Mit Arco war nicht zu spaßen. Andere Kinder spielten ausgelassen mit dem Hund ihrer Tante, Mattes musste die Begegnungen mit ihm überleben. Der Nervenkitzel begann, sobald er an der Haustür klingelte, aber gerade das machten seine Besuche bei Tante Thea so anziehend. Drinnen rastete Arco aus. Er bellte, und Mattes hörte an der sich schnell steigernden Lautstärke, dass der Hund bis hinter die Haustür rannte und dort auf sein Opfer wartete. Tante Thea kam wackelnd hinterher, riss die Tür weit auf und sagte: »Tach, Mattes. Komm rein!« Seltsamerweise bemerkte sie nichts von der drohenden Gefahr, die ihr Hund doch ganz deutlich ausstrahlte. Mit langsamen Bewegungen betrat Mattes den Flur und behielt dabei Arco im Augenwinkel, der ihn drohend anknurrte. »Ach, der tut nix!«, hatte Tante Thea abgewunken, als er sie mal gebeten hatte, den Hund festzubinden. Seitdem fragte er nicht mehr.

Dass Erwachsene vieles nicht mitbekamen und sich manchmal erschreckend dumm benahmen, hatte er schon früh festgestellt und als Tatsache akzeptiert. Tante Thea lächelte ihn freundlich an: »Kannst ja deine Jacke schon ausziehen«, drehte sich um und verschwand in der Küche. Mattes blieb mit dem lauernden Arco im Flur zurück.

Es war ein ungeschriebenes Gesetz zwischen ihnen, dass er eine Minute still im Flur herumstehen musste, damit Arco ihn nur bedrohlich ansehen, aber nicht zerreißen würde. Verlassen konnte er sich auf diesen Nichtangriffspakt aber nicht. Es war nur eine Möglichkeit, eventuell auch diesmal heil davonzukommen. Eine falsche Bewegung, ein zu schnelles Heben des Armes, ein Hauch schlechter Laune, und Arco würde angreifen. Er war wie ein lauernder Mafiaboss, der auf jede Bewegung, die er aus dem Augenwinkel mitbekam, reflexartig mit dem Abfeuern seines Maschinengewehres reagieren würde. Dabei konnten völlig unschuldige Menschen sterben. Der Fensterputzer, der Postbote oder kleine Jungs, die ihre Tante besuchen wollten. Wenn er jetzt etwas falsch machte, müsste Tante Thea versuchen, sein Bein aus den bluttriefenden Zähnen des Hundes zu bekommen. Oder seine abgerissenen Körperteile aufsammeln und seinen Eltern erklären, warum er nicht zum Abendessen und überhaupt nie wieder nach Hause kommen würde.

Sobald Arco innerhalb der Minute eine etwas zu schnelle und von ihm als unangemessen empfundene Bewegung sah, knurrte er drohend und zeigte seine alten, gelben Zähne. Mattes tat immer so, als wolle er sowieso gerade gerne im Flur stehen bleiben und interessiert die Wände anschauen. Schöne Tapete. Bloß nicht zeigen, dass er Angst hatte. Allerdings hatte er mal gehört, dass Hunde Angst kilometerweit riechen können, und wenn Arco nur einigermaßen gut riechen konnte, würde er ihn nicht mit einer gespielt lässigen Körperhaltung täuschen können. Sein Magen grummelte, das Blut rauschte durch die Adern, und er ahnte, dass er in seinem weiteren Leben nur noch selten in eine so gefährliche Lage kommen würde. Um bei Arco keine niederen Instinkte auszulösen, die unzweifelhaft in einem Blutbad enden würden, bewegte sich Mattes nur in Zeitlupe. In verzögerter Zeitlupe sozusagen. In einer Geschwindigkeit, die eine kriechende Schnecke wie ein Formel-1-Auto hätte aussehen lassen. In der Küche hörte er seine Tante hantieren, die vertrauensvoll davon ausging, dass ihr Hund niemandem etwas tun würde. »Nein, Arco ist nicht gefährlich!« Sie merkte es einfach nicht. Aber er, Mattes, spürte es genau. Komisch, dass er das als achtjähriger Junge besser erkennen konnte als seine erwachsene Tante Thea.

Erst wenn er ganz sicher war, dass die Minute auf jeden Fall und hundertprozentig vorbei war, verließ er vorsichtig den Flur und ging mit langsamen Schritten in Richtung Küche. Immer noch mit größten Befürchtungen, denn es konnte ja sein, dass Arco inzwischen auf zwei Minuten bestand. Nie wäre er auf den Gedanken gekommen, durch die Wohnung zu rennen oder auch nur fröhlich zu hopsen. Die Anwesenheit des Hundes erforderte größte Disziplin. Arco ließ ihn jedes Mal gehen und setzte nur seinen »Freundchen, ich beobachte dich, pass auf, was du hier machst!«-Blick auf. Mattes war vorerst geduldet. Niemals aber fühlte er sich ganz sicher oder vom Mafiaboss als Bandenmitglied akzeptiert.

Mattes schüttelte den Gedanken an die Begegnung mit Arco ab und pfiff nach Mina, die schwanzwedelnd aus dem Wohnzimmer kam. Es war Zeit für einen Gang um den Block. Was für ein Unterschied zu Arco, dachte Mattes und sah sie mit liebevollem Blick an. Damals hätte er sich nicht vorstellen können, jemals einen eigenen Hund zu haben, aber in den letzten Jahren hatte er bemerkt, dass er beim Laufen im Park zunehmend interessierter auf die Hunde geblickt hatte, die ihm als Jogger grundsätzlich nicht egal sein konnten. Er hatte schnell abschätzen können, ob ein Hund, der auf ihn zu rannte, eine Gefahr bedeuten konnte, oder ob es eine harmlose Begegnung sein würde. Und irgendwann hatte er mit leichter Verwunderung erkannt, dass er selber einen Hund haben wollte. Das war, als er einem netten Hund mit dem gleichen Blick hinterhersah, wie manche junge Frauen auf die Babys in fremden Kinderwagen blickten. Es war eine der wenigen Entscheidungen im Leben, die er mehr oder weniger bewusst getroffen hatte. Dass es nun ausgerechnet Mina geworden war, lag an der Bekannten eines Bekannten, die fast verzweifelt nach Abnehmern für die Welpen ihrer Hündin gesucht hatte. Mattes hatte damals mit einem schnellen Griff in das Hundeknäuel Mina herausgezogen. »Den will ich«, hatte er gerufen, und die Bekannte des Bekannten hatte gesagt: »Es ist eine DIE.« Warum es ausgerechnet Mina und keiner der anderen Retriever-Mix-Welpen sein musste, konnte sich Mattes auch später nie erklären. Vielleicht, weil sie sich angesehen hatten und er unbewusst gespürt hatte, dass sie das Leben lässig sah und nicht stundenlang sportlich beschäftigt werden wollte. Sie sah nach weicher Couch und gefülltem Napf aus, und das war eine Ausstrahlung, die Mattes sehr entgegenkam.

Sarah war damals vor Begeisterung fast verrückt geworden, als er mit der tapsigen Mina nach Hause gekommen war, aber diese hatte sich in dem gleichen Tempo, in dem Mina heranwuchs, gelegt. Ab da hieß Mina »der Hund«, und die an der Couch hängenden Haare waren ekelhaft, das friedliche Schnarchen aus dem Hundekorb nervig und das unbeholfen wirkende Herumspringen, wenn Mattes mit ihr spielte, Hyperaktivität. Mina und hyperaktiv, dachte Mattes und schüttelte verständnislos den Kopf. »Wenn ich mir ein Tier aussuchen könnte, wäre das auf jeden Fall eine Katze«, sagte Sarah häufig in einem Tonfall, der aussagte, dass Katzenbesitzer selbstverständlich weit oberhalb aller Hundebesitzer standen. Hunde waren das Proletariat, Katzen der Adel. Und das traf natürlich auch auf die jeweiligen Halter zu. Mattes war sicher, dass Sarah den freigewordenen Platz auf dem Sofa, den bis vor einigen Monaten er und »der Hund« belegt hatten, sofort an eine Katze vergeben hatte. Vermutlich an etwas hoheitsvoll-asiatisches. So ein Vieh, das immer nur rumstand und mit großen, vorwurfsvollen Augen über die Zustände klagte. Futter indiskutabel, Schlafplatz nicht weich genug, Personal unterste Schublade. Hatte Sarah eigentlich auch schon einen neuen Freund auf dem Sofa? Hoffentlich mochte der Katzen …

Mina lief ein paar Meter vor ihm her und er fand sie immer noch toll. Selbst wenn sie sabberte und bei Regenwetter wie nasser Hund roch. Und warum sollte sie nicht danach riechen, sie war dann ein nasser Hund! Das war auch so ein Argument, das Sarah nie verstanden hatte.

Das Hundemagazin fiel ihm ein. Warum denn eigentlich nicht? Ein Katzenmagazin oder etwas mit Reptilien oder ein Fachheft der Friseur-Innung, das wären weit von ihm entfernt liegende Themen gewesen. Da hätte er sich komplett einlesen müssen, und ob ihn das jemals nur ein Fitzelchen interessiert hätte, war fraglich. Aber Hunde? Die fand er gut. Nicht alle, aber wenn er mit Mina im Park war, fühlte er sich als Teil der großen Gruppe von Hundehaltern. Naturmenschen eben. Unkompliziert, robust und bei Wind und Wetter unterwegs. Das hatte etwas zutiefst Urzeitliches. Der Jäger, der mit dem gezähmten Wolf unterwegs war.

Ihm war klar, dass Minas sanftes, bequemes Wesen so viel mit dem Wolf gemeinsam hatte wie Tante Thea mit Audrey

Hepburn. Sie waren zugegebenermaßen beide weiblich, aber das war es auch schon, doch er wusste, dass tief in Mina noch der Urahn schlummerte. Ein Wolfsahn, der zwar auf den fertig gefüllten Futternapf wartete, in jedem vorüberrollenden Ball aber noch den Hasen erkannte und vom Jagdfieber gepackt wurde. Wenn der Hase rund und bunt war und quiekte, sobald er mit den Zähnen gepackt wurde, umso besser. Und noch schöner, wenn Mattes ihn mit Schwung auf den Boden warf und er durchs Wohnzimmer titschte. Im Gegensatz zu seinem im Laufe der Generationen ziemlich verweichlichten Hund war Mattes, nach eigener Überzeugung, natürlich noch ein richtiger Jäger. Sah man ihm vielleicht auch nicht immer sofort an, würde sich aber selbstverständlich zeigen, falls es mal nötig sein würde. Bis dahin konnte er seine Kräfte ja noch schonen.

Mattes blickte auf die Uhr und rief Mina. Sie blieb stehen, schaute ihn an und begriff, dass es zurückgehen sollte. Demonstrativ blickte sie noch einmal in die Richtung, die der weitere Weg nahm, und verharrte einige Sekunden lang. Als von Mattes keine Reaktion kam, drehte sie sich seufzend um und trabte auf ihn zu. Half nichts. Der wollte tatsächlich schon wieder nach Hause und ließ sich nicht überzeugen. »Ich hab auch nicht nur Spaß«, sagte Mattes tröstend. »Ich muss noch zu dieser Althoff fahren. Es geht um unsere Zukunft.«

Als er in die Hauseinfahrt einbog, traf er auf seinen Neffen Robin, der alleine vor dem an der Garagenwand montierten Basketballkorb stand und einen grellorangen Basketball warf. Er prallte am Netzring ab und sprang auf die Erde. »Dreizehn hatte ich schon drin«, sagte Robin, griff nach dem Ball und warf ihn Mattes zu. »Hier, mach du mal!« Mattes fing den Ball, dribbelte kurz, sprang hoch und warf ihn, als er auf dem höchsten Punkt des Sprunges angekommen war, in einem hohen Bogen in den Korb. Ein leises Rauschen des Netzes, dann kam er sauber unten heraus. Robin guckte bewundernd: »Wow. Mach noch mal!« Mattes fing den Ball auf, erklärte Robin ausführlich die ideale Stellung der Finger und aus welcher Bewegung heraus der Schwung kommen musste. Er dribbelte, sprang ab, drehte sich in der Luft und warf den Ball nach hinten über die Schulter in den Korb. Robin ging fast in die Knie vor Bewunderung. Für den bin ich der Held, dachte Mattes und empfand ganz deutlich, dass ihm diese unkritische Bewunderung in seinem Alltag viel zu wenig entgegengebracht wurde. Eigentlich fehlte sie, außer bei seinem Neffen Robin, immer. Er dribbelte eine Runde vor der Garage entlang, bei der er den Ball bei jedem Schritt unter seinen Beinen die Seite wechseln ließ. Das sah schwieriger aus, als es war, aber es reichte, um für Robin zum Basketball-Superhelden zu werden. Mattes bemerkte mit Verwunderung, dass ihm sein kleiner Neffe mit seinen zwölf Jahren schon bis an die Schulter reichte. Würde vermutlich gar nicht mehr so lange dauern, bis er sportlich auf seinem Level angekommen war und damit der Zauber des Onkels verflogen sein würde.

»Und jetzt der große Wurf, den nur Weltklassespieler, allen voran dein Onkel Mattes, beherrschen. Der Wurf über zwei Autos, einen Zaun und einen Neffen genau in den Korb.« Mattes lief dribbelnd über den Bürgersteig bis auf die Straße und stellte sich auf. Er sah Robins gespannten Blick, sein freudiges Lachen und die strahlenden Augen. Konzentriert zielte er, warf mit aller Kraft, und der Ball flog in hohem, ruhigem Bogen genau auf den Korb zu, prallte aber auf den Metallring und sprang von dort in den Nachbargarten. Robin guckte entsetzt: »Au weia!«

»Lass nur, den hol ich«, rief Mattes, der wusste, wie sich Frau Stenger, die nervige Nachbarin, über jedes geknickte

Blättchen an einer ihre Pflanzen aufregen konnte. Große Lust da jetzt rüberzugehen, hatte er auch nicht, aber er konnte ja nicht seinen kleinen Neffen in Gefahr bringen. Wenn schon Held, dann in allen Lebenslagen, auch bei der Stenger. Mattes näherte sich vorsichtig dem Zaun, da ließ ihn der schrille Ruf seiner Schwester aufschrecken. »Mattes! Dein Köter buddelt in meinem Garten! Hol den sofort da weg!« Im Laufschritt eilte er auf Mina zu. Wieso grub dieser sonst so phlegmatische Hund immer nur im Vorgarten seiner Schwester mit großer Begeisterung Löcher? Am liebsten mitten auf dem gepflegten, fast englisch zu nennenden Rasen oder alternativ in frisch angelegten Blumenbeeten mit kleinen blühenden Pflänzchen. Niemals hinter den dicken Koniferen, wo es nicht auffallen würde, und auch niemals, wenn sie unterwegs waren, auf weiten Naturwiesen oder im Wald. »Nun reg dich mal nicht so auf!«, versuchte Mattes seine Schwester zu beruhigen und zog Mina am Halsband zurück, die sich entgegenstemmte und so tat, als wäre ein Loch jetzt und an dieser Stelle das Einzige, was ihrem Leben Sinn gab. »Komm schon«, flüsterte er genervt, »du weißt, dass Astrid dich sonst zu Hackbällchen verarbeitet.«

Astrid erschien mit schnellen Schritten und besah sich die umgewühlte Erde. »Du musst schon aufpassen, Mattes! Du weißt doch, wie bescheuert dein Hund ist.« Sie bückte sich und sah fast etwas enttäuscht aus, weil der Schaden diesmal nur gering ausgefallen war. Trotzdem griff sie zu pädagogischen Maßnahmen. »Da wirst du leider gleich ein bisschen arbeiten müssen, um das wieder herzurichten«, sagte sie mit einem zufriedenen Unterton, der das »leider« im Satz völlig entkräftete. »Wenn du deinen Hund nicht im Griff hast, bekommst du Probleme. Vielleicht erziehst du ihn mal, damit er sich das ständige Buddeln abgewöhnt.«

Mattes schob mit dem Fuß einige der losen Erdstücke in

das Loch zurück und sagte: »Ein bisschen Belüftung tut dem Rasen ganz gut. Außerdem buddelt sie doch nicht ständig.«

»Bei mir schon«, stellte Astrid fest und hatte damit durchaus recht. Sie sah ihn auffordernd an. Och, nee. Jetzt hier mit Harke und Spaten das kleine Loch zumachen? Er sah demonstrativ auf die Uhr: »Oh, ich hab gleich einen Termin.« Robin, der hinter seiner Mutter stand, zwinkerte ihm zu. »Echt wahr!«, bestätigte Mattes nachdrücklich. Nicht mal sein Neffe schien ihn ernst zu nehmen. Astrid jedenfalls glaubte ihm kein Wort. »Ja, deine Termine, die kenne ich«, spottete sie. »Jetzt bleibst du erst mal hier und beseitigst den Schaden. Danach kannst du Termine haben, so viel du möchtest.«

»Ja, Mami«, sagte Mattes und wusste, dass er seine Schwester mit dieser Anrede auf die Palme brachte. Sie benahm sich gerne wie seine Mutter, aber sie wollte es auf keinen Fall sein. Es war sogar eine Unverschämtheit, so etwas zu sagen, denn die sechs Jahre Vorsprung im Alter sah man ihr nur bei genauerer Betrachtung an. »Dann aber umso deutlicher!«, betonte Mattes bei jeder sich bietenden Gelegenheit. Sie sähe sogar deutlich jünger aus als ihr Bruder, bestätigte ihr Mann, auf ihre drängenden Fragen hin, immer wieder. Godehard hätte auch ohne Zögern und aus Angst vor ihren Repressalien behauptet, dass man sie und Claudia Schiffer für eineiige Zwillinge halten könne. Eine ziemlich gewagte Theorie, wenn man sich bei realistischer Betrachtungsweise an den Zahlen 1,66 Meter Körpergröße und 67 Kilo Gewicht orientierte, fand Mattes.

»Ich bin nicht deine Mutter!«, presste sie sauer hervor. »Wenn ich es gewesen wäre, wärst du heute anders.« Mattes sah sie an und begann zu lächeln. Er liebte seine Schwester. Sie war ihm in seiner Kindheit ein wichtiger Bezugspunkt gewesen und hatte immer hinter ihm gestanden. Eine starke, große Schwester, mit der er bei Auseinandersetzungen auf dem Spielplatz drohen konnte und eine Verschwörerin, die ihn mit bewussten Falschaussagen vor der Strafe der Eltern rettete, wenn er wieder zu wenig gelernt oder zu lange weggeblieben war. Und jetzt hatte sie ihm eine Unterkunft gegeben, als er mit den Kisten auf der Straße stand. Er konnte sich immer auf sie verlassen, sie müsste nur mal ein bisschen lässiger werden und einsehen, dass er sehr gut alleine im Leben klarkam. »Ich fahre jetzt zu meinem Termin und danach bring ich dir den Garten sofort wieder in Ordnung«, versprach er. »Der wird schöner als vorher.« Ihm war völlig klar, dass Astrid den kleinen Erdhügel auf dem Rasen keine zehn Minuten ertragen konnte und sich selber an die Arbeit gemacht hatte, bevor er wieder zurück war. Von daher kam ihm der Termin sehr gelegen. Er bedeutete, dass er jede Art von Gartenarbeit versprechen konnte, ohne nachher sein Wort halten zu müssen. Astrid nickte gnädig und sah zu, wie er Mina notdürftig von der Erde befreite, die ihr nicht nur zwischen den Zehen der Vorderpfoten, sondern auch um die Schnauze und im Fell hing. Unverkennbar boshaft lächelte sie: »Der Köter trägt dir den ganzen Dreck in die Bude. Da kannst du drinnen mit der Schadensbeseitigung gleich weitermachen. Kennst du kein nettes Tierheim, wo du ihn abgeben kannst? Würde dir eine Menge Arbeit ersparen.«

»Ach, ist doch gar nicht so wild«, sagte Mattes und schloss seine Haustüre auf. Mina verlor tatsächlich noch erstaunlich viel Dreck auf dem Weg durch den Flur ins Wohnzimmer. Egal. Darum konnte er sich später kümmern. Er zog die Haustüre wieder hinter sich zu und ging über die Einfahrt. Im Gartenhäuschen hörte er Astrid nach diversen Gartenbearbeitungswerkzeugen wühlen. Robin hatte sich geschickt verzogen, um nicht zu Hilfsarbeiten verdonnert zu werden. Kurz bevor Mattes um die Ecke bog, hörte er sie rufen: »Was für ein Termin soll das denn sein?« Sie tauchte mit Spaten und Harke auf. »Ich hab so was wie ein Vorstellungsgespräch«, sagte er. »Als was? Sucht die Pizzeria einen Fahrer? Wär' doch genau das Richtige für dich.« Mattes überhörte den beißenden Spott und antwortete: »Nein, Chefredakteur.« Im Weitergehen hörte er seine Schwester lachen. Na, immerhin hielt sie ihn für witzig.

Die Redaktionsräume des Hundemagazins befanden sich im Erdgeschoss eines Wohnkomplexes, der auf den ersten Blick eindrucksvoller wirkte als aus der Nähe. Die Stahlträger setzten Rost an, unter den Fensterbänken bröckelte der Putz, und die Reihe der mit handschriftlichen Namen versehenen Klingelschilder ließ auf einen schnellen Wechsel der Mieter schließen. Ein kleines Schild gab an, dass der Eingang zu ›Hassos Herrchen – Finas Frauchen‹ im Hof lag. Mattes durchquerte einen Durchgang mit überquellenden Wandbriefkästen auf der einen und zwei großen Müllcontainern auf der anderen Seite und blieb mit einem tiefen Atemzug stehen. Hier war die Redaktion? Dann hätte sie genauso gut in einer alten Baracke am Ende eines Schrottplatzes liegen können. Schön war anders. Die ZEIT residierte ganz sicher in einem imposanteren Bauwerk. An einer Tür sah er ein Schild, das zeigte, dass er tatsächlich am Ziel war. ›Hassos Herrchen – Finas Frauchen‹ stand darauf und natürlich gab es die unvermeidlichen stilisierten Hundepfotenabdrücke am Rand. An einem Fenster klebten Fensterbilder mit Hundemotiven. Langhaarige Collies, die auf Hügeln standen, während hinter ihnen die Sonne unterging, liegende Pudel, die eine Schleife um den Hals trugen und Weidenkörbe voller Welpen, um die bunte Blumen drapiert waren. Ein buntes Sammelsurium widerlich kitschiger Plastikbilder. Zu Kindergartenzeiten hätte es ihn begeistern können.

»Ach, du Scheiße«, murmelte er und musste gar nicht erst überlegen, um zu wissen, dass es besser sein würde, einfach umzukehren und die Sache zu vergessen. Frau Althoff hatte vermutlich nicht nur gesammelte Jahrgangsordner von ›Der rote Teppich‹ im Wohnzimmer stehen, sondern malte am Abend auch noch Fensterbilder. Er hatte geahnt, dass es nichts Gutes war, als gestern Morgen noch vor dem Kaffee das Telefon klingelte. Am aggressiven Klingeln hatte er es schon erkannt. Sollte er jetzt wirklich noch reingehen oder die ganze Sache gleich vergessen? »Hi!«, säuselte eine helle Stimme hinter ihm. »Wollen Sie zu Hasso sein Herrchen und Fina sein Frauchen?«

»Äh, …«, reagierte er verwirrt, weil er mitten aus einem seiner seltenen Entscheidungsprozesse gerissen wurde.

»Cool«, sagte eine junge, schmale Frau, warf ihm aus kajalumkränzten Augen einen tiefen Blick zu, trippelte zur Tür und stieß sie auf. »Hier geht's lang.« Sie hielt ihm die Tür auf, und er ging automatisch auf sie zu. Mist. Irgendetwas lief falsch. Er musste das sofort abbrechen. In diesem Moment rief die junge Frau mit lauter Stimme in den Flur hinein: »Frau Aaalthooooff. Hier iiiist eineeeeer«, und Mattes dachte: Hier ist einer? Was denn für einer? Ein Idiot? Ein Wahnsinniger, der es bis in diesen miesen Hinterhof schafft? Einer, der die morbide Stimmung mieser Hundemagazine liebt, weil er mit Leidenschaft heimlich einen Hundefriedhof betreibt? Einen kurzen Moment lang fühlte er das Bedürfnis in sich aufsteigen, sich umzudrehen und um sich schlagend und schreiend über den Hof zurück bis in sein Auto zu flüchten und dort die Türknöpfe herunterzudrücken.

Ehe er dem Impuls folgen konnte, erschien eine ältere, damenhafte Erscheinung, die Mattes prüfend musterte. Sie schien vom Ergebnis nicht sofort begeistert zu sein. Mattes erging es ebenso. Die sah ja aus wie die Leiterin eines Mädchenpensionats. Wenn er bis jetzt nicht gewusst hatte, wie eine Spaßbremse aussah, dann hatte er gerade deutlich dazugelernt. »Tina, bitte brüll nicht so herum! Du kannst Besucher ordentlich anmelden«, sagte sie streng, ohne den Blick von Mattes zu wenden. Sehr nachdrücklich setzte sie »Danke, Tina« hinterher, was diese veranlasste, unverzüglich und wortlos nach drinnen zu verschwinden.

»Ja, bitte?«, sagte sie zu Mattes, der sich ebenfalls veranlasst fühlte, sofort zu verschwinden. Allerdings nach draußen. Aber es war zu spät. Vor dieser Frau drehte man sich nicht einfach wortlos um. Außerdem hatte er ihre Stimme erkannt. Das war die Frau vom Telefon.

»Ich bin Mattes Reuter«, begann er und ärgerte sich über den Kiekser in seiner Stimme. Er kiekste doch sonst nicht. »Wir haben telefoniert«, fügte er mit fester Stimme hinzu. Na, jetzt klang sie vielleicht ein wenig zu fest. Fast angespannt.

»Mein Name ist Althoff. Kommen Sie bitte herein!«, sagte sie.

Das war keine Bitte, das war ein Befehl. Er versuchte ein überzeugend souveränes Lächeln, als er an ihr vorbeiging, merkte aber selber, dass es völlig danebenging. Na, super. Ich will hier Chefredakteur werden, der Boss, und ich lasse mich behandeln wie der Lehrling. In ihm regte sich Widerspruch. Er hatte doch sonst keine Probleme mit der eigenen Autorität. Was glaubte diese Frau, wer er sei? Irgendein kleiner Lokal-Reporter? O.k., nach außen vielleicht, aber innerlich doch nicht! Frau Althoff schloss die Tür hinter ihm, durchquerte den Eingangsbereich und betrat ein Büro. Ihre tadellose Haltung drückte wortlos aus, dass sie vom ihm erwartete, ihr zu folgen, und sie drehte sich nicht mal um, um zu sehen, ob er es auch tat. Gut. Er war hier, und er würde sich vorstellen. Aber er wusste jetzt schon, dass er den Posten nicht haben wollte. Nicht bei dieser Frau Althoff, die vermutlich die Verlagsleiterin war. Oder die Ober-Chefredakteurin. Auf jeden Fall etwas, das er nicht in seiner Nähe haben wollte. Sie strahlte einfach zu viel Sucher-Mentalität aus.

In ihrem Büro wies Frau Althoff auf einen Stuhl und setzte sich in einen dicken Leder-Chefsessel auf der anderen Seite des Schreibtisches. Da war er: genau der Chefsessel, den er für sich vorgesehen hatte. Und es saß diese Frau drin. Mattes bewegte sich auf den nüchternen Holzstuhl zu, als unter dem Tisch ein nicht mal kniehohes, langhaariges Fellbündel hervorschoss, in sicherer Entfernung vor ihm stehen blieb und schrill kläffte. »Mucki, geh auf deinen Platz!«, versuchte Frau Althoff den Hund zuerst mit halblauter, dann mit strenger Stimme zu übertönen und zeigte dabei energisch auf ein Hundekörbchen an der Wand. Sieh mal an, dachte Mattes. Es gibt jemanden, der nicht macht, was sie will. Fast fühlte er Sympathie für den respektlosen Kläffer in sich aufsteigen, aber dafür war das Gebell dann doch zu schrill. Nach einigen strengen Ermahnungen blaffte Mucki noch einmal kurz auf und verzog sich brummend in einen Hundekorb. Frau Althoff verzog keine Miene. »Er kennt Sie nicht, und bei Fremden ist er zunächst etwas vorsichtig«, erklärte sie und ging sofort zum nächsten Thema über.

»Ihre Arbeiten bei ›Der rote Teppich‹ kenne ich«, sagte sie. »Was haben Sie außerdem gemacht?«

Mattes lehnte sich zurück, verschränkte die Arme vor der Brust und merkte, dass er lässig wurde. Er wollte den Job nicht. Jetzt war es ihm egal. Mal sehen, wie lange Frau Althoff ihre penetrante Art durchziehen würde. Er rasselte nachlässig herunter: »Abi, Journalistenschule, momentan freiberuflicher Journalist für diverse Medien.«

»Diverse Medien«, wiederholte Frau Althoff ungerührt, und Mattes merkte sofort, dass er sie damit nicht beeindrucken konnte.

»Mögen Sie Hunde?«, fragte sie schnell.

»Kommt ganz auf den Hund an. Und vor allem auf den Menschen, der dazugehört.«

»Wann können Sie anfangen?«

Die Frage verwirrte ihn. Er bemerkte, dass seine lässige Haltung Haltungsschäden bekam.

»Sofort. Wieso?«

»Keine Termine und Verpflichtungen bei den diversen Medien?«

Ihre Stimme klang einen Hauch provokativ, und Mattes bemerkte zu spät, dass er einen Fehler gemacht hatte. Erfolgreiche Menschen hatten niemals sofort Zeit. Frau Althoff zog eine Schublade auf, nahm einige beschriebene Blätter heraus und legte sie vor ihn auf den Tisch.

»Das ist ein Vertrag. Lesen Sie ihn bitte durch!«

Ein Vertrag? Er überflog ihn. Irgendwo musste der Haken sein. Was war hier los? Nein, fiel es ihm plötzlich ein, kein Haken, eine Kamera! Er war bei der ›Versteckten Kamera‹ gelandet, und hinter den Kulissen bogen sich 30 Mitarbeiter eines Fernsehsenders und lachten über seine Blödheit. Und am nächsten Samstag lachte vermutlich die ganze Nation.

Mattes musterte schnell die Wände des Büros. Gut versteckt waren die Kameras, das musste er zugeben. Tja, er gehörte zu den wenigen Leuten, die schlau genug waren zu merken, wenn sie von der ›Versteckten Kamera‹ reingelegt wurden. Mit ihm konnte man das nicht so einfach machen. Jetzt musste er nur noch entsprechend reagieren. Am besten ganz cool bleiben. Den Spieß umdrehen. »Das Gehalt ist sehr bescheiden«, sagte er und sah Frau Althoff herausfordernd an. Vermutlich hieß sie nicht wirklich Frau Althoff. Wahrscheinlich war sie eine Schauspielerin, und das Gehalt war wirklich sehr mickrig für den Posten eines Chefredakteurs. Da hätten sie besser recherchieren sollen. Frau Althoff sagte: »Wir sind ein kleines Magazin. Mehr ist nicht drin. Aber die Arbeit ist entsprechend. Sie werden sich nicht überarbeiten.« Er warf ihr einen schnellen Blick zu. Was wollte sie damit andeuten? Sah er aus, als hätte er kein Interesse an intensiver Arbeit? Sie blickte ungerührt zurück. »Sonst noch eine Frage?«, erkundigte sie sich knapp. Mattes überflog den Vertrag. »Nein.« Dann kam ihm blitzartig doch noch etwas in den Sinn. »Oder doch. Warum ist die Stelle frei?« Frau Althoff reichte ihm einen Füllfederhalter. »Der bisherige Chefredakteur musste aus gesundheitlichen Gründen zurücktreten.«

»Oh«, sagte Mattes gespielt betroffen, denn auch das war natürlich eine erfundene Geschichte, und er grinste: »Überarbeitet?«

Seine aus seiner Sicht witzige Bemerkung kam bei Frau Althoff nicht an, sie starrte ohne jede Mimik zurück. Er sah auf die Vertragsblätter und zögerte kurz. Unterschreiben? Aber warum nicht? War ja alles nicht echt. Jetzt würde er es bis zum Ende spielen. Schwungvoll setzte er seinen Namen auf das letzte Blatt. Frau Althoff stand auf und reichte ihm die Hand über den Tisch. Zum ersten Mal lächelte sie. »Herzlich willkommen. Gisela Althoff. Ich bin Ihre Büroleiterin.«

Mattes stand händeschüttelnd im Büro von Frau Althoff und wartete auf das Öffnen der Bürotüre. Jetzt mussten doch alle hereinstürmen, ihn umarmen, auf die Kameras hinter Bildern und in den Löchern der Aktenordner zeigen und dabei lachen. Frau Althoff würde sich ihre Perücke herunterreißen, eine Silikonnase aus dem Gesicht abziehen und plötzlich Hape Kerkeling sein. Und er, Mattes, würde milde und wissend lächeln und Hape Kerkeling souverän den Arm um die Schulter legen. Als seien sie alte Freunde. Die Fernsehleute würden sich wundern, wie cool er blieb. Frau Althoff sah ihn prüfend an, zog ihre Hand aus seiner und sagte: »Wir sehen uns morgen um 9 Uhr. Dann stelle ich Ihnen die Mitarbeiter vor und führe Sie in Ihren Aufgabenbereich ein.« Mattes sah sie an und versuchte einen klaren Gedanken zu fassen. Es kam keiner, den er hätte fassen können. Er sah, wie Frau Althoff zur Türe ging, sie öffnete und abwartend stehen blieb. Automatisch setzte sich Mattes in Bewegung, ging an ihr vorbei, hörte sich »Bis morgen dann« murmeln, durchquerte das Foyer, in dem die junge Frau von eben vor dem Kopierer stand und ziemlich schräg Musik mitsang, die aus ihren Kopfhörern dröhnte, und stand dann alleine im Hinterhof. Wenn jetzt nicht die Leute von der ›Versteckten Kamera‹ auftauchten, lief hier etwas ganz, ganz schief.

Er zählte langsam bis 10 und dann noch weiter bis 23. Bei 27, die Pausen zwischen den Zahlen wurden immer länger, hörte er auf und sah sich um. Er stand immer noch alleine im Hinterhof, aber jetzt wusste er, dass er nicht reingelegt worden war. Irgendwie aber doch. Und vor allem hatte er sich auf total bescheuerte Weise selber reingelegt. Wie blöd bin ich eigentlich?, kam ihm in den Sinn. Ich habe einen festen Job angenommen für ein mieses Gehalt bei einem obermiesen, schmierigen kleinen Magazin. Bei diesem Drachen, dieser Althoff! So ein Vertrag galt doch erst mal nur vorläufig, oder? Da konnte man doch in der Probezeit sofort wieder raus. Verdammt!! Hatte da was von Probezeit gestanden? Was, um Himmels willen, hatte er da eigentlich gerade alles unterschrieben?

Leise fluchend ging Mattes zu seinem Auto zurück. An welchem Punkt hatte er die Kontrolle verloren? Eigentlich doch in dem Moment, als die Althoff ihn angerufen hatte. Als sein

Kaffee kalt wurde und er das labberige Brötchen mit den verbrannten Stellen in der Hand hielt. Er ließ sich auf den Sitz fallen und blieb kurz vor dem Drehen des Zündschlüssels wie erstarrt sitzen. Ganz langsam sickerte die Erkenntnis durch. Wenn er alles richtig verstanden hatte, dann war er jetzt Chefredakteur. Das war doch wenigstens mal was. Dass es ein Hinterhof-Hundemagazin war, musste er nicht jedem auf die Nase binden. Magazin als Bezeichnung war völlig ausreichend. Er grinste. Chefredakteur eines Magazins. Nicht schlecht. Damit würde sogar seine Schwester leben können. Sein triumphierendes Grinsen erstarb. Nein, Astrid würde nicht damit leben können. Sie würde nachfragen. Und sobald ihr klar wäre, dass es dieses Hundeblättchen war, würde er ihren Vorträgen über Karriere und den direkten Weg zum Ziel kaum noch entkommen können. Darin war sie Weltmeister. Egal auf welche Weise er es verhindern konnte, aber Astrid dürfte von diesem neuen Kapitel in seinem Leben nie etwas erfahren!

Der nächste Morgen begann sehr früh. Täglich um sieben Uhr aufstehen – das war schon ein überzeugender Grund, den Posten gar nicht erst anzutreten. Als Freiberufler bei einem Stadtteilmagazin hatte man deutlich angenehmere Arbeitszeiten, sofern man es schaffte, die frühen Termine an Kollegen abzugeben. Mattes wunderte sich, dass er es trotzdem erstaunlich schnell aus dem Bett schaffte. Duschen, Kaffee, dann mit Mina eine Runde um den Block. Unterwegs trafen sie Berry, einen langhaarigen, temperamentvollen Freund von Mina, der mit seiner Halterin unterwegs war, die ebenfalls langhaarig, aber, im Gegensatz zu ihrem Hund, recht sanft war. Mattes freute sich. Berrys Frauchen hatte auf ihn eine vergleichbare Anziehungskraft wie Mina sie auf Berry ausübte. »Ach, da ist ja die Mina. So früh schon unterwegs?«, sagte Berrys Halterin, und Mattes spürte, dass sich ihr freudiges Lächeln auch auf ihn bezog. Die Hunde sprangen nebeneinander über die Wiese, und er wechselte mit Berrys zweibeiniger Begleitung ein paar Worte übers Wetter und dass es bestimmt bald richtig warm sein würde. Wieso kannte sie eigentlich seinen Namen nicht? Er war für sie immer nur ›Minas Herrchen‹. Als ob nur sein Hund wichtig sei.

Aber wie hieß sie eigentlich? Es ärgerte ihn, dass er aus den Gesprächen wusste, dass Berry drei Jahre alt und kastriert war, gerne auf dem Sofa schlief und sich im letzten Sommer eine Scherbe in die Pfote getreten hatte, die in der Tierklinik herausoperiert werden musste, aber viel wichtiger wäre jetzt doch zu wissen, wie seine Halterin hieß. Sollte er einfach mal fragen? »Ich muss los«, lächelte die nette, namenlose Dame, rief nach Berry und nickte Mattes zu. »Tschüss«, sagte sie, und vermied eine Anrede. Dann beugte sie sich zu Mina herunter. »Tschüss, Mina. Bis bald!« Tschüss, Berrys Frauchen, dachte Mattes. Der Tag begann nicht schlecht. Eine nette, attraktive Frau, ein frühlingshafter Morgen und eine neue Stelle. Was würde Berrys Halterin wohl sagen, wenn sie wüsste, dass Minas Herrchen ab heute Leiter eines Hundemagazins war? Er merkte, dass eine Art Energieschub ihn hellwach und sehr motiviert in den ersten Arbeitstag schickte. Ey, komm mal runter, du trittst nur einen neuen Job an, es ist nichts Besonderes, versuchte er sich zu bremsen. Du gehst in einen versifften Hinterhof, den du als Geschäftsadresse peinlichst verschweigen wirst, und schreibst kleine Artikel über Hunde, die keinen interessieren. Aber trotzdem spürte er eine prickelnde Vorfreude.

Um kurz nach acht rief er Alex an, der um diese Zeit schon arbeitete.

»Ich bin gestern da gewesen und ich hab den Job«, erklärte Mattes und versuchte betont cool zu bleiben.

Alex stieß einen leisen Pfiff aus. »Gut. Und du bist tatsächlich Chefredakteur?«

»Ich glaube schon. Es ist aber alles nicht ganz dicht bei denen. Ich guck mir den Laden heute mal an, und wenn es unterirdisch ist, bin ich sofort wieder weg. Da ist eine Althoff, von der muss ich dir unbedingt erzählen. Es ist unfassbar. Kannst du dich an Frau Mahlzahn von Jim Knopf erinnern? Den schrecklichen alten Drachen, der die Kinder gefangen hält? Das ist die Althoff. Ich weiß selber nicht, warum ich unterschrieben habe.«

Alex lachte. »Ich bin gespannt. Da sitzt unser Mattes auf einmal im Chefsessel. Neben Frau Mahlzahn. Glückwunsch!«

»Gratulier mir erst, wenn ich weiß, ob es ein Chefsessel ist oder ein alter Holzstuhl. So wie ich die Althoff einschätze, besitzt den einzigen Sessel in der Firma SIE.« Er stockte: »Ich weiß nicht mal, ob ich ein eigenes Büro habe.«

Am anderen Ende der Leitung war ein tiefes Lachen zu hören.

»Typisch. Du hast echt ein Talent für so was«, sagte Alex. »Wir sehen uns übermorgen in der Tennishalle. Schön, dass du mal aus deiner Lethargie gekommen bist.«

Lethargie? Alex hatte aufgelegt, und Mattes schüttelte verwundert den Kopf. Er war nicht lethargisch, er überblickte nur sehr geschickt, wo sich ein Einsatz lohnte und wo nicht. Wenn sich die Gelegenheit ergab, griff er sofort zu, aber die meisten Angebote waren nicht mal den Aufwand des Zugreifens wert. Diesmal hatte er zugegriffen, auch wenn das nicht aus Überzeugung geschehen, sondern eher durch unglückliche Zufälle gelenkt worden war. Einer der unglücklichen Zufälle hieß Frau Althoff. Bei der musste er aufpassen. Die sah aus, als bekäme sie am Ende immer das, was sie wollte. Die Frage war, ob sie wirklich ihn hatte haben wollen. Und wenn ja, warum?

Er verließ das Haus gleichzeitig mit Astrid, die zu einem ihrer Außentermine fuhr. Ihre Privatstunden und Seminare zur Persönlichkeits- und Erfolgsberatung waren begehrt, und sie scheffelte genauso viel Kohle wie ihr Mann, der in irgendwelchen dubiosen Aufsichtsräten saß, für die sich Mattes kein bisschen interessierte. Wer Godehard hieß, konnte nicht sein Freund sein. So ein Name beeinflusste zwangsläufig die Persönlichkeitsentwicklung, und aus einem Kind, das diese Bürde durch die Jugend schleppen musste, konnte nichts Gutes werden. Dafür konnte Godehard nichts, aber seine Eltern hätten, nach der Auffassung von Mattes, schon auf dem Standesamt bei der Angabe des Namens verwarnt werden müssen. Astrid schien gut mit Godehard auszukommen, was aber hauptsächlich an dem Umstand lag, dass er zu wenigen Sachen eine eigene Meinung hatte. Er war gleich von Muttis Fürsorgebereich, in dem er sich auch während seines Studiums aufgehalten hatte, in den von Astrid gezogen. Und Astrid war perfekt im Umsorgen, solange ihre Opfer sich nicht renitent verhielten. Sie hatte Godehard gegen Ende seines Studiums kennengelernt und schnell erkannt, dass sie mit ihm die Chance auf einen beruflich erfolgreichen Mann, ein entsprechendes Lebensumfeld und einen sicheren Platz als Lenkerin des Geschehens hatte. Godehard war dankbar, dass er aktiv unterstützt wurde und seine Frau ihm immer beratend zur Seite stand, wenn es um wichtige Entscheidungen ging. Sie sagte ihm, wo er seine Hosen und wo er seine Schuhe kaufen sollte, mit wem er in geschäftliche Verbindung treten und welche Marke sein Auto haben musste. Sie irrte sich nie, und er war überzeugt, dass sie, genau wie seine Mutter, wusste, was für ihn gut war. Sie hatte ihm rostbraune Krawatten gekauft, die er selber niemals gewählt hätte. Aber mit einer rostbraunen Krawatte war er im letzten Jahr in einen Aufsichtsrat gewählt worden, durch den sich sein Jahresgehalt fast verdoppelt hatte. Ein wenig nervte es ihn, dass sie ihm manchmal vorwarf, zu energielos zu sein, aber wenn er dann mit Schwung an etwas heranging, war es jedes Mal falsch und sie griff korrigierend ein.

Dafür, dass sie keine Gemeinsamkeiten hatten, kam Mattes gut mit Godehard zurecht. Für ihn war er wie ein blasser, schmaler Junge aus der Nachbarschaft, der manchmal über den Zaun guckte und den anderen Kindern beim Fußballspielen zusah, sich dann aber wieder an den Tisch im verdunkelten Kinderzimmer setzte und sorgfältig Lateinvokabeln lernte. Mit so einem Kind spielte er nicht, aber er ärgerte es auch nicht, denn es lebte in einer anderen Welt. Godehard hätte als Kind auf einem Fußballplatz in der Mitte des Platzes gestanden, den Ball an sich vorbeirollen lassen und unbeholfen gelächelt. Als Astrid in sein Leben trat, hatte sie ihn zuerst vom Spielfeld genommen, dann zum Linienrichter ausbilden lassen und jetzt stand sie hinter ihm und sagte, wann er die Fahne in welche Richtung zu heben hatte. Sinnbildlich gesprochen. Aber Mattes gefiel das Bild.

Als Mattes nach dem Auszug bei Sarah hilfesuchend vor Astrids Tür stand, hatte sie ihm sofort die kleine Einliegerwohnung angeboten. Godehard, der eines der Zimmer bis dahin als Büro genutzt hatte, kommentierte die veränderte Nutzung nur mit zwei Worten: »Natürlich, Schatz.« Klaglos räumte er seine Arbeitssachen hinaus und machte auch das zweite Zimmer frei, das als Lager für die Ski-Ausrüstungen, eine alte Carrera-Bahn und leere Koffer genutzt wurde, während Astrid und Mattes mit einer Tasse Kaffee in der Küche saßen und über Sarah sprachen.

Astrid hatte es an diesem Morgen eilig, überholte Mattes auf der Einfahrt und teilte ihm im Vorübergehen mit, dass Robin sich von seinem Taschengeld einen neuen Basketball kaufen müsse, weil er seinen zum wiederholten Male in den Nachbargarten geworfen hätte. »Ich habe es ihm oft genug gesagt, aber wenn er es einfach nicht lernt, muss er die Konsequenzen tragen. Frau Stenger weigert sich, ihm den Ball zurückzugeben, und ich kann sie da nur unterstützen.« Sie stellte ihre Tasche auf den Rücksitz ihres Autos, fragte: »Und was machst du so früh hier draußen? Hast du dich in der Zeit vertan? Ist doch noch gar nicht Mittag«, wartete die Antwort aber nicht ab, sondern schlug die Autotür zu und fuhr los. Armer Robin. Mattes notierte im Kopf: Ball für Robin kaufen und möglichst bald mit ihm zur Entschädigung ins Kino gehen.

Um kurz vor neun stand Mattes vor der Redaktionstür. Wieder blickte er schaudernd auf die Fensterbilder, aber jetzt war ihm klar, dass die nicht von Frau Althoff fabriziert wurden. Das passte nicht. Die legte in ihrer freien Zeit Patiencen auf einem intarsienverzierten Louis-Quinze-Tisch oder polierte ihre Sammlung goldrandbesetzter Teegedecke aus dem 19. Jahrhundert. Irgendjemand anderes musste die knallbunten Plastikbilder gemacht haben. Vielleicht war das hier Aufgabe des Chefredakteurs? Zeigte sich jetzt sein bitterer Sarkasmus oder war das nur ein lahmer Witz? Mattes entschied, dass es selbst für einen lahmen Witz zu wenig war, und klingelte. Wieso musste er als Chefredakteur an seinem ersten Arbeitstag eigentlich klingeln? Da konnte er wohl erwarten, mit etwas mehr Enthusiasmus empfangen zu werden. Die Angestellten rechts und links aufgereiht, ein netter Begrüßungssatz und Blumen. Ein roter Teppich wäre wohl etwas zu viel gewesen, aber – warum eigentlich nicht? Er guckte auf die Uhr und klingelte noch mal. Genau neun Uhr und vor ihm lag eine menschenleere, verschlossene Redaktion. Was sollte das jetzt? Hatte er gestern irgendwas unterschrieben und damit die Verantwortung für alle Außenstände auf sich genommen? Das wäre ja was. Die komplette Belegschaft geflohen und er saß mit dem Schuldenberg da. Als verantwortlicher Chefredakteur. Was sollte er jetzt machen? Zur Polizei gehen und erzählen, er habe ungelesen einen Vertrag unterschrieben, weil er dachte, es sei ein Gag von ›Verstehen Sie Spaß?‹. Von dem Lachanfall würden sich die diensthabenden Beamten vermutlich tagelang nicht erholen. »Vor neun Uhr ist hier niemand«, sagte die Stimme von Frau Althoff neben ihm, und ihr Hund schoss auf seine Hosenbeine zu und kläffte spitz. Sie sprach lauter, um durch das Gebell zu dringen. »Sie bekommen gleich von mir einen Generalschlüssel, dann können Sie auch früher im Büro sein und schon arbeiten, wenn Ihnen das lieber ist.«

»Nee, nee«, sagte Mattes schnell, denn vor neun im Büro sein wollte er auf keinen Fall. »Aber den Schlüssel, doch, ja…«, fügte er hinzu und sah wieder einmal überrumpelt und wenig intelligent aus. Super Einstieg, dachte er, verärgert über sich selbst. Wenn ich mich wie ein dämlicher Praktikant benehme, werde ich auch so behandelt. Wenn nur dieser blöde Köter mal ruhig wäre. Frau Althoff öffnete, brachte ihren Hund in ihr Büro und schloss die Türe hinter ihm, was ihn zwar mit dem Gebell nicht aufhören ließ, aber eine wohltuende Dämpfung des Geräuschpegels bewirkte. Sie bemerkte Mattes genervten Blick und sagte in einem Tonfall, der nicht mal den Gedanken an Widerspruch auslöste: »Mucki gehört zur Redaktion.«

»Welches Ressort?«, fragte Mattes in einem erneuten Versuch witzig zu sein, den Frau Althoff jedoch einfach überhörte. Vielleicht hatte sie auch keinen Humor. Hatte Frau Mahlzahn etwa je gelacht?

Sie öffnete eine Bürotür, die gleich neben ihrem Zimmer lag, und wies hinein: »Das ist Ihr Büro.«

Beim Eintreten sah Mattes aus dem Augenwinkel das Namensschild, das neben der Tür hing.

Bernhard Schäfer, Chefredakteur.

Der schien wirklich sehr kurzfristig ausgeschieden zu sein, denn das Büro sah immer noch benutzt aus. Papiere auf dem Schreibtisch, eine leere Kaffeetasse mit eingetrockneten Rändern auf dem Fensterbrett und an einem Haken hinter der Tür hing eine leichte Jacke.

»Seit wann ist Herr Schäfer weg?«, fragte Mattes.

Der kurze Blick von Frau Althoff kam ihm für einen Moment erschrocken vor. Doch sie klang ganz ruhig, als sie zurückfragte: »Sie kennen ihn?«

»Nein, ich kann lesen, und an der Tür hängt ein Namensschild.«

Sie nahm in Ruhe die benutzte Kaffeetasse vom Fensterbrett und erklärte vage: »Er musste vor einigen Tagen ausscheiden. Es kam ganz plötzlich. Private Gründe.«

Irgendetwas kam ihm komisch vor. Hatte sie nicht gestern etwas von gesundheitlichen Gründen gesagt? Oder meinte sie die, wenn sie von privaten Gründen sprach? Eine schwere Krankheit war auf jeden Fall etwas Privates. Sein Blick fiel auf den Chefsessel aus dunklem Leder. Sein Chefsessel. Und es war genauso einer, wie ihn auch Frau Althoff in ihrem Büro hatte. Zum ersten Mal überkam ihn das prickelnde Gefühl, hier irgendwann nicht nur der Chefredakteur, sondern auch der Chef sein zu können. Bisher war das allerdings ganz eindeutig noch sie. Aber das wird sich ändern, dachte Mattes zuversichtlich und strich mit dem Finger über das Leder der hohen Rückenlehne. Der imposante Stuhl war der Anfang. Wie gut das vernäht war, und so schön dick gepolstert.

Frau Althoff riss ihn aus seinen Gedanken. Mit wenigen Handgriffen hatte sie die Papiere auf dem Schreibtisch zusammengelegt und an sich genommen. Auf einmal sah das Büro leer und frisch aus, als warte es auf einen Neuanfang. Sie sah Mattes an, der sofort eine nervöse Unruhe im Unterbauch spürte. Was erwartet sie? Soll ich sie als ihr neuer Chef begrüßen? Nein, das wäre ja völliger Quatsch. Einen Kaffee bestellen? Was machte man eigentlich so als Chefredakteur im Bezug auf die Mitarbeiter? Wie ging man mit Sekretärinnen um, vor allem, wenn sie im wahrsten Sinne des Wortes Chef-Sekretärinnen waren?

»Hi!«, säuselte es von der offenen Tür, und die junge Frau von gestern stand dort und guckte neugierig ins Büro. Mattes sah, dass sie nicht nur sehr dunkel umrandete Augen, sondern auch ein kleines Nasenpiercing hatte, und dass eine ganz erstaunliche Anzahl von Ringen und blinkenden Steinchen in beiden Ohrmuscheln steckten. Er fühlte Respekt in sich aufsteigen. Für ihn waren Spritzen schon eine echte Bedrohung, die er nur mit ganzer Manneskraft und kaum unterdrückbaren Schweißausbrüchen hinnehmen konnte. Dass es junge Mädchen gab, die sich ähnlichen Schmerzen freiwillig und mehrfach aussetzten, nur um sich irgendwelche Extremitäten perforieren zu lassen, war für ihn nicht nachvollziehbar.

»Der hier oben ist neu«, informierte ihn die junge Frau, die sein Interesse bemerkte, den Kopf drehte, damit er ihr Ohr sehen konnte, und mit dem Finger auf einen Stecker zeigte, der hoch oben in der Ohrmuschel klemmte.

»Hab ich vorgestern gemacht. Mit einer Nadel«, ergänzte sie, als sie seinen fragenden Blick sah.

»Mit einer Nadel?«, fragte er entgeistert und versuchte den Gedanken daran sofort aus dem Kopf zu bekommen, was zur Folge hatte, dass er genau vor Augen hatte, wie eine Nadel in den Knorpel der Ohrmuschel ...

Frau Althoff unterbrach das phantasievolle Schreckensbild: »Das ist Tina. Sie ist seit vier Monaten bei uns und macht ein Langzeit-Praktikum.«

Mattes stand auf, versuchte das Bild der bohrenden Nadel aus dem Kopf zu bekommen und überlegte blitzartig, wie er die Büro-Praktikantin am besten souverän und eindrucksvoll als neuer Chef begrüßen sollte.

Sie kam ihm zuvor, schüttelte seine Hand und piepste: »Tach. Sie sind der von gestern, ne? Cool.«

»Als Praktikantin in einer Redaktion ist es sicher sehr interessant", sagte Mattes, um überhaupt etwas zu sagen.

»Ich kann Kaffee und kopieren. Das ist, weil ich so Ausschlag hatte bei dem Färben und so«, erklärte Tina. »Das waren voll die roten Finger. So richtig mit Plack dran.«

»Mit was?«, fragte Mattes.

»Sie befand sich in der Ausbildung zur Friseurin, bekam aber Allergien von den Färbemitteln und schult jetzt um«, übersetzte Frau Althoff.

»Aha«, sagte Mattes. »Und auf was schult sie hier um? Auf Praktikantin?«

Frau Althoff warf ihm einen warnenden Blick zu, der ihn schnell erkennen ließ, dass Frau Mahlzahn auch jetzt nicht zu Späßen aufgelegt war.

»Vorläufig ja.«

Oh, schon wieder ein heikles Thema, zu dem er kein Hintergrundwissen hatte und offensichtlich auch keins bekommen sollte. Er lächelte Tina wie ein gütiger Chef zu, zumindest hoffte er, dass genau das in seinem Gesichtsausdruck rüberkam. Bisher hatte er in seinem Leben nicht häufig gütig lächeln müssen. Eigentlich war es das erste Mal.

»Dann guten Tag, Tina. Ich wünsche Ihnen viel Erfolg in Ihrem Praktikum.«

»Neeeee«, lachte Tina los, »ich bin du.«

Sie kicherte.

Mattes verlor den Ansatz des gütigen Lächelns und tauschte ihn mit dem Ausdruck des totalen Unverständnisses.

»Sie sind ich?«

Tina kiekste vor Vergnügen.

»Nein, Sie sind Sie, aber ich bin du.«

Wieder rettete ihn Frau Althoff mit einer Erklärung, und er meinte dabei ein vergnügtes Blitzen in ihren Augen zu erkennen. Lachte sie etwa über ihn?

»Tina meint, dass Sie sie duzen sollen.«

»Ich bin du«, wiederholte Tina. »Das sag ich doch die ganze Zeit.«

Oh, Mann, hoffentlich ging das heute nicht so weiter. Aber es konnten hier ja nicht nur piepsende Praktikantinnen mit selbst durchbohrten Ohren herumlaufen, die ihn mit ihren unausgegorenen Sätzen in den Wahnsinn brachten. Wo waren die anderen Mitarbeiter? Irgendwo mussten die sich ja aufhalten. Er könnte als erste offizielle Amtshandlung alle ihm unterstellten Mitarbeiter begrüßen und sich ihnen als der neue Chefredakteur vorstellen. Das wäre nicht nur für ihn, sondern auch für sie interessant. Durch die Gänge liefen bestimmt schon die ersten Gerüchte im Flüsterton, so wie er das selber aus der Redaktion von ›Der rote Teppich‹ kannte, wo sich die Gerüchte allerdings mehrheitlich um die internen Beziehungen und Trennungen drehten, die schneller und oft dramatischer verliefen als bei den drittklassigen Stars und in den Königshäusern. Er wandte sich an Frau Althoff. »Ich würde gerne die weiteren Mitarbeiter kennenlernen.«

Sie blickte auf die Uhr: »Frau Berger und Herr Plattler haben um 9.30 Uhr einen Außentermin und werden gegen Mittag in der Redaktion sein.«

»Kein Thema. Dann gehen wir zuerst zu den anderen.«

Mattes blickte auf, weil Frau Althoff stumm blieb und Tina schon wieder unterdrückt kicherte. Er wurde ungeduldig.

»Was ist? Haben die alle heute Vormittag einen Außentermin oder treten die generell erst gegen Mittag an?«

Es schien eine schluderige Arbeitsmoral zu herrschen. Jeder kam, wie er wollte, und vermutlich saß keiner auch nur die Hälfte der Zeit an der Arbeit, für die er bezahlt wurde. Dass die Althoff das auch noch unterstützte! Mattes erkannte mit Verwunderung, wie schnell er den Chefgedanken mit jeder Körperfaser übernommen hatte. Seit wann achtete er auf Arbeitszeiten und legte Wert darauf, wie lange jemand am Schreibtisch saß? Hatte er nicht immer »Am Ende zählt die Qualität, nicht wie lange man dafür gebraucht hat« gesagt? Oder: »Das Genie braucht nur ein Fünftel der Zeit. Und die kann es im Straßencafé verbringen.« Erstaunlich, wie sich seine Grundeinstellung plötzlich geändert hatte. Aber jetzt war er ja auch verantwortlich. Es war Chefsache, und er hatte den gesamten Mitarbeiterstab zu lenken.

Frau Althoff sagte: »In der Redaktion arbeiten Frau Berger, Herr Plattler, Tina und ich. Und Sie.«

Wortlos starrte Mattes sie an. Es haute ihn um. Das war viel schlimmer, als er es erwartet hatte. Das war tiefste Magazinprovinz. Vier Leute? Und eine blöde Praktikantin? Da gab es bei jedem Werbeblättchen mehr Fachpersonal. Ungläubig fragte er: »Ihr schmeißt das Ding mit vier Leuten? Wie soll das denn gehen?«

Frau Althoff schickte Tina in die Küche: »Mach Herrn Reuter einen Kaffee fertig! Sie mögen doch Kaffee?«, erkundigte sie sich. Er nickte wortlos.

Der Kaffee schmeckte furchtbar. Entweder hatte Tina nicht kapiert, wie man mit der Maschine Kaffee kochte, oder der Apparat war defekt. Eine seiner ersten Taten würde die Anschaffung einer neuen Kaffeemaschine sein, bei der selbst Tina nichts falsch machen konnte. Falls er bleiben würde. Frau Althoff legte eine schmale Mappe auf den Tisch.

»Ich gebe Ihnen einen Überblick über die Situation und die Mitarbeiter«, erklärte sie. »Wir sind ein Wochenmagazin, Auflagenhöhe 5000, und wir arbeiten weitgehend selbständig. Für den Verlag, der seinen Hauptsitz in Hamburg hat, sind wir ein Produkt, um das er sich keine Sorgen machen muss, weil es von alleine läuft. Das heißt, solange wir schwarze Zahlen schreiben und unsere Werbekunden behalten, können wir jede Woche das neue Magazin in Druck geben, ohne dass wir dem Verlag einzelne Schritte erklären müssen.«

Mattes blickte sie an: »Das heißt im Klartext, dass der Verlag die Existenz dieses Magazins nicht mehr auf dem Schirm hat, und dass alles läuft, solange Sie eine Nullnummer ohne Verluste machen.«

Frau Althoff räusperte sich, ehe sie antwortete.

»So würde ich das nicht formulieren, Herr Reuter. Aber ja, so kann man es sehen. Wir existieren, solange es konstante Werte bei den Einnahmen und den Ausgaben gibt.«

»Aber jetzt wollen Sie mich als Chefredakteur haben, um frischen Wind in das Magazin zu bringen?«

Unerwartet scharf antwortete Frau Althoff: »Hier will niemand frischen Wind. Wenn Sie glauben, Sie müssten sich hier selbst verwirklichen, sind Sie am falschen Platz. Sie sind Chefredakteur und nicht dazu da, das Konzept zu ändern.«

Ihr Blick war so vernichtend, als hätte sie gerade ein unmoralisches Angebot von ihm bekommen, was Mattes völlig fernlag, ihn aber trotzdem in Verlegenheit brachte. Was war hier nur los? Irgendetwas stimmte nicht. Seit wann durfte ein Chefredakteur keine neuen Konzepte entwickeln?

»Das sind unsere Mitarbeiter«, hörte er Frau Althoff sagen.

Da bin ich aber gespannt, dachte er und sah zu, wie sie die Mappe aufschlug. Wenn das die Personalbögen der gesamten Mitarbeiter sind, sind wir schnell durch, dachte er mit Blick auf die wenigen Seiten.

Als hätte sie seine Gedanken erahnt, sagte sie: »Wir sind eine sehr kleine Redaktion, aber durch die hohe Einsatzbereitschaft und die hervorragenden Kenntnisse der Angestellten sind wir in der Lage, immer pünktlich und in guter Qualität ›Hassos Herrchen – Finas Frauchen‹ herauszubringen. Wir haben als Art Director und Graphical Advertisement Designer Herrn Plattler, der umfangreiche Kenntnisse im grafischen Bereich hat und hier auch die Aufgaben des Project Managers übernimmt. Er überzeugt durch seine frischen Ideen und gehört zu den Top-Grafikern im Magazin-Bereich.«

Mattes fand englische Bezeichnungen für stinknormale Berufe lächerlich. Aufgeblasene Wortgebilde, dachte er und lehnte sich langsam in seinem Stuhl zurück. Dieser Herr Plattler schien zwar ein außergewöhnlich guter Heftmacher zu sein, aber warum nannte ihn die Althoff nicht einfach Grafiker? Sie wirkte doch sonst so klar und präzise. Und meinte sie mit ›Hassos Herrchen – Finas Frauchen‹ tatsächlich dasselbe kleine Heft, das er vom Sehen kannte? Das miefige schwarzweiße Anzeigenblättchen, das sogar seine Kollegen vom Stadtteilmagazin immer nur von oben herab belächelt hatten? Er musste da etwas verwechseln. Ein Art Director wie dieser Herr Plattler würde doch kein Billigprodukt layouten. Vermutlich tat er der ganzen Redaktion unrecht und hatte ein falsches Heft vor Augen. Mit Hundeliteratur kannte er sich eben überhaupt nicht aus. Aber ›Hassos Herrchen – Finas Frauchen‹ – gab es wirklich noch ein zweites Magazin, das einen ähnlichen Namen hatte? Er konnte sich doch nicht so irren!

»Ihm zur Seite steht Frau Berger, unsere Communication Managerin«, fuhr Frau Althoff fort. »Sie ist Marketing Specialist und seit fast zwei Jahren dabei. Ihre Ausbildung machte sie bei namhaften Großkonzernen, bei denen sie entsprechendes Know-How erwarb. Herr Plattler und Frau Berger sind aufeinander eingespielt, arbeiten an vielen Aufträgen zusammen und handeln im Sinne der Verlagsleitung.«

Sie sah ihn herausfordernd an: »Und ich bin Office Employee und Ihr Personal Assistant.«

Mattes sah sie eine Weile stumm an und versuchte die Informationen zu verarbeiten. Er war sich sicher, dass es sich um genau das Hasso-Fina-Magazin handelte, an das er dachte.

Es gab hier also Topleute, um ein Heft zu produzieren, das er an seinem Heimcomputer zusammenbasteln könnte? Wollte sie ihn verarschen? Klar, es gab die Redaktion und es gab auch die Mitarbeiter. Die Verschiebung, an der die Informationen nicht zusammenpassten, musste woanders liegen. Er beugte sich vor und sagte leise: »Und Tina ist Trainee für Coffee und Copies?«

Frau Althoff schloss die Mappe und ein leichtes Lächeln zuckte an ihren Mundwinkeln. Dann hatte sie sich wieder unter Kontrolle und sagte: »Ja, so könnte man es nennen.«

Mattes sah auf die Uhr. Was sollte er jetzt machen? Am besten den Chef spielen und irgendwas entscheiden. Mina saß zuhause und musste mal ausgeführt werden. Geschäftig stand er auf: »Wenn im Moment nichts anliegt, müsste ich außer Haus etwas Wichtiges erledigen. Ich bin nach dem Mittag wieder da. Bis dahin werden Herrn Plattler und Frau Berger ja wohl wieder in der Redaktion sein, sodass ich sie kennenlernen kann.«

Er bemerkte eine angespannte Bewegung bei Frau Althoff und fragte: »Oder spricht etwas dagegen?«

»Nein, nein«, sagte sie hastig und stand auf.

Als Mattes das Büro verließ und durch den Flur zur Eingangstür ging, sah er Tina, die dabei war, den Inhalt von drei dicken Aktenordnern Blatt für Blatt zu kopieren. Zum durchgehenden Brummen und Klappern des Kopierers gesellte sich aus einem Zimmer das hysterische Bellen des Hundes. Tina sah ihn durch den Flur gehen und rief über den Lärm der Maschine hinweg: »Elf! Ich hab elf. Cool, ne?«

Mattes blieb stehen. Wieso verstand er einfach nicht, was sie ihm übermitteln wollte.

»Elf was?«, rief er verwirrt zurück.

»Elf Piercings.« Sie zählte auf: »Einen in der Nase, vier in dem einen Ohr, fünf im anderen Ohr und einen … woanders.«

Sie überlegte einen Moment lang und fragte dann strahlend: »Wollen Sie den mal sehen, der ist voll abgefahren.«

»Nein!!«, rief Mattes eine deutliche Spur zu entsetzt aus. Um

Himmels willen! Er wollte überhaupt nicht näher erfahren, wo der war. Mit mühsamer Beherrschung rief er: »Ich muss jetzt gehen«, nickte kurz und drehte sich geschäftig um. Er spürte große Erleichterung, als er auf den Hinterhof trat und die Redaktionstür hinter ihm zufiel.

Auf der Fahrt nach Hause war Mattes sicher, dass er in eine Falle geraten war. Aus seinem wunderbaren freiberuflichen Leben, das genug Zeit für viele andere Sachen bot, war er durch irgendeinen Trick in die Fänge der Althoff und ihres Hundemagazins gelangt. Die Redaktion lief mit Topleuten von alleine, und er sollte anscheinend möglichst störungsfrei den Chefredakteur spielen, ohne wirkliche Entscheidungsgewalt zu haben. Gut, Entscheidungen waren nie seine Stärke gewesen, aber das galt nur, wenn die Entscheidungen IHN betrafen. Für andere konnte er das sehr gut. Hier sollte er ein Chef sein, dem die Althoff vorschrieb, was er zu tun hatte, nämlich nichts. In spätestens zwei Wochen wäre er in seinem Hinterzimmerbüro vergessen, würde tatenlos am Schreibtisch sitzen und durch die Bürowände hören, wie um ihn herum ein Magazin fertiggestellt wurde. Was war eigentlich mit dem vorherigen Chefredakteur geschehen? Vielleicht war der gar nicht selber gegangen, sondern einsam in seinem Büro gestorben, während nebenan der Kläffer lärmte. Und weil er völlig nutzlos war und bei keiner anfallenden Arbeit vermisst wurde, wurde er erst nach Tagen zufällig gefunden. Vermutlich von der Althoff, die den nach Wochen in Einzelbürohaft gehaltenen, inzwischen willenlosen Mann zum Unterschreiben von irgendwelchen Papieren zwingen wollte. Er hatte sich allem Druck mit einem einsamen Dahinscheiden entzogen. Und dann hatte die Belegschaft in der Nacht heimlich seine Überreste in den Hof gezerrt und unter dem traurigen Rasenrest verscharrt. Gleich neben den dicken Müllcontainern. Mattes schüttelte den Kopf und ermahnte sich, dass er zu viel Phantasie hätte, aber er konnte nicht verhindern, dass ihm ein Schauer über den Rücken lief. Er wusste wirklich nicht, was mit seinem Vorgänger geschehen war. Nicht, dass er hier in einen Kriminalfall verwickelt wurde. Oder das nächste Opfer werden sollte?

Mina schlug an, als er die Wohnung betrat, und sie schien sich wirklich zu freuen, dass er da war. »Mein gutes Mädchen«, sagte er und klopfte ihr auf den Rücken. Ab morgen würde er sie in die Redaktion mitbringen. Das hatte er sowieso vorgehabt, aber das war jetzt auch wichtig für seine eigene Sicherheit. Wie viele Chefredakteure wohl schon unter dem kleinen Rasenstück lagen? Er griff zu einem Stift und schrieb die Adresse der Redaktion auf einen Zettel, den er mit einem Magneten an der Kühlschranktür befestigte. Wenn er tagelang nicht mehr in die Wohnung kam, würde Astrid sich Sorgen machen, nachsehen und den Zettel finden. Und wenn er schon keine Karriere bei der ZEIT machte, dann würde er ja vielleicht wenigstens eines Tages bei ›Aktenzeichen XY‹ auf dem Bildschirm erscheinen. Die Schweine würden nicht ungestraft davonkommen.

Die Runde um den Block tat gut, und er merkte, wie er über sich selber lachen musste. Was war nur los? Die Althoff war vielleicht etwas spleenig, aber sie würde nicht mitten in der Nacht mit einem Spaten Löcher buddeln, um verstorbene Chefredakteure verschwinden zu lassen. Jedenfalls wahrscheinlich nicht. Vor allem musste er heute noch klarstellen, dass er der Chef in der Redaktion war. Dazu wäre das erste Treffen mit den beiden Machern des Magazins der richtige Zeitpunkt. Gar nicht erst als Neuling auftreten, sondern sofort mit natürlicher Autorität zeigen, dass am Ende jeder Entscheidung nur sein Wort galt. Der Chefredakteur an der Spitze seiner Mannschaft. Egal, was es war, es war Chefsache. Ein energischer Zug trat in sein Gesicht, der so lange anhielt, bis er bei der Rückkehr vor dem Haus auf Astrid traf. Sie sah ihn kritisch an. »Was war mit deinem Termin? Dieser Art Vorstellungsgespräch?«

»Ooooch …«, zögerte Mattes.

Astrid erließ ihm die Antwort: »Also wieder nichts. Schade. Ich hatte gehofft, dass du mal irgendwo Grund unter die Füße bekommst. Du musst das Ruder anpacken. Nicht nur herumpaddeln.«

Die Sprüche kannte er. Da sprach die Persönlichkeits- und Erfolgsberaterin, und die war extrem ungehalten, dass ausgerechnet ihr Bruder keinen ihrer Ratschläge anzunehmen schien.

»Wenn du mal hier, mal da mit deiner Hand aufs Wasser patschst, wirst du nur nass, aber niemals ankommen. Du musst die Küste im Blick haben und mit beiden Rudern, mit Kraft und Ausdauer darauf zurudern«, setzte sie fort.

Mattes unterbrach sie: »Ich hab nicht mal ein Boot. Und ich bin gar nicht so für Wassersportarten.«

»Du bist für überhaupt nichts«, sagte sie genervt. »Setz dich einmal im Leben für etwas ein. Dieses Rumdümpeln kann doch nicht ewig weitergehen. Du bist der Einzige in der Familie, der mit Ende Dreißig immer noch durchs Leben trödelt. Wann willst du mit deiner Karriere anfangen? Bald ist es zu spät. Dann sitzt du auf ewig mit deinem blöden Köter bei mir rum und ich füttere dich durch.« Etwas liebevoller fragte sie: »Wie sieht es bei dir im Kühlschrank aus? Hast du noch genug zu essen?«

»Astrid!«, fuhr Mattes genervt auf. »Bisher musste ich nicht hungern. Im Gegenteil. Jetzt tu doch nicht so, als würde ich nicht für mich sorgen können. Ich kann mich im Übrigen nicht weiter mit dir über Boote und meinen nahenden Hungertod unterhalten, weil ich weg muss.«

»Ach, wieder ein Termin?«, fragte Astrid spitz.

»Ja«, bestätigte er, ohne näher darauf einzugehen. Er brachte Mina in die Wohnung zurück, nahm ein labberiges Brötchen aus der Küche und ging kauend zum Auto.

Kaum hatte er die Redaktion betreten, stellte Tina den Kopierer aus, an dem sie schon wieder beschäftigt war, und rief: »Sie kommt gleich in Ihr Büro, und sie geht mit Ihnen hin und danach Kaffee. Oder lieber vorher?«

Sie, das war vermutlich die Althoff. Aber was wollte Tina ihm sonst noch sagen?

»Danke«, antwortete Mattes unbestimmt und beließ es dabei. Da wartete er doch lieber auf Frau Althoff, die ihm das verständlich sagen würde. Tina hakte nach: »Was nun? Vorher oder nachher?«

»Nachher«, sagte Mattes auf gut Glück, sah ihr hinterher, als sie um die Ecke bog, und hoffte, dass sie den Kaffee meinte.

Er öffnete die oberste Schublade seines Schreibtisches. Sie war leer. Ebenso wie alle anderen. Sauber ausgeräumt, dachte Mattes. Was hatten sie hier verschwinden lassen? Ihm fiel ein, dass es einen Beweis für die Existenz des vorherigen Chefredakteurs gab: das Namensschild an der Tür. Triumphierend ging Mattes vor sein Büro und starrte auf ein neues Schild, das seinen Namen trug. Frau Althoff kam aus ihrem Büro.

»Stimmt etwas nicht?«, fragte sie.

Jetzt ganz ruhig bleiben und nicht zeigen, dass man ihnen auf der Spur war. Gelassen blickte Mattes sich um.

»Nein, nein. Alles in Ordnung.«

»Dann können wir uns jetzt mit Herrn Plattler und Frau Berger treffen. Ich habe mir gedacht, dass Sie die beiden in ihrem jeweiligen Arbeitsbereich kennenlernen möchten.«

Als er Frau Althoff durch den Flur folgte, reckte er sich und hob den Kopf. Ich bin der Chef, dachte er, und das muss ich mit meiner Haltung ausdrücken, wenn ich den beiden Magazin-Profis entgegentrete, denen ich nichts über die Herstellung einer Zeitung erzählen kann, was sie nicht viel besser wissen. Die müssen mir nur eine Frage stellen und merken sofort, dass ich keine Ahnung habe. Am besten antworte ich nicht, wenn es auf unbekannte Gebiete zugeht. Obwohl – gibt es für mich hier überhaupt etwas anderes als unbekannte Gebiete? Über Klatschmeldungen und Goldhochzeiten werden sie wohl kaum sprechen wollen. Wenn die erfahren, was ich bisher gemacht habe… Frau Althoff war stehen geblieben, klopfte kurz an eine Tür, ehe sie sie aufdrückte und Mattes zuraunte: »Frau Berger, Communication Managerin.«

Mattes musste schlucken. Jetzt kam es darauf an, wie gut er den Chef vorspielen konnte. Andere waren so schlau, in solchen Situationen mit Anzug zu kommen, um zu beeindrucken, aber dafür war es jetzt zu spät. Außerdem hätte er gar keinen Anzug gehabt. Und ob ihm einer von Godehard gepasst hätte? Nein, der war schmaler und größer. Außerdem, was ging ihm da gerade für ein Unsinn durch den Kopf? Er wollte gar keinen Anzug von Godehard tragen. Rostbraune Krawatten? Niemals! Er war Chefredakteur in Jeans und Sweatshirt-Jacke, und das war sein Markenzeichen. Betont lässig betrat er das Büro, streckte seine Hand nach vorne und ergriff die schmale, drucklose Hand einer jungen Frau, die ihn erstaunlich eingeschüchtert anblickte.

»Hallo«, sagte sie mit leiser Stimme.

Ihre halblangen Haare hingen glatt um ihr Gesicht und ließen sie jünger aussehen, als sie vermutlich war. Eins war klar: Sie nahm ihm den Chef voll ab, schien aber auch keine großen Ansprüche an irgendwelche schauspielerischen Leistungen zu haben.

Frau Althoff übernahm die Leitung. »Frau Berger betreut

den journalistischen Teil des Magazins.« Mattes erfasste mit einem kurzen Blick auf den Computerbildschirm und auf einige Notizen und Fotos, die auf dem Tisch lagen, dass es wohl aktuell um eine örtliche Hundeausstellung ging. Hundeausstellung. Das war journalistisch ja eine Höchstleistung, die ganz nah an seinen Berichten über Goldhochzeiten lag.

»Frau Berger ist ausgebildete Journalistin mit ganz hervorragenden Kontakten zu allen für uns wichtigen Stellen«, fuhr Frau Althoff fort.

»Die da wären?«, fragte Mattes.

Das brachte die Althoff aus der Fahrt, wie er zufrieden bemerkte.

Frau Berger antwortete stattdessen leise, aber nicht unsicher: »Die Hundezüchter, alle Händler für Tierbedarf, der Hundesportverein und unsere Anzeigenkunden. Ich fahre regelmäßig vorbei und sie rufen auch an, wenn es etwas Neues gibt.«

»Aha, das ist ja ganz groß«, sagte Mattes, weil ihm nichts anderes einfiel, und er hoffte, dass sie das als Chefantwort akzeptieren würde. War vielleicht ganz gut, wenn er etwas Distanz wahrte und so tat, als würde er sich erst mal ein Bild von der Vorgehensweise der Redaktion machen, ohne alles genauer zu kommentieren. Er sah sich auf der Suche nach Gesprächsstoff im Zimmer um, überlegte fieberhaft, was er sagen könnte, und empfand die lange Pause als bedrückend. Sie dokumentierte sein persönliches Versagen. Die blöde Althoff blieb stumm und ließ ihn hängen. Dabei war sie sonst doch immer vorne dabei, wenn es um die Gesprächsführung ging. Blöde Ziege.

Er durchbrach die Stille und versuchte etwas Sinnvolles anzubringen: »Ich bin Mattes Reuter, der neue Chefredakteur.«

»Ich weiß«, lächelte Frau Berger amüsiert. Wieder wurde es still. Frau Berger schien abzuwarten, ob er noch Fragen hatte, und wollte nicht von alleine wieder an ihren Bericht gehen, und die Althoff schien mit Genuss zu beobachten, wie er sich in dieser Situation verhielt. War das eigentlich schon ein Fall für eine Abmahnung? Eine persönliche Assistentin, die bewusst nichts sagte, um ihren Chef lächerlich zu machen? Trotz der widrigen Umstände musste er jetzt unbedingt in der Chefrolle bleiben.

»Tja, dann… geh ich mal«, hörte er sich sagen und wusste, dass das ganz sicher nicht der perfekte Abgang war.

»Und ich schreib dann mal weiter«, lächelte Frau Berger schüchtern, wandte sich wieder ihrem Computer zu und tippte auf der klappernden Tastatur los.

An der Tür des Nebenzimmers hing ein großes Plakat, das mit grellen Farben für ein längst vergangenes Konzert einer Heavy-Metal-Gruppe namens Suizeeds warb. Frau Althoff informierte: »Herr Plattler«, klopfte kurz an, öffnete die Tür und ließ Mattes zuerst eintreten. Eine dicke Schicht grauweißen Zigarettenqualms verhinderte einen klaren Blick, und die nikotingetränkte Luft nahm Mattes fast den Atem. Aus der Mitte des Zimmers, in der schemenhaft ein vollgepackter Schreibtisch mit einer Gestalt davor zu erkennen war, kam der unfreundliche Ruf: »Tür zu!« Das ist also der berühmte Art Director, dachte Mattes. Anscheinend ein ganz anderes Kaliber als die zurückhaltende Frau Berger. Eine Stimme polterte ihm verärgert entgegen: »Mir fliegt der ganze Scheiß durch die Gegend, wenn die Tür so aufgerissen wird!«, und aus dem Nebel erhob sich eine große, schmale Gestalt, jugendlich in schlabbernde Jeans und lässiges T-Shirt gepackt, das Gesicht aber deutlich Richtung 50 tendierend. Die stark mit Grau durchsetzten Haare waren genau das Stück zu lang, das sie wie eine seit Wochen aus der Form gewachsene Frisur aussehen ließ und das bei jedem Betrachter ein unmittelbares Bedürfnis auslöste, nach einer Schere zu greifen und die verstörenden Überlängen rasch selber zu entfernen. Mattes hasste Leute, die Bemerkungen über anstehende nötige Friseurbesuche machten, und er war peinlich berührt, dass ihm so ein Satz jetzt auf den eigenen Lippen hing und er ihn nur mühsam zurückhalten konnte. Im Art-Director-Mundwinkel hing eine qualmende Zigarette und schien mitverantwortlich für die graue, fast gegerbt wirkende Haut zu sein. Der ist in seiner persönlichen Entwicklung irgendwann vor dreißig Jahren stehen geblieben, dachte Mattes, altert an der Außenhülle aber weiter und merkt es nicht.

Peter Plattler musterte den neuen Chefredakteur kurz, schien weder interessiert noch beeindruckt und raunzte düster: »Hi!« Mattes fühlte sich empfindlich gestört. Was sollte dieses knappe »Hi«? Der Typ konnte Art Director sein, wie er wollte, aber er, Mattes Reuter, war der neue Chefredakteur. Ein bisschen Respekt war da angebracht. Frau Althoff war an der Tür stehen geblieben und wedelte die auf den Flur quellenden Qualmwolken demonstrativ weg. Peter Plattler bemerkte es und kommentierte als Ansage an den neuen Chef: »Hier wird nur gelüftet, wenn ich abends raus bin.« Sein Tonfall gab zu verstehen, dass es ein unveränderbares Grundgesetz der Redaktion war und dass es darüber keinerlei Diskussion geben würde, weil er ansonsten auf der Stelle und für immer das Redaktionsgebäude verlassen würde. Mattes unterdrückte einen Hustenreiz und fragte: »Haben Sie hier keine Raucherecke?« »Das IST die Raucherecke«, verkündete Herr Plattler dumpf. »Solange die Tür geschlossen bleibt, hat keiner ein Problem.« Inzwischen war der größte Teil des Rauches an der wild wedelnden Frau Althoff vorbei in den Flur gezogen, sodass Mattes das Zimmer betrachten konnte. Der Tisch lag voll mit Skizzen, Papieren und farbigen Entwürfen. An den Wänden hingen mit Klebeband nachlässig befestigte Poster und Plakate, von denen ein großer Teil mit dem Suizeeds-Schriftzug versehen war. Auf dem Boden lagen weitere Farbentwürfe und unordentlich gestapelte Papierberge. Das Zeug lag doch auch ohne geöffnete Türen und Fenster immer auf dem Boden, dachte Mattes und fragte sich, ob der Grafiker das Chaos noch im Griff hatte oder ob er im Griff des Chaos war. Interessiert betrachtete er eines der Poster. Das war augenscheinlich eine der Musikrichtungen, mit der er nichts anfangen konnte und die er ranggleich mit ›Lärm‹ einordnete.

»Haben Sie mit dieser Gruppe zu tun?«, fragte er interessiert, weil ihm der Name aus allen Ecken des Zimmers ins Auge sprang.

»Ich mache die Plakate«, erklärte Peter Plattler in wesentlich freundlicherem Ton und wirkte sofort etwas aufgeschlossener.

Mattes lachte leicht: »Ich dachte schon, Sie würden auch so einen Krach machen.« Nach einem kurzen Moment der Stille, die Mattes sofort als bedrückend empfand, sagte Peter Plattler langsam: »Ich spiele manchmal Bass«, und betonte: »... bei dem Krach.« Verschissen, dachte Mattes und hätte sich selber treten können. Peter Plattler wandte sich wortlos seinem Schreibtisch zu und zeigte damit das Ende des Gespräches an.

Stumm begab sich Mattes mit Frau Althoff auf den Rückweg zu seinem Büro. Seine Vorstellungsrunde als souveräner, die Mitarbeiter sofort beeindruckender Chef konnte er als völlig gescheitert bezeichnen. Aber was für Typen arbeiteten hier? War es Absicht von der Althoff, dass sie ihn vorher mit den aufgeblasenen Berufsbezeichnungen bombardiert hatte, wenn ihr doch klar sein musste, dass er kurz danach die Realität erkennen würde? Und wie bescheuert musste man sein, um hier den Posten des Chefredakteurs anzunehmen?

Er drehte sich ruckartig zu Frau Althoff um und versuchte

sie zu überrumpeln: »Warum ist der Chefredakteur gegangen? Lebt er überhaupt noch?«

»Natürlich lebt er noch!«, sagte sie schnell und sah ihn kritisch an, als ob er eine besonders dämliche Frage gestellt hatte.

So dämlich kam sie ihm aber gar nicht vor, und er guckte fordernd zurück.

»Sein Weggang hatte finanzielle Gründe, er …« Sie suchte nach Worten. Die plötzliche Frage hatte sie tatsächlich überrascht, und sie bemühte sich, eine unverfängliche Antwort zu basteln. Mattes merkte, wie in ihm Ärger aufstieg. Ärger auf Frau Althoff, die nicht klar antwortete, auf die unsichere Situation, in der er sich befand, und nicht zuletzt auf sich selbst.

»Jetzt?«, rief Tina freudig, die in der kleinen Küchenzeile stand und anscheinend die ganze Zeit auf das Kommando zum Anstellen der Kaffeemaschine gewartet hatte.

»Nein!«, rief Mattes entnervt, was die schmale Praktikantin veranlasste, motzig: »Oh, nee!« zu rufen und beleidigt aus seinem Sichtfeld zu verschwinden. Er sah Frau Althoff an und verlangte mit einer Stimme, die keinen Widerspruch duldete: »Morgen um 10 Uhr will ich alle in meinem Büro sehen. Ich setze eine Redaktionsbesprechung an.«

»Zehn Uhr geht nicht. Um elf Uhr ist Abgabe. Die geht vor.«

Sie sah ihm gerade in die Augen und schlug mit ruhiger Stimme vor: »Zwölf Uhr.«

Er seufzte und merkte, wie die von Ärger hochgekochte Spannung in sich zusammenfiel. Auf einmal fühlte er sich leer und müde. Er nickte: »Zwölf Uhr. Für alle.« Tina piepste um die Ecke: »Auch für mich?«

»Für alle«, wiederholte Mattes und sah aus dem Augenwinkel, wie sie sich darüber freute. Wie kann man so blöd sein, dachte er. Sie hat keine Ahnung, dass es hier morgen mit hoher Wahrscheinlichkeit krachen wird. Und sie freut sich, weil sie dabei sein darf. Irgendwie tat sie ihm leid, und gleichzeitig tat er sich selber leid. Sich selber mit seiner ganzen Blödheit. Er griff nach einer Ausgabe von ›Hassos Herrchen – Finas Frauchen‹, die in einem Stapel auf dem Wandregal lag, rollte sie zusammen und verließ grußlos die Redaktion.

Zuhause schnappte er sich Mina, packte sie ins Auto und fuhr eine halbe Stunde raus, bis er außerhalb der Stadt war. Er brauchte jetzt Platz, Luft und Zeit, um seine Gedanken zu ordnen. Die freie Fläche der vor ihm liegenden kahlen Felder machte den Kopf frei. Mina stürmte begeistert los und war konzentriert damit beschäftigt, alle Gerüche aufzunehmen und ihre Nase in jedes Mauseloch zu wühlen. Mattes ging den langen, geraden Feldweg entlang, hatte die Hände in den Taschen und fragte sich: Was will ich? Die Antwort hatte er sofort: Ganz bestimmt nicht in dieser Redaktion arbeiten. Nicht mehr zurückkehren, alles vergessen und so tun, als wäre es nie geschehen. Das hatte doch alles keine Zukunft. Er stöhnte. Diese Typen, die da rumsaßen. Die Althoff! Und dieser nikotinverqualmte Platter. Oder Plattner? Wie hieß er noch, der Suizeeds-Bass? Frau Berger war noch die netteste von allen, aber viel zu ruhig. Die bekam doch nichts gebacken. Und mit denen sollte er ein Magazin machen? Er lachte humorlos auf. Machen? Nein, er sollte ja gar nichts machen, er sollte nur als Chefredakteur-Placebo in seinem Büro sitzen und sie wie immer weitermachen lassen. Bloß nicht stören.

Mattes trat mit Kraft gegen einen Stein, der auf dem Weg lag, und katapultierte ihn in den Graben. Nicht mit ihm. Wenn er schon Chefredakteur war, dann auch richtig. Hunde waren doch ein tolles Thema. Das lag ihm doch. Er würde mit neuen Ideen ankommen und den lahmen Laden ans Laufen bringen. Neue Ideen, das war's. Aber was konnte man in einem miefigen, kleinen Hundemagazin an neuen Ideen bringen? Er sah, dass Mina weit hinten auf dem Feld nicht mehr alleine war. Ein anderer Hund tobte mit ihr herum und beide rannten schließlich nebeneinander auf Mattes zu. Weit entfernt erkannte er eine Person, die im Laufschritt, unablässig winkend und rufend, hinterherkam. Augenscheinlich rief sie den Hund, der mit Mina spielte und ihre Rufe völlig ignorierte. Mattes ging weiter den Feldweg entlang und sah den beiden Hunden zu, die in seiner Nähe tobten und ganz in ihrem Spiel aufgingen. Die inzwischen als weiblich erkennbare Person kam im Laufschritt näher und rief unablässig: »Pää-dock! Päääää-dock! Hierher! Komm jetzt! Pää-dock!!« Aufgelöst und verschwitzt grüßte sie Mattes mit kurzem Kopfnicken und zog genervt die Augenbrauen hoch.

»Der hört einfach nicht, der Blödmann.«

Sie wandte sich wieder dem Hund zu: »Päää-dock, jetzt kommst du her! Pädock!« Padock fand es nett, seine Halterin wieder mal zu sehen, und kam schwanzwedelnd auf sie zu. Sie ergriff ihn am Halsband und schüttelte ihn. Jetzt, wo sie ihn hatte, wurde sie sauer, was sie mit lauter Stimme zum Ausdruck brachte: »Da bist du ja! Warum kommst du nicht, wenn ich dich rufe? Frauchen ist sehr sauer auf den bösen, bösen Padock!«

Mattes räusperte sich und warf freundlich ein: »Jetzt hat er gerade gelernt, dass er Ärger kriegt, wenn er kommt.«

Die Frau guckte hoch und sah verwirrt aus. »Wieso?«

»Sie rufen ihn, er kommt und dann zerren Sie am Halsband und schimpfen. Wenn er nicht total blöd ist, kommt er beim nächsten Mal lieber gar nicht.«

Sie ließ erschrocken den Hund los und guckte Mattes mit großen Augen an.

»Ich habe den noch nicht lange«, sagte sie hilflos. »Und er

ist mein erster Hund. Er hört einfach nicht auf mich. Ich weiß nicht, was ich machen soll.«

Mattes spürte, wie seine Hirnzellen plötzlich rotierten.

»Dr. Sommer«, sagte er halblaut und grinste. Die Frau sah ihn verwirrt an. Er lachte vergnügt vor sich hin und erklärte: »Kennen Sie ›Dr. Sommer‹ aus der ›Bravo‹? Da bekommen Jugendliche Antworten auf ihre Liebes- und Beziehungsfragen.«

Sie nickte zögernd und wusste nicht, worauf er hinaus wollte.

Mattes sagte: »Das müsste es auch für Hunde geben. Eine Fragerubrik, in der Hundehalter ihre Probleme schildern und Antworten darauf bekommen.«

Die Frau grinste breit: »Ja, so etwas könnte ich brauchen. Dann wüsste ich auch, wie ich Padock abends vom Sofa bekomme, wenn ich da selber liegen möchte.«

»Einfach runterwerfen«, verkündete Mattes mit neuer Energie, sah die erschrockenen Augen der Frau und lachte: »Ich denke, dass es bald Antworten auf solche Fragen geben wird.«

Auf einmal sah er gut gelaunt auf den nächsten Tag. Das war die neue Idee, auf die er gewartet hatte, und es würde nur die erste von vielen sein.

Frau Althoffs Mucki bekam fast einen Kollaps, als Mattes am nächsten Morgen mit Mina die Redaktion betrat. Er kläffte ohrenbetäubend, sprang im Flur herum, und Mattes registrierte mit großer Genugtuung, dass Mina ihn keines Blickes würdigte und gelassen neben Mattes blieb, als er in sein Büro ging. Er schloss die Tür und grinste zufrieden, als er draußen die Althoff beruhigend auf ihren immer noch kläffenden Hund einreden hörte. Hier begannen jetzt andere Zeiten. Er blickte auf die Uhr. Es war kurz nach neun, und bis zwölf hatte er Zeit, sich vorzubereiten und ein Konzept für die ›Dr. Sommer‹-Rubrik zu entwickeln. Während er mehrere große leere Zettel auf den Tisch legte und nach einem Stift suchte, klopfte es an der Tür und Frau Althoff trat ein.

»Mucki ist daran gewöhnt, der einzige Hund in der Redaktion zu sein, darum bewacht er die Räume. Besonders so große Hunde regen ihn zum Lautgeben an«, entschuldigte sie die laute Kläfferei.

Mattes sah sie an: »Leider ist mein Hund nicht kleiner, darum wird sich Mucki daran gewöhnen und das Laut geben einstellen müssen. Ansonsten müssen Sie ihn zuhause lassen.«

Er bemerkte, dass sie angespannt wirkte, und gab Mina, die sich freundlich begrüßend nähern wollte, ein Zeichen, sich hinzulegen. Das fehlte noch, dass sein eigener Hund sich jetzt anbiedern würde. Erst mal Abstand halten. Schließlich war Mina Chef-Hund. »Frau Althoff«, begann er, und es erstaunte ihn selbst, dass seine Stimme fest und selbstbewusst klang. Genau so macht das ein Boss, dachte er zufrieden, ich kann es ja. Noch mehr erstaunte es ihn, dass Frau Althoff nicht süffisant lächelte, sondern ihn anscheinend völlig ernst nahm. Sein plötzlicher Abgang gestern Nachmittag hatte sie wohl mehr als beeindruckt. Den Trick sollte er sich merken. Einfach grußlos rausgehen, wenn es nicht so lief, wie er es haben wollte.

»Um 12 Uhr erwarte ich alle in meinem Büro. Tina soll sich um den Kaffee kümmern. Das kann sie, nehme ich an.«

Er wartete keine Antwort ab, sondern beugte sich geschäftig über seine Papiere. Frau Althoff verließ das Zimmer und schloss leise die Tür. Grinsend lehnte er sich in seinem Chefsessel zurück, hob die Arme und stieß ein halblautes »Yeah!« aus. Erste Runde gewonnen! Ein Kichern riss ihn aus der Siegerpose. Tina hatte die Tür geöffnet und sah strahlend ins Büro.

»Cool. Sie ham aber gute Laune.«

»Gibt's was?«, fragte er schnell zurück und versuchte seinen Ärger zu verbergen.

»Ich wollt nur wissen, was ich mit dem Kaffee für Nadine machen soll, weil die Tee hat.«

»Welche Nadine?«

Tina sah ihn erstaunt an und betonte laut und deutlich: »Na, unsere!«

Mattes analysierte blitzschnell die Bezeichnung »unsere« und kam darauf, dass Frau Berger gemeint sein könnte.

»Wenn du Frau Berger meinst und sie keinen Kaffee trinkt, kann sie natürlich Tee bekommen, ist doch klar.«

Tina grinste zufrieden. »Hab ich mir schon gedacht. Ich bin ja nicht doof. Aber man weiß ja nie.«

Die Tür fiel mit einem Klacken zu, und Mattes überlegte kurz, ob er einen Stuhl mit der Lehne unter die Klinke stellen sollte, um nicht erneut überrascht werden zu können, unterließ es aber, weil das dann doch nicht zum Verhalten eines Chefredakteurs passte. Lieber hielt er sich mit den Jubelposen zurück. Er vertiefte sich in seine Überlegungen, während er in den Nachbarzimmern und auf dem Flur die geschäftige Arbeitsatmosphäre kurz vor einer Abgabe mitbekam. Auch der Kopierer dröhnte wieder fast ununterbrochen. Was kopierte Tina da eigentlich den ganzen Tag?

Kurz vor dem angesetzten Termin hämmerte es unbeholfen an der Bürotür. »Herein«, sagte Mattes, und von außen rief Tina kläglich: »Geht nicht!« Er sprang auf, öffnete ihr, und sie ging mit einem beladenen Tablett an ihm vorbei und kündigte stolz an: »Der Kaffee kommt. Und auch Tee für Nadine.« Mit lautem Klirren stellte sie das Tablett mitten auf seinen Zetteln mit der ›Dr. Sommer‹-Idee ab und rief übergangslos: »Ist der süß!! Cool! Ist das Ihrer?« Ehe Mattes reagieren konnte, hing sie schon quer über Mina und streichelte sie.

»Hey, du kannst doch nicht einfach auf einen fremden Hund zustürzen!«, rief Mattes aus.

»Ach, der ist lieb, das hab ich gleich gesehen«, beruhigte Tina.

»Sie kann beißen«, warnte Mattes und sah, wie sich Mina gelassen auf den Rücken drehte und von Tina den Bauch kraulen ließ. Verräterin, dachte er. Jetzt hätte sie doch mal knurren können.

Tina lachte auf: »Mit Hunden kenn ich mich aus. Wenn Sie da mal nix wissen, ich weiß ganz viel. Das lernen Sie auch ganz schnell. Und wenn's nicht klappt, haben Sie ja mich für zum Fragen.«

Ein Räuspern von Frau Althoff, die in der Tür stand, brachte Tina sofort wieder auf die Beine, und die strenge Frage: »Tassen, Tina?«, zurück in die Küche, wo sie mit lautem Klappern Tassen und Löffel zusammensuchte.

Einige Minuten nach zwölf saß Mattes in seinem schwarzen Leder-Chefsessel und sah auf die vollständig versammelte Redaktionsmannschaft, die aus drei Mitarbeitern und einer Praktikantin bestand und um seinen Schreibtisch verteilt saß. Er hatte selten eine Ansammlung so verschiedener Typen auf einen Blick gesehen.

Die Althoff, bestimmt schon an die 60, hatte die charmante Ausstrahlung einer Geheimagentin aus Moskau. Oder eher die einer Doppelagentin, das war's. Ihr war von keiner Seite zu trauen. Und wer weiß, vielleicht war sie wirklich eine Spionin. Genau solche Typen agierten eiskalt in James-Bond-Filmen. Die Mata Hari des Verlagswesens. Agentin Althoff, Spezialistin für Magazinspionage und die Beseitigung störender Chefredakteure. War sie eigentlich verheiratet? Der arme Mann!

Nadine Berger war ganz nett und – er sah zum ersten Mal genauer hin – die sah nicht mal schlecht aus. Sie hatte ein glattes, regelmäßiges Gesicht und nette Augen. Aber sie war das personifizierte Unscheinbare. Ein sanftes Wesen mit mausbraunen Haaren und ohne auffällige Charakterzüge. Auf der Straße würde er sie einfach übersehen.

Das würde ihm bei dem seltsamen Grafiker nicht passieren. Wie sollte man eigentlich jemandem glauben, dass er ein Händchen für gutes Design hatte, wenn er wie eine Mischung aus Rot-Kreuz-Kleidersack und Hausbesetzer aussah? Und wieso saß der eigentlich so provozierend auf seinem Stuhl? Arme verschränkt und Beine weit von sich gestreckt. Und dabei dieser penetrante Nikotingeruch, der in jede seiner Fasern eingedrungen war und nun leicht müffelnd aufstieg und die Büroluft füllte. Hatte der übersehen, dass er seinen 20. Geburtstag vor sehr langer Zeit gefeiert hatte? Fühlte sich vermutlich cool und merkte nicht, dass es schon seit langem ins Lächerliche umgeschlagen war. Und Tina? Die färbemittelgeschädigte Praktikantin, die sich mit Nadeln Löcher in die Ohren bohrte? Oh, Gott. Nee! Das war das Team, mit dem er durchstarten wollte. Na, herzlichen Glückwunsch! Wieso war er auf die Idee gekommen, dass der Job als Chefredakteur ein Aufstieg sei? Hier war der Abgrund, und er saß mittendrin.

»Alles gut gelaufen mit der Abgabe?«, fragte er, um das Gespräch zu beginnen. Herr Plattler brummte »Mmh« und setzte deutlich »Wie immer« hinterher. Das stellte sofort klar, dass es auch ohne Mattes wunderbar lief. Und es war eine knallharte Provokation.

»Wie immer gibt es nicht mehr«, sagte Mattes in den Raum und sah mit Freude, dass die Anwesenden überrascht guckten.

»Ich habe mir gestern Abend ›Hassos Herrchen – Finas Frauchen‹ angesehen und das war der Tod des Magazins.«

So krass hatte er es gar nicht sagen wollen. Es war ihm einfach herausgerutscht, weil ihn die ablehnende Haltung der Anderen ärgerte.

Frau Althoff fragte mit skeptischem Unterton: »Sie wollen es ändern?«

»Nein«, sagte Mattes und hörte sich sagen: »Nicht ändern. Wir machen ein komplett neues Magazin.« Frau Althoff lächelte leicht, als wäre Mattes ein Kind, das sich zu Weihnachten das Matterhorn wünscht. Sie nahm ihn nicht ernst. Auch der Grafiker hatte spöttisch die Augenbrauen hochgezogen und sah ihn mit unverhohlener Überheblichkeit an. Nur die Augen von Frau Berger waren vor Erstaunen kugelrund geworden. Vermutlich aber nicht, weil sie so überrascht von der großartigen neuen Idee war, sondern weil sie sich wunderte, wie der neue Chefredakteur so einen Blödsinn von sich geben konnte. Wenn er es jetzt nicht durchzog, hatte er verloren. Er war auf das Zehnmeterbrett geklettert und musste springen, wenn er nicht unter dem überheblichen Grinsen der ›Habenwir-doch-gewusst,-dass-er's-nicht-macht«-Zuschauer geschlagen und blamiert die Leiter wieder hinunterklettern wollte.

»Ich mache keine Witze«, sagte er mit fester Stimme und hielt sich inzwischen fast selber für einen Witz. »Wir entwickeln ein komplett neues Magazin, und das schon für die nächste Ausgabe.«

Diesmal war die Stimme von Frau Althoff deutlich verstört: »Das geht nicht!« Mattes stimmte ihr innerlich völlig zu und hielt sich für einen kompletten Vollidioten. Was machte er da? Er hatte überhaupt keine Ahnung, wie er auf die Schnelle ein neues Magazin entwickeln sollte. Eigentlich hatte er nur eine Fragerubrik einbauen wollen. Aber jetzt war er schon zu weit gegangen. Er hatte soeben einen kompletten Neustart angekündigt. Aber warum eigentlich nicht? Wenn es schief ging, war er draußen, aber das war ganz bestimmt nicht das Schlechteste, was ihm passieren konnte. Er hatte keinerlei Erfahrung im Entwickeln von Magazinen und pokerte weit über seinen Möglichkeiten, aber Kreativität und Frechheit konnten die fehlenden Kenntnisse bestimmt ausgleichen.

Laut zählte er auf: »Neuer Titel, neues Design, neuer Inhalt. Und das Magazin erscheint nicht mehr wöchentlich, sondern einmal im Monat.«

Die Idee war ihm spontan gekommen. Einmal im Monat bedeutete weniger Arbeit als eine wöchentliche Abgabe und ließ ihm wesentlich mehr Zeit für andere Sachen.

»Unmöglich!«, rief Frau Althoff, und Herr Plattler schnaubte halblaut: »Nicht mit mir!«

Mattes spielte weiter: »Das ist ab jetzt Chefsache! Ich will neue Anzeigenkunden, hochwertigere Fotos und interessantere Artikel.«

Frau Althoff bemerkte scharf: »Wir sind nicht ›Der rote Teppich‹.«

Mattes drehte sich zu ihr hin: »Nein, aber wir wollen eine Auflagenhöhe wie ›Der rote Teppich‹ haben. Und wir wollen von allen gelesen werden, nicht nur von Hassos Herrchen und Finas Frauchen.«

»Nein«, sagte Frau Althoff.

»Doch«, sagte Mattes.

Er blickte seine Mitarbeiter an, die stumm zurückblickten. Scheiße, dachte er. Das nehmen die mir niemals ab. Die wissen ganz genau, dass eine Neuentwicklung viel zu lange dauert, um beim nächsten Heft umgesetzt werden zu können.

Tina meldete sich zu Wort: »Also, ich find das echt cool. So mit roter Teppich und so.« Sie wandte sich erklärend an die Anderen: »Er kennt sich nicht mit Hunden und so aus, aber ich kann das gut. Mit Hunden bin ich echt gut. Die sind voll süß.«

Wie recht sie hat, dachte Mattes. Was weiß ich von Hunden und was von der Leitung einer Redaktion? Er sah in die spöttischen Augen des Grafikers und hörte sich sagen: »Meine Erfahrungen mit Hunden und mit der Herstellung eines Magazins sind größer, als Sie vielleicht vermuten. Auch Frau Althoff weiß nicht alles über meinen Lebenslauf.«

In diesem Moment glaubte er selber, dass er aus einem reichen Erfahrungsschatz schöpfen konnte. Immerhin stand er seit fast 20 Jahren im Berufsleben.

Frau Althoff sagte mit Nachdruck: »Das Magazin lief bisher problemlos und brachte die Kosten wieder herein. Der Verlag wird einer Änderung nicht zustimmen.«

»Wir fragen ihn nicht, wir machen es einfach. Wenn wir erfolgreich sind, wird er schon zustimmen. Lesen und schreiben scheinen Sie hier ja zu können und das sind schon mal gute Voraussetzungen.«

Sein sarkastischer Unterton war selbst ihm etwas zu deutlich.

Langsam und drohend, was Mattes spontan an Szenen aus alten schwarz-weißen Gangsterfilmen erinnerte, sagte Herr Plattler: »Hier wird gar nichts geändert. Ansonsten sind Nadine und ich nicht mehr dabei.«

Nadine guckte ihn überrascht an und biss sich auf die Lippen.

Na super, dachte Mattes. Ich poker und die Belegschaft geht. Das Spiel habe ich verloren. Er legte bedächtig seine Papiere zusammen: »Gut. Wenn ihr hier alle nicht wollt, fährt das Schiff ohne mich weiter. Sucht euch einen neuen Kapitän!«

Frau Althoff fragte vorsichtig: »Was haben Sie sich vorgestellt? Womit wollen Sie beginnen?«

Mattes sah sie überrascht an und bemerkte, dass auch Herr Plattler und Frau Berger diese Wendung nicht erwartet hatten. Schlagartig kam ihm die Erkenntnis, dass auch auf der anderen Seite gespielt wurde. Es war für ihn nicht zu durchschauen, wer welches Ziel hatte, aber das plötzliche Umschwenken der Althoff zeigte, dass sie zu Kompromissen bereit war, wenn er blieb. Weiß der Himmel, warum sie mich als Chefredakteur braucht, aber jetzt kommt es darauf an, wer überzeugender spielt und seinen Willen durchsetzt.

»Ähm …«, er kramte in den Zetteln, in denen er sich nur Ideen für eine Fragerubrik notiert hatte, die aber nichts von einer kompletten Neuentwicklung enthielten. Jetzt musste er Anweisungen aus dem Ärmel schütteln, und zwar schnell, damit er überzeugend blieb. Da! Er hatte es: »Wir treffen uns morgen um zehn, und bis dahin überlegt sich jeder für seinen Bereich, was wichtig für ein modernes, informatives Monatsmagazin ist. Ich erwarte geniale Ideen. Im Übrigen wäre es schön, wenn wir das verspielte Aussehen des Eingangsbereiches verändern würden, indem dort die bunten Fensterbilder verschwinden. Nichts gegen Kreativität, aber bei uns muss die Latte höher liegen.«

Herr Plattler sprang vom Stuhl hoch, nuschelte Unverständliches und verschwand.

Frau Berger guckte verstört, lächelte ein wenig schief und strich sich beim Aufstehen nervös die Haare aus dem Gesicht. Sie wartete, bis auf dem Gang nichts mehr zu hören war.

»Wenn es geht, möchte ich möglichst wenig mit Herrn Plattler zusammen machen«, sagte sie an Mattes gewandt.

Häh? Die waren doch das angeblich so eingespielte Team? Was war denn da jetzt schon wieder los? Irgendeine Beziehungsgeschichte? Aber nein, nicht zwischen dem abgehangenen Plattler und der stillen Höhere-Tochter Nadine Berger. Mattes seufzte. Es wurde immer undurchsichtiger, und anscheinend war niemand bereit, ihm zu irgendetwas eine nähere Erklärung zu geben.

»Na dann…«, sagte Nadine unsicher, nachdem sie eine Weile auf die weiterhin ausbleibende Antwort gewartet hatte, und verließ leise das Zimmer.

Mattes wies Tina an, mit den Tassen ebenfalls nach draußen zu verschwinden, und schloss hinter ihr die Tür. Frau Althoff beobachtete ihn, wie er zum Schreibtisch zurückkehrte und sich ihr gegenüber an die Tischkante lehnte. Plötzlich wirkte sie nervös. »So. Und jetzt mal ohne mich für blöd zu verkaufen«, verlangte er. »Was geht hier ab? Ich kann doch zehn Meter gegen den Wind riechen, dass bei euch was nicht stimmt. Warum habe ich die Stelle bekommen? Nur an meinen genialen Berichten im ›Roten Teppich‹ kann es nicht liegen. Und an meiner liebenswürdigen Person auch nicht, das ist mir inzwischen klar.«

Sie atmete tief durch, und er sah, wie sie mit sich kämpfte und dann aufgab. Mit leiser Stimme sagte sie: »Dann setzen Sie sich mal hin!«

Nach dem Gespräch mit seiner Büroleiterin rief er Alex an:

»Hast du heute Abend Zeit? Ich muss dich unbedingt sprechen.«

Er konnte sich vorstellen, wie Alex jetzt vor sich hingrinste. »Ist es der neue Job oder hast du eine Frau kennengelernt?«

»Mensch, Alex, ich bin umgeben von krassen Typen in einer mehr als unterirdischen Hunderedaktion, habe völligen Mist gebaut und muss mal wieder einen vernünftigen Menschen sehen. Warum ich auf dich komme, weiß ich auch nicht.«

Alex lachte: »Um acht auf ein Bier.«

Erleichtert legte Mattes auf. Ein Blick auf die Uhr zeigte ihm, dass er noch Zeit hatte, auf einige einigermaßen vernünftige Vorschläge für ein Monatsmagazin zu kommen.

Vor dem Treffen mit Alex ging er mit Mina durch den Park. Zum ersten Mal nahm er bewusst wahr, wie viele Hundebesitzer unterwegs waren. Die hatten doch alle ein gemeinsames Thema: ihren Hund. Es musste möglich sein, ein Monatsmagazin zu entwickeln, in dem jeder dieser Halter Berichte fand, die ihn interessierten.

Als er Alex in ihrer bevorzugten Kneipe traf, ging es ihm schon viel besser.

»Der Herr Chefredakteur«, grinste sein Freund ihn an und rückte ein Stück zur Seite, um ihm Platz zu machen. Mattes bestellte sich ein Kölsch und kam gleich zur Sache: »Die haben mich nur genommen, weil sie den Posten besetzt haben mussten. Von irgendwem, der vielleicht ein bisschen schreiben kann und keine Ansprüche stellt. Und da fiel ich ihnen ein.«

»Au, das tut dem Ego weh«, entfuhr es Alex. Mattes nickte: »Du sagst es. Der vorherige Chefredakteur hat alles geschmissen und die Redaktion nach einer Diskussion mit der Althoff verlassen.« Er fügte vertraulich hinzu: »Die Althoff ist ein Drache. Die hat die bekloppptesten Typen in Büros gesperrt und da stellen die ihr privates Hundemagazin her. Und weil der

Verlag zahlt, aber vergessen hat, dass es die vier letzten Überlebenden im Hinterhof gibt, wollen die auf keinen Fall, dass sie auffallen, denn dann könnte der Verlag auf die Idee kommen, dass sie dort eine Nullnummer schieben und alles dichtmachen. Die machen überhaupt kein Plus. Mich hat die Althoff mit üblen Tricks auf den Chefredakteursposten gebracht. Der Verlag hat nichts davon mitbekommen. Das ging alles hintenrum und wurde von einer ihrer Freundinnen im Personalbüro gedeckt, die nur den Namen in der Akte ausgetauscht hat. Aus Bernhard Schäfer wurde Mattes Reuter. Und das alles, damit Tina und Mucki bleiben können. Was sagst du nun?«

Er nahm einen großen Schluck, stellte das Glas laut auf den Tisch zurück und guckte Alex erwartungsvoll an.

Der hob die Augenbrauen und fragte: »Tina und Mucki?«

»Die blödeste Praktikantin der Welt und der bescheuertste Köter«, grollte Mattes.

Alex grinste: »Ist der bescheuertste Köter nicht deine Mina? Ich meine, dass ich das schon öfter von Astrid gehört hätte.«

»Am bescheuertsten bin ich«, entschied Mattes. »Ich habe nämlich verlangt, dass das Magazin sofort komplett geändert wird, und ich habe dazu zwei Mitarbeiter, von denen die eine fast unsichtbar ist und der andere ›Suizeed‹-gefährdet, dazu einen Drachen als Büroleiterin und eine fast komplett hirnzellenfreie Praktikantin zur Verfügung.«

Alex bekam einen Lachanfall und stieß kaum verständlich aus: »Da passt du doch prima rein.«

»Arsch!«

Der Vorteil des frühen Aufstehens war, dass Astrid um diese Zeit meistens mit ihrer Familie beschäftig war und sich nicht blicken ließ, und dass Mattes im Park viel häufiger Berrys Frauchen traf. Früher war das nicht sehr oft passiert, weil sie vermutlich immer lange vor ihm dort gewesen war, aber jetzt sah es so aus, als würde das eine regelmäßige Energiequelle am Morgen werden. Wenn sich Mina schon so gut mit Berry verstand, wäre es vielleicht auch möglich, dass er und Berrys Halterin sich annähern konnten. Ob sie Single war? Oh, Mann, er hatte noch nicht mal nach ihrem Namen gefragt, da konnte er sich ganz bestimmt nicht plump erkundigen, ob es irgendwo auch ein Herrchen von Berry gab. Aber wahrscheinlich gab es das. Na ja, egal. Er hatte sowieso keine Möglichkeit, sich um nette Hundehalterinnen zu kümmern, außer es bezog sich auf Artikel, die sie lesen sollten. Für Beziehungskisten war wirklich keine Zeit.

Als er an der Redaktion ankam, waren die Fensterbilder verschwunden. Er vermutete inzwischen, dass Tina sie fabriziert hatte, und hoffte, dass Frau Althoff ihr überzeugend klarmachen konnte, warum sie dort nicht mehr kleben durften. Nicht, dass er jetzt schuld an einem Frustrationsschub der Praktikantin war, der ihre Kaffeekochfähigkeit noch weiter herabsetzte. Obwohl, noch weiter herab, das ging vermutlich gar nicht. Gegen zehn kamen die Mitarbeiter nach und nach in sein Büro und setzten sich mit ernsten Mienen um seinen Tisch. Die

Stimmung war düster. Von Aufbruch und neuer Motivation war nichts zu spüren. Ich beseitige nicht nur die Fensterbilder, ich beerdige auch ihr Magazin und damit ihren Arbeitsplatz, ging es Mattes durch den Kopf, und er fühlte plötzlich drückende Verantwortung auf seinen Schultern. Noch war Zeit, alles abzubrechen. Stattdessen forderte er demonstrativ munter auf: »So, jetzt mal her mit den innovativen Ideen!« Es blieb still. Er sah sich abwartend um und sagte herausfordernd: »Lassen Sie sich Zeit. Wenn Sie kreatives Arbeiten nicht gewohnt sind, möchte ich Sie nicht überfordern.« Die abweisende Stimmung, die er fast schon als Feindschaft deuten konnte, machte ihn wütend. Vermutlich hatten die gestern, als er weg war, sofort Pläne geschmiedet, wie sie ihn schnellstmöglich loswerden konnten. Einfach jede Mitarbeit verweigern, niemals antworten und ihn vor Wände des Schweigens laufen lassen. Das würde ihnen ähnlich sehen.

Tina platzte in die Stille hinein: »Frau Althoff hat uns gestern erzählt, was Sie schon alles gemacht haben. Das ist echt so was von cool!« Ihre bewundernden Blicke schmachteten ihn an.

»So?«, fragte er und sah Frau Althoff an, die seinem Blick regungslos standhielt. Was hatte die blöde Ziege erzählt? Seinen Lebenslauf aufgemotzt und ihn zum erfahrenen Retter von Hundemagazinen gemacht? Oder zum Stern am Journalistenhimmel erhoben? Sollte sie ruhig. Es konnte ihm nur helfen, wenn die anderen an seine Fähigkeiten glaubten, aber es wäre zu interessant, auch selber zu wissen, was für einen Blödsinn die Althoff verzapft hatte. Die Blicke der Anwesenden ruhten auf ihm, und er riss sich zusammen und fragte noch einmal laut, ob jemand einen genialen Vorschlag präsentieren wollte.

Frau Berger meldete sich wie in der Schule und begann, als er ihr auffordernd zunickte: »Es gibt ein paar interessante

Themen. In der Nähe haben wir eine Gruppe netter Welpen, die jeden Sonntag zusammen spielen. Und eine Züchterin hat angerufen und möchte gerne vorgestellt werden.«

Mattes sagte ernst: »Und im China-Restaurant gibt es jetzt Buffet für 5 Euro.«

Verwirrte Blicke trafen ihn.

Er stöhnte leicht auf: »Jetzt mal richtig, Leute! Welpengruppe und Züchterin hattet ihr doch alles schon und dafür hat nicht einmal die Rentner-Bingogruppe ihr Spiel für zwei Minuten unterbrochen. Unser Ziel ist nicht ein regionales Käseblatt, in das auf dem Wochenmarkt der Salat eingewickelt wird, sondern ein bundesweites Premium-Magazin. Die ›Vogue‹ im Hundebereich. Da kann nicht mehr die Züchterin Frau Schmitz mit ihrem Hundelaufstall in der Küche die Topstory sein.« Erwartungsvoll blickte er in die Runde, aber es blieb still.

»Wie sieht es mit einem neuen Layout aus?«, fragte er Herrn Plattler, der zu seinem Erstaunen erneut ohne Zigarette am Tisch saß, auch wenn er bei jeder Bewegung den Geruch von abgestandenem Qualm verteilte. Respektierte er das Chefbüro?

Der gefeierte Art Director entnahm seiner Hosentasche zwei nachlässig geknickte Papierblätter, faltete sie knisternd auseinander und schob sie in die Tischmitte.

»Neues Layout«, erklärte er knapp.

Alle starrten auf die Linien und die als farbige Kästen gekennzeichneten Textblöcke, und nur Tina hatte keine Hemmungen, ein fragendes »Häh?« loszulassen. In Mattes sickerte ganz langsam die Erkenntnis durch, dass er nicht unverständig vor der genialen Design-Idee eines Genies saß, sondern dass der Grafiker ihn offensichtlich verarschen wollte. Der hatte irgendwas zum Thema Layout aus dem Internet gezogen und dachte, ihn damit beeindrucken zu können. Für wie blöd hielt er ihn? Mattes blickte hart zu ihm herüber.

»Schön, Herr Plattler«, sagte er kalt. »Wenn das Ihr Arbeitsniveau ist, wird es für Sie schwer werden. Das, was hier liegt, gibt es in jedem kleinen Blättchen. Ich hatte erwartet, dass Sie mir etwas Neues anbieten. Aber anscheinend verliert man nach einiger Zeit bei Hasso und Fina die Kreativität.«

Herr Plattler guckte ihn regungslos an. Mattes fühlte sich kraftlos. Und jetzt? Sollte er ihn feuern, was einer Aufgabe des Magazins gleichkam, weil er der einzige Grafiker war, oder musste er mit seinen Layoutvorschlägen klarkommen? Am besten erst mal eiskalt zurückgucken. Nach endlosen Sekunden brummte Herr Plattler: »Wenn Sie es ernst meinen mit einem neuen Magazin, kann ich andere Sachen entwickeln. Ich hör mir hier an, was Sie vorhaben, und bring' Ihnen ein Layout, das Sie umwirft.«

»Ich lasse mich gerne umwerfen«, antwortete Mattes.

Anscheinend musste er die komplette Redaktion anschieben. Von denen kam ja gar nichts. Entschlossen und mit fester Stimme zählte er die wichtigsten Punkte seiner eigenen Liste auf, in der Hoffnung, damit die anderen mitzureißen: »Wir machen ganz neue Artikel über Themen, die alle Hundehalter interessieren. Mit großartigen Fotos, die wir zum Teil selber produzieren, zum Teil über Agenturen einkaufen. Und wir brauchen neue Anzeigenkunden. Die richtig großen Firmen. Dann ein neuer Name für das Magazin. Er muss modern und stylisch sein, um nicht nur Tante Mia mit ihrem Dackel als Leser zu bekommen. Ich will außerdem eine Frage-Antwort-Rubrik einführen, mit der wir die Leser an das Magazin binden, weil wir sie mit ihren Problemen ernst nehmen. Und in der Redaktion muss es eine neue Kaffeemaschine geben, damit wir nicht diese abgestandene Plörre trinken müssen. Wer gut arbeitet, hat guten Kaffee verdient. Die Brühe, die ihr hier habt, passt zum Hasso-und-Fina-Blatt.«

Tina meldete sich: »Wir können auch so Sessel in den Flur stellen, damit es gut aussieht und wir uns da setzen können, wenn wir nichts zu tun haben.«

Frau Althoff griff ein: »Keine Sorge, Tina, für dich wird es immer etwas zu tun geben.«

Mit einem tiefen Atemzug lehnte sich Mattes in seinem Chefsessel zurück. Die Chefposition alleine machte es nicht aus. Er musste den Teamgeist wecken, denn nur gemeinsam würden sie etwas auf die Beine stellen können. Was nützte der beste Kapitän, wenn die Mannschaft nicht mitzog und mit hängenden Armen auf dem Deck herumstand? Fast hätte er was »vom Rudern mit der Küste im Blick« gesagt. Seine Mitarbeiter verfolgten regungslos seine Motivationsbemühungen. Frau Althoffs Mundwinkel zeigten ein spöttisches Zucken, das durch eine arrogant hochgezogene Augenbraue unterstützt wurde. Mattes versuchte positiv auf seine Mitarbeiter einzuwirken: »Bis jetzt sind ja schon einige nette Ideen aufgetaucht ...« Die aber nicht ausreichten, um aus dem Provinzblatt-Status herauszukommen und die außerdem alle von mir selber gekommen sind, dachte er.

»Jetzt müssen wir loslegen, kreativ sein, uns gegenseitig hochbringen. Wir sind ein gutes Team und werden eng miteinander arbeiten.« Er gab seiner Stimme einen vertraulichen Klang und spielte gute Laune vor. Wenn mitreißen, dann richtig. »Ich bin übrigens Mattes.«

Eine längere Pause folgte, dann stellte sich Frau Berger leise, aber freundlich mit »Nadine« vor. Herr Plattler grunzte ein kaum verständliches »Peter« heraus, während sich Frau Althoff langsam erhob: »Ich denke nicht, dass uns eine vermeintlich persönliche Annäherung in der Anrede weiterbringt, Herr Reuter. Von daher bevorzuge ich das Sie. Und ich möchte darauf dringen, dass auch Tina das Sie beibehält.«

Tina guckte sie verständnislos an: »Ich bin doch immer du. Warum denn jetzt anders?«

Frau Althoff sagte mit ruhiger Stimme: »Für dich bleibt es, wie es ist, Tina. Wir sagen Tina zu dir und du nennst uns Frau Althoff und Herr Reuter.«

Sie blickte Mattes an: »Ich nehme an, das ist in Ihrem Sinn.«

»In Ordnung, Frau Althoff«, sagte Mattes ruhig und war heilfroh, dass sie sein unbedacht angebotenes Du nicht angenommen hatte. Auf Du mit Frau Mahlzahn – so was konnte nicht gut gehen. Peter Plattler stand auf und ging zur Tür. Im Rausgehen sagte er: »Hauptsache, ich bin abends pünktlich draußen. Dann ist mir egal, ob ich ein neues oder das alte Magazin mache.«

Der hört sich ja unglaublich motiviert an, dachte Mattes. Kaum saß Mattes wieder an seinem Schreibtisch, rief ihn Astrid auf dem Handy an. »Hör mal, ich hab eben ein Seminar bei einer Firma gehabt, die jemanden für die Werbeabteilung brauchen. Ich habe sofort an dich gedacht und einen Vorstellungstermin ausgemacht. Morgen um 11. Bitte zieh dir was Ordentliches an!«

Mattes stöhnte auf: »Astrid! Bitte lass das! Ich hab keine Zeit.«

»Keine Zeit gibt es nicht!«, behauptete Astrid energisch und setzte spöttisch hinterher: »Vor allem nicht bei dir. Sei froh, dass ich das jetzt mal in die Hand nehme!«

»Tut mir leid, Astrid, aber den Termin wirst du absagen müssen.«

Astrid holte tief Luft und platzte raus: »Mattes, wenn du nicht hingehst, rede ich kein Wort mehr mit dir!«

»Ein verlockendes Angebot«, grinste Mattes, »aber ich habe wirklich keine Zeit. Und momentan kein Interesse.«

Ein Klicken zeigte ihm, dass Astrid die Verbindung sauer unterbrochen hatte. Die würde sich schon beruhigen.

Am Abend war Tennisstunde mit Alex. Jeden Freitagabend hatten sie für eine Stunde einen Hallenplatz gemietet, und die Stunde fand statt, egal, was für andere Termine sich reindrängen wollten. »Ich hab nur noch zweimal in der Woche Zeit für Alex, und die lass ich mir nicht nehmen«, sagte Mattes unbeirrbar und war darum nie für redaktionelle Einsätze am Dienstagvormittag oder Freitagabend zu haben gewesen. Auch wenn sein Leben bisher selten hektische Momente gehabt hatte, war Alex die Person, die ihn erdete und bei der er sich ganz unverstellt geben konnte, wie er war. Mattes freute sich, als Alex in der Umkleidekabine erschien. Den ganzen Nachmittag hatte er neue Konzepte geplant und verworfen, Gespräche mit Peter, Nadine und Frau Althoff geführt, und langsam nahm das Projekt ›neues Magazin‹ Formen an.

»Ich dachte zuerst, die lassen mich voll hängen, aber langsam fangen sie an zu leben«, erklärte er seinem Freund. »Aber ich habe trotzdem das Gefühl, mitten in einer Zombie-Freakshow zu sein.«

Alex setzte sich neben ihn auf die Bank. »Du warst schon immer von bekloppten Leuten umgeben, warum sollte das jemals anders werden?«

Mattes grinste: »Oh, weißt du noch, wie verzweifelt ich als Kind war, weil meine ganze Familie nur aus Freaks bestand? Tante Thea mit ihrem Arco, meine seltsamen schrulligen Eltern, die verrückte Tante Gerlinde… oooh«, er schlug die Hände vors Gesicht. »Manchmal habe ich gedacht, ich kann niemals ein normaler Mensch werden, weil ich zwischen all diesen Typen aufwachsen muss. Ich bin ein Verdammter, der die Dynastie des Irrsinns fortführen muss.«

Alex nickte: »Die waren wirklich schräg. Deine Schwester hat ja auch einen Knall, aber ohne die hättest du es vermutlich nicht überlebt.«

Mattes lachte: »Wenn Tante Thea wüsste, dass ich ein Hundemagazin mache! Die hat auch nach Arco jeden anderen Hund in kürzester Zeit von einem netten Tier in eine Bestie verwandelt. Weißt du noch, als Arco gestorben war und sie Rocco bekam? Ich lag mit ihm auf dem Boden und habe mit ihm gespielt, und dann bin ich nach Hause gerannt und habe verkündet, dass Tante Thea jetzt endlich mal einen ganz lieben Hund hat. Keine sechs Wochen später hat derselbe Hund unter dem Weihnachtsbaum gelegen und keinen an die Geschenke rangelassen. Sie hat ihn innerhalb kürzester Zeit wahnsinnig gemacht.« Er starrte auf den Boden und wurde nachdenklich: »Ich glaube, ich könnte Spaß an diesem Hundemagazin haben, weil ich das Thema wirklich interessant finde. Was machen manche Leute mit ihren Hunden und was machen die Hunde mit den Leuten?«

»Deine Tante Thea hat ihre bissigen Hunde geliebt«, sagte Alex.

»Ja, aber sie wurden gefährlich, weil sie alles falsch gemacht hat. Tante Gerlinde hat ihren Hund auch geliebt, und sie hat auch alles falsch gemacht, aber der wurde nicht zu Bestie, sondern zu einem tollen, witzigen Freund. Damals habe ich mich schon immer gefragt, warum beide Tanten alles falsch machen, und warum der eine Hund zu Hannibal Lecter mutiert, während sich der andere zum freundlichen Clown entwickelt.« Er blickte nachdenklich vor sich hin. Hatte er nicht schon als Kind die seltsamen Verhaltensweisen der Erwachsenen um ihn herum genau beobachtet und mit höchstem Interesse verfolgt? Das war doch der Grund, warum er Tante Thea und Onkel Günther besucht hatte: Voyeurismus, die Neugierde auf abnormes Verhalten, die andere Leute im Panoptikum die bärtige Jungfrau oder den Mann mit den zwei Köpfen bestaunen ließ. Er hatte eine überprozentual hohe Menge der seltsamsten Typen in der eigenen Familie gehabt und schon früh erkannt, dass jedes Verhalten Auswirkungen auf das Umfeld hatte. Dass Arco wahnsinnig war, lag nicht an Arco, sondern an Tante Thea. Auf der Grundlage dieses früh erworbenen Wissens und seiner Fähigkeit zu beobachten, würde er das neue Magazin aufbauen. Das war es. Wie hängen der Mensch und der Hund zusammen und wo gibt es die Probleme? Auf einmal hatte er das Gefühl, es schaffen zu können.

Er lachte Alex gut gelaunt an: »Weißt du, was toll ist? Nadine Berger, unsere Artikelschreiberin, wohnt gegenüber von Saskia Hoffmann, die die Talkshow am Donnerstagabend macht, und sie meint, dass man die bestimmt für ein Interview bekommen kann.«

Alex pfiff leise durch die Zähne.

Mattes kam etwas näher: »Ich weiß, wann sie morgens mit ihrem Hund in den Park geht, und werde sie unauffällig abfangen. Wäre doch gelacht, wenn ich die nicht für einen Artikel bekäme.«

Alex grinste: »Nimm sie gleich fürs Titelbild, die sieht doch super aus!«

»Alex, du sprichst aus, was ich gerade denke.« Mattes sah auf die Uhr. Mehr als eine halbe Stunde hatten sie in der Umkleide verquatscht. Er seufzte. »Bist du sauer, wenn wir die Tennisstunde sausen lassen? Ich bin völlig fertig und würde lieber nach Hause fahren und mich hinlegen.«

Alex schüttelte den Kopf und feixte: »Da merkst du endlich mal, wie anstrengend es ist, wenn man arbeitet. So was kennst du ja gar nicht.«

Mattes versuchte gar nicht erst, ihn in die Seite zu boxen, denn er war völlig damit beschäftigt, die Tennisschuhe auszuziehen. Alex hatte schon recht. So viel und so konzentriert an einer Sache gearbeitet hatte er selten im Leben.

Am nächsten Tag war Samstag, und er konnte endlich wieder ausschlafen. Nach Nadines Informationen ging Saskia Hoffmann üblicherweise gegen elf Uhr mit ihrem Hund in den Park, und viel früher musste er nicht wach sein. Er war es allerdings trotzdem und saß schon früh konzentriert am Computer, um Adressen und Informationen aus dem Internet zu ziehen. Wenn er neue Anzeigenkunden gewinnen wollte, musste er Nadine gleich am Montag auf ihre Fährten setzen. Es war keine Zeit mit kleinen Schritten und langen Diskussionen zu verlieren. Das nächste Magazin musste einschlagen, oder er hatte verloren. Ein Klopfen am Fenster riss ihn aus seiner Konzentration. Er hasste es, wenn Astrid ihm so in die Privatsphäre drang, und riss dementsprechend genervt das Fenster auf. »Was ist? Wolltest du nicht jede Kommunikation mit mir unterlassen?«

»Oh, habe ich den Herrn Bruder bei der Meditation gestört?« Astrid tänzelte in Sportkleidung vor dem Fenster herum, um zu demonstrieren, dass ihre Fitnesszeit unmittelbar nach Verlassen der Haustür begann und sie ab dann in Bewegung blieb. Sie joggte nicht regelmäßig, aber wenn, dann mit der sektenähnlichen Überzeugung eines Fitness-Gurus.

»Ich wollte nur sagen, dass unsere Eltern morgen zum Kaffeetrinken kommen und sich freuen würden, dich zu sehen.«

»Morgen hab ich keine Zeit«, sagte Mattes sofort und versuchte in seine Stimme ein hörbares Bedauern zu legen.

»Ist klar«, sagte Astrid. »Vier Uhr. Lass dich wenigstens mal blicken!«

Sie hopste und machte kleine Ausfallschritte, was Mattes besonders nervte.

»Lauf doch einfach los und bring es hinter dich!«, sagte er. »Dieses Rumgehampel lässt garantiert nur alle Fettzellen auf die Hüften springen und sich verdreifachen.«

Astrid sah ihn triumphierend an: »Du wirst schon sehen: In vier Wochen habe ich die 65-Kilo-Marke geknackt. Ich habe ein sehr effektives Trainingsprogramm in der ›Brigitte‹ gefunden.«

Mattes grinste: »Da fehlt dir jetzt nur noch ein Hund, wenn du immer im Park unterwegs bist!«

Astrid schnaufte empört auf: »So weit kommt es noch. Es reicht, dass mir die Köter immer in die Hacken rennen. Ich bin für Leinenzwang, Maulkorb und dass die Hundebesitzer mit den Nasen in die Kackhaufen ihrer Hunde gesteckt werden! Das wird ein Spaß!«

Nebenan öffnete sich ein Fenster, und Godehards Stimme war zu hören: »Liebling, kann ich noch etwas besorgen, während du dein Sportprogramm absolvierst?« Mattes wiederholte süffisant grinsend: »Sportprogramm«, während seine unentwegt hopsende Schwester ihn kurz vernichtend ansah und dann ein Beschäftigungsprogramm aus dem Ärmel zog: »Du kannst ein Paket gehackte Mandeln kaufen, nicht wieder die in Scheiben. Gehackt muss draufstehen. Und dann frag Meike, ob du sie zu einer ihrer Freundinnen fahren kannst, aber sag ihr klipp und klar, dass sie vor dem Kaffeetrinken wieder abgeholt wird. Und frag Robin, ob er genug für die Mathearbeit gelernt hat. Nein, am besten setzt ihr euch hin und übt alles noch mal!«

»Das machen wir«, bestätigte Godehard nickend, und Mattes spürte eine leichte Verachtung wegen seines unterwürfigen Tonfalls.

Zufrieden nickend setzte Astrid hinterher: »Aber fang sofort an, sonst bin ich zurück, ehe du etwas geschafft hast!« Sie hob triumphierend den Arm, rief »65 Kilo!!« und sprintete los. Mattes sah ihr hinterher und lachte laut, als er durch eine Lücke in den Büschen sehen konnte, wie sie schon wenige Meter später in ein wesentlich langsameres Tempo fiel und nicht daran dachte, dass er das beobachten konnte.

Er pfiff nach Mina und ging los, um Saskia Hoffmann abzufangen. Es galt, ganz unauffällig, aber genau zum richtigen Zeitpunkt auf sie zu treffen. Zwischen der angegebenen Adresse und dem Park blieb er auf dem Bürgersteig stehen und behielt die Haustür im Blick. Mina schnüffelte mehrfach einen Baum ab, merkte, dass Mattes stehen blieb, und setzte sich abwartend hin. Nein, die sollte jetzt nicht so auffällig rumsitzen, sondern einen Hund spielen, der Gassi ging. »Guck mal, da ist noch ein Baum!«, versuchte Mattes sie anzufeuern und wechselte zum nächsten. Vermutlich guckten schon die ersten Nachbarn hinter den Gardinen, was der Mann mit dem Hund wollte, der seit zehn Minuten zwischen zwei Bäumen hin und her lief und dabei immer wieder auf einen Hauseingang guckte. Sie hielten ihn wohl für die Steigerung eines perversen Exhibitionisten. Er las schon die Schlagzeilen in der BILD: »Mattes R., Hunderedakteur, entblößt sich öffentlich – stets im Beisein seines Hundes.« Endlich öffnete sich die Tür, und eine schlanke Frau mit Hund kam heraus. War das wirklich Saskia Hoffmann? Mit der Mütze und fast ungeschminkt sah die ganz anders aus als auf dem Bildschirm. Wie blöd, wenn er jetzt die Falsche anquatschen und zu einem Interview überreden würde! Mina und der andere Hund nahmen Sichtkontakt auf, und Mattes wusste, dass damit der erste Schritt getan war. Hoffentlich zickten die Hunde jetzt nicht rum und verhinderten die lockere Annäherung an die Moderatorin. Falls das überhaupt die Moderatorin war. Mattes war immer noch unsicher. Die Hunde näherten sich einander und zu seiner Erleichterung gingen sie freundlich aufeinander zu. Jetzt konnte die Annäherung zwischen den Menschen folgen.

»Der ist aber nett«, sagte er und blickte auf den anderen Hund. »Was ist das für einer?«

Die Frage nach der Rasse war immer gut für einen Gesprächsbeginn. Schade nur, dass fast jeder Cockerspaniel kannte und er damit blöder rüberkam, als er war.

»Das ist ein Cocker«, grinste die vermutliche Saskia Hoffmann dementsprechend amüsiert. »Ein hellbrauner«, fügte sie ergänzend hinzu, was ihren Sinn für Humor zeigte.

Mattes musste jetzt sofort reagieren, um sie später auch als Hundefachmann überzeugen zu können. Er lächelte überlegen und fragte interessiert: »Aus der nordirischen oder eher der ostenglischen Linie?«, was die junge Frau sofort verwirrte.

»Ich weiß nicht«, sagte sie. »Er ist von einem deutschen Züchter.«

»Ach so«, sagte Mattes anerkennend und mit wissendem Nicken, als hätte ihm diese Antwort alle offenen Fragen beantwortet. Jetzt noch was drauflegen, und er hatte sie.

»Mir ist schon aufgefallen, dass er besonders gut aussieht.«

Die Moderatorin strahlte ihn an und an ihrem Lächeln erkannte er, dass sie es wirklich war. Bingo!

Mattes sagte schnell: »Ich bin auf dem Weg in den Park. Sie auch? Wir können mit den Hunden ein Stück zusammen gehen, wenn es Sie nicht stört.«

»Gerne«, sagte Saskia Hoffmann, die erfreut registrierte, dass der Mann mit der netten Hündin anscheinend keine Ahnung hatte, wer sie war.

Als er nach der großen und für das Magazin vielversprechenden Spazierrunde mit einem triumphierenden Gefühl zur Wohnung zurückkehrte, sah er schon von Weitem, dass etwas mit Godehard nicht in Ordnung war. Sein Schwager kauerte fast bewegungslos auf allen Vieren in der Einfahrt und machte einen hilflosen Eindruck. Er ist gestürzt und kann nicht mehr aufstehen, ging es Mattes sofort durch den Kopf, und er rannte los, um ihm beizustehen. Wo war nur Astrid? Laut »Godehard, ich komme und helfe dir!« rufend, sprintete er in die Einfahrt und bemerkte mit Verwunderung, dass sein Schwager ihm den Kopf zudrehte und freudig überrascht sagte: »Das ist aber nett von dir.« In diesem Moment sah er den kleinen Fugenkratzer in Godehards Hand und neben ihm ein Schüsselchen mit Moosresten.

»Was machst du denn da?«, fragte Mattes, der innerlich noch auf einen Notfall eingestellt war und nur langsam begriff, dass es eine andere Sachlage gab.

»Astrid möchte, dass ich das Moos aus den Fugen hole«, erklärte Godehard und reckte sich stöhnend.

»Da hast du aber viel vor«, sagte Mattes und sah sich auf der großen, gepflasterten Einfahrt um. »Bei diesem Tempo wirst du noch in zwei Monaten hier hocken.«

Godehard hob eine Augenbraue und reckte den Zeigefinger hoch: »Es muss ja auch gründlich sein«, dozierte er und seufzte, »ansonsten schickt mich Astrid noch mal raus.« Er hielt Mattes den Fugenkratzer entgegen und erkundigte sich dankbar: »Wo willst du weitermachen?«

Abwehrend hob Mattes die Hände: »Nee, lass mal! Mir fällt gerade ein, dass ich noch was zu tun habe. Außerdem machst du das prima!«, lobte er. »Mit meiner Arbeit wäre Astrid sowieso nicht zufrieden.«

Beim Betreten seiner Wohnung knurrte sein Magen. Ein kurzer Blick in den Kühlschrank bestätigte, dass er den letzten Einkauf vor Wochen gemacht hatte. Hier gab es nicht mehr viel zu holen. Pizzaservice? Nein, zu viel Aufwand. Ein paar Eier in die Pfanne und irgendwas dazu würde schon reichen. Während es auf dem Herd brutzelte, rief er Alex an.

»Ich hab sie!«, rief er triumphierend.

»Deine Fernsehtante?«, reagierte Alex sofort.

»Ja. Und es lief wie von alleine. Ich hab kurz auf sie gewartet, über ihren Hund gequatscht und es ging ab in den Park. Da hab ich ein bisschen den Hundeexperten gespielt und ganz nebenbei erwähnt, dass ich in den letzten Vorbereitungen für ein neues Hundemagazin bin. Sie war völlig hin und weg.«

»Von dir oder von dem Magazin?«

»Natürlich von mir, du Idiot. Und vom Magazin. Hey, wo trifft man schon mal einen Hunde-Chefredakteur?«

Alex grinste: »Und jetzt seid ihr verabredet?«

»Oh, warte mal!« Mattes zog die Pfanne vom Herd und sah stirnrunzelnd auf das Ergebnis seines Versuches, gleichzeitig zu kochen und zu telefonieren.

»Ja, wir machen bald einen Termin aus«, erklärte er dann und kramte mit der freien Hand in der Zettelablage, um die Nummer eines Pizzaservices rauszusuchen. »Ich habe ihr erzählt, dass wir mit einer Riesenauflage starten, und dann ganz plötzlich und völlig überrascht erkannt, wer da vor mir steht. ›SIE sind Saskia Hoffmann? Ich hab Sie gar nicht erkannt. Sie sehen in echt ja noch viel besser aus als im Fernsehen‹ – die ganze Nummer. Jetzt mache ich einen Bericht über sie und ihren Hund. Gleich für die erste Ausgabe.«

»Tolle Frau«, bestätigte Alex. »Aber Riesenauflage? Das läuft bisher doch nur hier in der Gegend.«

Mattes grinste: »Stimmt, aber wenn ich ihr das erzählt hätte, dann hätte sie niemals zugesagt.«

»Ist die Grundvoraussetzung für einen guten Redakteur, dass er Talent zum Lügen hat?«

»Habe ich schon erwähnt, dass ich Chefredakteur bin?«, sagte Mattes großspurig.

»Mit anderen Worten: der König der Lügner«, entgegnete Alex süffisant.

Mattes zog es vor, die Bemerkung grinsend zu übergehen. »Ich treff mich mit ihr in einem Café. Ich dachte, wenn sie den versifften Hinterhof mit der Redaktion sieht, dreht sie gleich wieder um. Außerdem gibt das lebendigere Fotos, hab ich ihr erzählt. Stylisch und ganz neu. Aber ich muss jetzt aufhören, ich will mir noch was kochen.«

»Hast du die Nummer vom Pizzaservice?«, lachte Alex.

»Hey, schnell was Feines zaubern kann ich selber!«, protestierte Mattes.

»Nimm die mit Zwiebeln, Peperoni und Oliven, die ist super!«

Mattes flog mit den Augen über die Liste in seiner Hand. »Nummer 86. O.k.«

Während er auf den Pizzaboten wartete, dachte er an Tante Gerlinde, deren Sorge es immer war, vom plötzlichen Hungertod bedroht zu sein. In ihrer Handtasche befanden sich Unmengen von Schokolade und Keksen »für Notfälle«, und sie liebte Fastfood, weil es das schnell und an jeder Ecke gab. Wenn Mattes bei ihr zu Besuch war, befand er sich in einem kulinarischen Paradies, in dem es Currywurst mit Fritten gab, dicke, möglichst doppelt belegte Hamburger und Pizza bis zum Abwinken. Beim familieninternen Wettbewerb um das bekloppteste Verhalten errang Tante Gerlinde immer wieder eine Spitzenposition. Bei 160 cm Körpergröße brachte sie mindestens 100 kg Lebendgewicht auf die Waage, was sie nicht davon abhielt, im Urlaub mit Bikini am Strand zu liegen. Am liebsten im damals noch tiefsten Jugoslawien, weil da die Sonne so schön brannte und es nicht so teuer wie an der Nordsee war. Im Sand neben sich hatte sie zwei Kühltaschen aus Hartplastik, die bis zum Rand mit Fressalien der fettesten Art und deutschem Bier gefüllt waren, sowie einen batteriebetriebenen, riesengroßen Kassettenrekorder, den ihr Sohn Marc täglich an den Strand schleppen musste. Während sie Kartoffelsalat von einem Plastikteller schaufelte und dazu Dosenbier trank, grölte aus dem Rekorder Marius Müller-Westernhagen in voller Lautstärke: »Ich bin froh, dass ich kein Dicker bin!«, und Tante Gerlinde sang am lautesten bei der Textstelle »Dicke schwitzen wie die Schweine« mit und lachte schallend. Das Größte für sie war, wenn sie den verstohlen herüberguckenden Einheimischen in gebrochenem Englisch erklärte, dass dieses Lied eine Art Nationalhymne der Deutschen sei, und sie ihnen einige Zeilen übersetzte. Mattes fragte sich manchmal, ob das Bild, das Tante Gerlinde damals in Jugoslawien stellvertretend für die Deutschen abgegeben hatte, noch heute Nachwirkungen hatte. Marc jedenfalls hatte sich gerne mit einer eigenen Decke ein wenig abseits gelegt und alles vermieden, was erkennen ließ, dass er seine Mutter kannte. Der Pizzabote klingelte Mattes aus seinen Gedanken. Als er den Pappkarton öffnete, schnalzte er mit der Zunge. Alex hatte ihm den richtigen Tipp gegeben. Die Nummer 86 war genau das, was er jetzt brauchte.

Auch ohne Weckerklingeln war Mattes am nächsten Morgen wieder unerwartet früh wach und sofort mit den Planungen für das neue Magazin beschäftigt. »Es ist nicht gesund, so wenig Schlaf zu haben und vor 10 Uhr aufzustehen«, brummte er halblaut, aber zu seiner eigenen Verwunderung fühlte er sich topfit. Wieso Zeit im Bett verbringen, wenn es so viel zu tun gab? Vor allem, weil seine Eltern am Nachmittag kamen und es dann nicht mehr möglich war, konzentriert zu arbeiten. Außer, er nutzte vorher die Möglichkeit zur Flucht. Aber dann hätte er für die nächsten Tage Astrid am Hals, die keine Gelegenheit ungenutzt lassen würde, sich bei ihm über sein unsoziales Verhalten zu beschweren. Wie unsozial es von ihr war, hinter dem Fenster zu hängen, ihn vor dem Betreten seiner rettenden Wohnung abzufangen und mit Vorwürfen zu bedrängen, würde sie dabei wieder mal nicht einsehen, obwohl er es ihr schon mehrfach erklärt hatte. »Quatsch, halt den Mund!«, war ihr Argument, gegen das er noch nie angekommen war. Er beschloss, erst mal zu arbeiten, dann rechtzeitig mit Mina in den Park zu verschwinden und erst eine halbe Stunde nach Beginn des Kaffeetrinkens wieder zurückzukommen. Das waren dreißig gesparte Minuten. Astrid schien etwas von seinen Plänen zu ahnen, denn kaum erschien er mit Mina vor der Tür, kam seine Nichte Meike mit schleppenden Schritten und mit einem Ausdruck vollkommener Genervtheit, zu dem sie mit ihren sechzehn Jahren auf dem Höhepunkt ihres

Könnens war, auf ihn zu. »Mama sagt, ich soll dich an 16 Uhr erinnern. Oma und Opa sind da und du sollst nicht zu spät kommen«, leierte sie herunter und fügte, vom Unrecht der Welt getroffen, hinzu: »Und sie macht mich dafür verantwortlich und sagt, ich krieg den Ärger, wenn du das nicht machst.« Empört blickte Mattes zum Küchenfenster, hinter dem er seine Schwester vermutete. Was für eine Psychoterroristin!

»Sag deiner Mutter, sie kann mich mal!«, raunzte er sauer.

Meike reagierte überraschend schnell, formte die Hände zu einem Trichter und schrie mit großer Genugtuung in Richtung Haus: »Mama, Mattes sagt, du kannst ihn mal!«

Im ersten Stock öffnete sich das Badezimmerfenster, was Mattes verwirrte, denn er hatte nicht gedacht, dass das ebenfalls ein strategischer Beobachtungsposten seiner Stasi-Schwester sein könnte, und Astrids roter Kopf erschien in der Öffnung. Sie brüllte: »Nimm deinen Hund vom Rasen! Wenn ich den da noch einmal sehe, fahr ich ihn nach Spanien und bind ihn eigenhändig an der Autobahn an!«

Mattes rief nach oben: »Reg dich ab!«, und pfiff Mina vom Rasen. Er hörte, wie Astrid im Haus rief: »Godehard. Der Köter hat schon wieder ein Loch gebuddelt.«

Grinsend und mit sich und der Welt kurzzeitig zufrieden, nickte Meike Mattes verschwörerisch zu und schlenderte ins Haus zurück.

An der Tür wich sie ihrem Vater aus, der, von Astrid getrieben, in den Garten kam, um für Ordnung zu sorgen. Schmal und fast hager, in schwarzer Stoffhose und perfekt gebügeltem Hemd, gab er auf den ersten Blick eine korrekte Erscheinung ab, die aber durch die fehlende Körperspannung beeinträchtigt wurde. Obwohl er eine übermäßig gerade Haltung hatte, blieb ein Eindruck der Schlaffheit, der sich bei seinem Händedruck nur bestätigte, den man im Übrigen nicht wirklich als Druck bezeichnen konnte, weil er beim Gegenüber das Gefühl auslöste, einen toten, kalten Fisch in die Hand gelegt zu bekommen. Mattes dachte beim Anblick seines Schwagers immer an eine Marionette, die an Fäden aufgehängt war und nur durch diese Haltung bekam. Und dass oben an Godehards Spielkreuz Astrid stand und die Fäden nach ihrer Vorstellung bewegte, war ihm auch klar.

Dass Godehard am heutigen Tag keine Krawatte zum Hemd trug, war ein sicheres Zeichen für Wochenende. Ohne Krawatte lief er nur an den Wochenenden herum, wenn er ausdrücken wollte, dass er jetzt Freizeit hatte und ein Privatmensch war. Noch weniger Korrektheit war nur im Urlaub gestattet. Mattes hatte ihn mal auf Urlaubsfotos nicht erkannt, auf denen Godehard in kurzer Hose, kariertem Hemd und beinahe lässiger Haltung zu sehen war. Erstaunt hatte er Astrid gefragt, wer der Mann vor dem Boot sei, der sein Gesicht so starr in Richtung der Kamera hielt. Astrid hatte es für einen Scherz gehalten und gelacht, und dieses Gelächter hatte Mattes erst auf die Möglichkeit gebracht, dass es Godehard sein könnte. Entschuldigend hatte er es auf die Sonnenbrille geschoben, die auf den Bildern Godehards Gesicht verdeckte, und er hatte fasziniert auf die dünnen, kalkweißen Beine seines Schwagers gestarrt, die er nie zuvor gesehen hatte. Nur an der winzig kleinen Kniescheibe konnte man überhaupt erkennen, dass es echte Beine waren und sie nicht von Käpt'n Ahab oder aus einer Ikea-Selbstbaulinie stammten. Tagelang hatte er sich danach gefragt, ob er richtig gesehen hatte, dass Godehard auf den Bildern keine grauen Socken trug, sondern dass seine nackten Füße tatsächlich einfach so in den Schuhen steckten. Godehard ohne Socken – unvorstellbar! Immerhin hatten sogar die karierten Urlaubshemden perfekte Bügelfalten an den vorgeschriebenen Stellen und sahen aus, als ob ihnen nur durch ein Versehen die Krawatte fehlte.

Für die wie mit dem Lineal gezogenen Bügelfalten auf den ansonsten makellos glatten Oberhemden kam einmal in der Woche eine eigens dafür engagierte Bügelfrau ins Haus, nachdem Astrid zu Beginn ihrer Ehe monatelang fluchend an ihrem eigenen Perfektionismus-Anspruch gescheitert war und im Affekt zwei hochwertige Bügeleisen an der Wand zertrümmert hatte. Die Schlappe, dass sie zu ungeduldig war, um Hemden tadellos in Form zu bringen, ließ sie in anderen Themenbereichen, die um den Erfolg im Leben gingen, den man hatte, wenn man tatkräftig anpackte, noch aktiver werden.

In braunen Lederhausschuhen, die für Mattes das Sinnbild höchster Piefigkeit waren, näherte sich Godehard dem kaputten Rasenstück, stierte hilflos auf die freigelegte Erde und zog die Augenbrauen hoch. Er drehte sich zu Mattes und fragte: »Kann man so einem Hund nicht beibringen, dass er das nicht machen soll?«

»Doch, vermutlich schon«, sagte Mattes, »aber ich habe mit ihr ja lange geübt, damit sie den Rasen kaputt buddelt.«

Godehard sah ihn misstrauisch an und schien am Wahrheitsgehalt der Aussage zu zweifeln. Doch Godehards Sinn für Ironie entsprach dem Sinn eines Pitbulls für zeitgenössische Kunst.

»Wenn sie es einmal komplett über die ganze Fläche geschafft hat, wird es für sie langweilig und sie hört damit auf«, behauptete Mattes einfach.

»Das wird Astrid aber nicht mitmachen«, zögerte Godehard und blickte über den gepflegten Rasen.

Robin kam über den Rasen gerannt und rief: »Mama kommt gleich raus. Sie ist schon unterwegs. Geh jetzt, Mattes! Ich mach das mit Papa«, und stieß ihn ungeduldig in die Seite, damit er mit Mina endlich verschwand.

Eine halbe Stunde nach Beginn des Kaffeetrinkens erschienen Mattes und Mina am gedeckten Tisch. Robin hatte die Tür geöffnet und wortlos einen anerkennenden Daumen gehoben. Wer sich traute, gegen die Vorgaben seiner Mutter anzugehen, hatte seinen höchsten Respekt. Mattes wäre aus Versehen fast pünktlich gewesen, hatte sich mit Blick auf die Uhr dann aber doch für eine weitere Runde entschieden, um Astrid nicht das Gefühl zu geben, ihre Ansagen könnten ihn beeinflussen.

»Ich dachte schon, du hast uns vergessen«, klagte seine Mutter beleidigt und ließ sich von ihm umarmen.

»Da sind wir endlich mal wieder in deiner Nähe, und du lässt dich nicht blicken.«

»Jetzt bin ich doch da«, beruhigte Mattes, doch seine Mutter jammerte weiter: »Noch etwas später und wir wären wieder weg gewesen. Es ist immer dasselbe mit dir.«

»Welch gewohnt herzliche Begrüßung«, stieß Mattes genervt aus. Er setzte sich auf den freien Stuhl und klopfte seinem alten Herrn auf die Schulter. Sie beide verband vor allem das gemeinsame Genervtsein von den beiden weiblichen Mitgliedern der Familie. Wobei sich Mattes als Einziger von beiden den Luxus gönnte, seinen Gefühlen freien Lauf zu lassen.

Astrid wies auf die Kaffeekanne: »Bedien dich!« Dabei guckte sie ihre Tochter vorwurfsvoll an: »Meike, du willst wirklich keinen Kuchen?«

»Neeee«, maulte sie. »Kuchen macht fett. Kann ich jetzt endlich gehen? Die warten schon alle auf mich.«

»Du bleibst hier, bis das Kaffeetrinken beendet ist! Jetzt ist Familienzeit«, verlangte Astrid, woraufhin Meike schmollend in ihrem Stuhl versank und betont gelangweilt mit einer ihrer Haarsträhnen spielte.

Mattes goss sich Kaffee ein und blieb thematischer Mittelpunkt des Redeschwalls seiner Mutter: »Astrid sagt, dass du immer noch nichts Ordentliches machst. Kannst du dir denn keine Stelle suchen? Du musst doch mal auf eigenen Beinen stehen.«

»Ich komm ganz gut zurecht«, wehrte Mattes ab. Es verletzte ihn, dass seine Mutter ihn erst dann respektieren würde, wenn er in einer erfolgreichen Position war. Wobei für sie eine erfolgreiche Position die war, in der man entweder so viel Geld verdiente, dass man es mit passendem Haus und Auto vorzeigen konnte, oder wenn man prominent war und in der Yellow Press oder, noch besser, im Fernsehen zu sehen war.

»Ich bin erst glücklich, wenn du im Fernsehen bist«, pflegte sie während seiner Studienzeit zu sagen. »Du spielst doch so gerne Fußball und reden kannst du auch. Du solltest das ›Aktuelle Sportstudio‹ moderieren.« Zu seinem 30. Geburtstag hatte Mattes mit dem Gedanken gespielt, den Bundestag zu stürmen, sich die Hose herunterzuziehen und seinen mit der Aufschrift »Mutti, ich bin im TV!«-bemalten Hintern in sämtliche Kameras zu halten. Alex hielt ihn damals aber davon ab. »Alle aus deiner Klasse sind was geworden, nur bei dir schämt man sich, wenn die Leute fragen, was du machst«, beanstandete sie vorwurfsvoll.

»Ich bin Journalist und schreibe, da muss man sich nicht schämen«, reagierte Mattes gereizt.

»Na, was schreibst du denn?«, lachte seine Mutter bitter auf. »Ich habe nichts, was ich mal zeigen kann. Damals, beim ›Roten Teppich‹, da haben die Leute gestaunt, wenn ich ihnen gesagt habe, dass du da mitmachst und wen du alles kennst, aber heute? Man kann das ganze Zeitungsfach durchsehen, aber es ist nichts von dir dabei. Schreib doch wenigstens ein Buch! Du hast das Schreiben doch gelernt.«

Mattes Vater mischte sich besänftigend ein: »Nun lass ihn doch! Er macht das schon. Der Junge ist erwachsen.«

Astrid schnaubte lachend durch die Nase, als hätte sie einen guten Witz gehört. Mattes balancierte mit dem Tortenheber ein Stück Kuchen über den Tisch bis auf seinen Teller und sagte geheimnisvoll: »Ich entwickle da gerade etwas. Das wird ganz groß.«

»Er wird Fahrer beim Pizzaservice«, erklärte Astrid spöttisch, woraufhin ihre Mutter klirrend die Tasse abstellte, sie mit entsetzten Augen ansah und »Nein!« hauchte, als hätte ihr gerade jemand vom Tod eines nahen Freundes berichtet. Mattes sah seine Schwester vernichtend an und erklärte gereizt: »Quatsch! Ich mach was über Hunde.«

Seine Mutter guckte ihn vorwurfsvoll an: »Du kennst dich mit Hunden doch gar nicht aus! Schreib doch über Filmstars und Könige. Das interessiert die Leute.«

»Wieso kenn ich mich mit Hunden nicht aus?«, fragte Mattes empört. »Es gab schon immer Hunde in meinem Leben.« Das stimmte zwar nur bedingt, denn er hatte vor Mina nie einen eigenen gehabt, aber fast immer jemanden gut gekannt, der einen Hund hatte. So gesehen war er allerdings auch von Pferden und Papageien in seinem Leben begleitet worden.

Seine Mutter lachte gespielt künstlich auf: »Du hattest doch immer nur Angst vor Hunden. Du bist ja nicht mal zu Thea gegangen, weil die ihren Arcus im Haus hatte.«

»Arco«, verbesserte Mattes. »Und ich war oft bei Tante Thea. Und auch bei Gerlinde und Herbert mit ihrem Hund. Und Benno aus meiner Klasse hatte auch ...«

»Und trotzdem kennst du dich mit Hunden nicht aus«, unterbrach ihn seine Mutter resolut. »Meike, nimm ein Stück Kuchen!«, forderte sie ihre unruhig auf dem Stuhl wippende Enkelin auf und redete übergangslos weiter: »Wir haben zum Glück nie einen Hund gehabt. Wenn ich schon gesehen habe, was für einen Ärger die anderen mit ihren Viechern hatten.

Denk mal an die Tante Lisbeth. Die musste jeden Tag für das Tier kochen, weil es kein Dosenfutter fressen wollte.«

Mattes warf ein: »Tante Lisbeth hatte eine Katze, keinen Hund.«

»Ist doch dasselbe«, behauptete seine Mutter und schüttelte unwillig den Kopf. »Immer Dreck in der Bude. Such du dir mal lieber andere Themen zum Schreiben!«

Sie wandte sich anerkennend an Astrid: »Die Käsesahne ist lecker. Selber gemacht?«

»Natürlich«, sagte Astrid zufrieden, die seit den frühen Morgenstunden in der Küche gestanden hatte, weil es für sie gar nicht in Frage kam, Kuchen nicht selber zu backen, egal, wie viel Aufwand und Zeit es kostete. »Geht ganz schnell.«

»Vielleicht geben sie dir beim Sportstudio ja eine Chance? Spielst du noch Fußball?«, fuhr Mattes Mutter fort, als hätte es keine Zwischenfrage zur Käsesahne gegeben.

Mattes reagierte gereizt: »Mach dir einfach keine Gedanken um mein Leben. Ich bin an was dran, und das wird ganz groß.«

Sie lachte ein wenig zu schrill auf: »Ob ich das noch erlebe, dass du was Ordentliches machst? Ich sag schon immer zur Maria, weißte, die von der Wursttheke im EDEKA, dass es bei dir schlecht aussieht. Die hat auch so'n Sohn, der nichts macht. Wenn Astrid sich nicht um dich kümmern würde, wärst du schon unter der Brücke.«

Robin hatte in aller Ruhe sein drittes Kuchenstück verschlungen und sah die Zeit gekommen, sich einzumischen. »Oma, lass doch den Mattes mal in Ruhe! Der ist ein Schriftsteller! Der kann tolle Geschichten schreiben.«

Ich will hier raus!, dachte Mattes und versuchte es mit Telepathie. Alex, ruf an! Ruf mich sofort an! Lass mein Handy klingeln! Aber Alex kriegte natürlich wieder mal nichts mit. Als

Medium ist der auch nicht zu gebrauchen, dachte Mattes fast sauer.

Meike stöhnte laut auf und fragte genervt: »Darf ich jetzt gehen?«, was Godehard veranlasste, ihr einen strengen Blick zuzuwerfen und knapp »Nein!« zu antworten.

Astrid blickte auf ihre Uhr und sagte: »Um neun Uhr bist du zuhause!«, woraufhin Meike sofort aufsprang, erleichtert »Na, endlich!« murmelte und blitzschnell das Zimmer verließ.

Godehard räusperte sich gekränkt. »Sie hat lange genug gewartet, und wenn sie sowieso keinen Kuchen isst, kann sie auch gehen«, erklärte Astrid ihren plötzlichen Meinungsumschwung.

»Aber ich dachte …«, begann Godehard, stockte, als er den Blick sah, der ihn aus Astrids Augen traf, und verstummte. Mattes' Handy klingelte. Alex! Er hatte seine flehentlichen Gedanken tatsächlich gespürt. Mattes war überrascht, dass an der Telepathie mehr dran sein musste, als er bisher geglaubt hatte, und nahm das Gespräch an. Es war Saskia Hoffmann.

»Störe ich?«

»Nein, überhaupt nicht«, sagte er eine Spur zu freudig, weil er wusste, dass er jetzt einen Grund für das vorzeitige Verlassen der Kaffeetafel erfinden konnte. Er gestikulierte seiner gespannt auf ihn starrenden Familie, dass er ein wichtiges Gespräch habe, und zog sich in den Flur zurück. An der absoluten Stille im Nebenraum erkannte er, dass dort alle aufmerksam am Tisch saßen und mithörten. Egal.

»Können wir den Interviewtermin schon in dieser Woche machen?«, fragte Saskia Hoffmann.

Mattes wollte spontan antworten, hielt sich aber im letzten Moment zurück. In diese Falle war er schon bei der Althoff getappt, als er die neue Stelle sofort antreten konnte. Ein erfolgreicher Chefredakteur hatte niemals sofort Zeit, hatte er gelernt.

»Moment mal«, zögerte er. »Meine Sekretärin im Büro hat den Überblick über meine Termine, aber ich seh' mal in meinem Kalender nach.«

Er blätterte hörbar raschelnd in einem zerlesenen Comicheft, das neben ihm im Regal lag und vermutlich Robin gehörte.

»Nein … alles zu … Treffen mit der Deutschen Bank … Donnerstag Mittagessen mit dem Chef vom ›Spiegel‹ …«, murmelte er halblaut, aber gut verständlich. Den beschäftigten Chefredakteur zu spielen, machte richtig Spaß. Übermütig legte er noch was drauf: »Nächste Woche dann Hamburg, Berlin …« Als hätte er plötzlich eine Idee, rief er laut: »Doch! Ich sehe gerade, morgen geht es. Ich cancel einfach den Termin mit dem Frankfurter Presse-Vorstand, dann habe ich Zeit für Sie. Wie wäre es um 12 Uhr? In dem kleinen Café am Markt?«

Sie schien beeindruckt, und er hoffte, dass sie, wenn es einen Frankfurter Presse-Vorstand wirklich gab, keinen Kontakt zu ihm hatte.

»Dann bis morgen um 12 Uhr, ich freu mich«, flötete sie ins Telefon und legte auf.

Mattes atmete tief durch. Wow! Das hatte er souverän hinbekommen. Saskia Hoffmann war von ihm mindestens ebenso beeindruckt wie er von sich.

»Du fährst weg?«, fragte Astrid völlig perplex, als er die Wohnzimmertür öffnete.

»Mattes!«, rief seine Mutter mit kaum unterdrücktem Stolz und hatte Tränen in den Augen. »Nun erzähl doch schon!«

»Ja, es ist geschäftlich, aber ich kann jetzt nicht viel dazu sagen, ich muss sofort gehen, es ist dringend, tut mir leid«, sagte Mattes hastig, rief Mina und verließ fast fluchtartig die Wohnung. Scheiße. Wie kam er da wieder raus? Zuerst einmal, indem er verschwand und erst wiederkam, wenn seine Eltern weg waren. Bis dahin hatte er auch hoffentlich eine Ausrede für Astrid gefunden. Im Übrigen war er sicher, dass bis spätestens übermorgen das gesamte Stadtviertel, in dem er seine Kindheit verbracht hatte, von seiner Mutter darüber informiert war, dass der Mattes endlich einen ganz großartigen Job hatte und darum durch die gesamte Republik jettete. So wie er seine Mutter einschätzte, gab sie dazu unverblümte Hinweise, dass es eine Art ›Aktuelles Sportstudio‹ sei und mit Prominenten zu tun habe, und ganz sicher schloss sie mit der Bemerkung, dass sie immer an ihn geglaubt und gewusst habe, dass aus ihm noch etwas werden würde.

Der Wochenstart in der Redaktion war turbulent. Noch vor dem ersten Kaffee platzte er ins Zimmer seiner persönlichen Assistentin Gisela Althoff und knallte Mucki, der innen sofort kläffend losstürzte, versehentlich die schwere Tür vor den Kopf. Laut aufjaulend sprang Mucki in sein Körbchen zurück, und Frau Althoff lief besorgt zu ihm hin.

»Mein Prinzchen, zeig mal den Kopf, ach, Prinz Mucki, es wird alles wieder gut«, tröstete sie mit weicher Stimme und schien ehrlich besorgt.

Prinz Mucki? Mattes glaubte nicht richtig zu hören. Aber tatsächlich, sie wiederholte es. Hatte man ihr über Nacht beide Hirnhälften durch aufgeweichte Brötchenhälften ersetzt?

Er versuchte sie zu beruhigen: »Der hat nur die Tür leicht vor den Kopf bekommen. So ein Hundeschädel hält das schon aus.«

Frau Althoff richtete sich auf und sagte vorwurfsvoll: »Das ist noch nie passiert. Jeder klopft hier an und wartet, bis Mucki wieder ruhig ist. Woher soll das arme Tier denn wissen, dass Sie einfach die Tür aufstoßen?«

»Das arme Tier soll nicht Bodyguard spielen, dann kriegt

es auch keine Kopfschmerzen. Zum Glück ist ihm ja kein Zacken aus der Prinzenkrone gefallen«, sagte Mattes leichtfertig und bekam einen giftigen Blick zugeworfen. Oh je, die Althoff und ihr Mucki. Prinz Mucki! Mattes unterdrückte mühsam ein breites Grinsen. Er war Chefredakteur einer Redaktion mit adeligem Anhang. In betont geschäftsmäßigem Ton sagte er: »Heute Mittag habe ich einen Termin mit Saskia Hoffmann und ihrem Hund. Wir machen einen großen Artikel daraus und sie kommt auf den Titel.«

»Das ging aber schnell«, kommentierte Frau Althoff mit leichtem Erstaunen. Mattes hob eine Augenbraue und sagte genüsslich: »Das ist Chefsache. Um wichtige Sachen kümmere ich mich selber und dann fluppt das.«

»Ah ja«, sagte sie mit einem Unterton, der wenig beeindruckt schien, und schickte ein amüsiertes »Chefsache« hinterher. Wieso behandelte sie ihn eigentlich immer so, als ob sie alles besser wüsste? Blöde Ziege.

Im Flur kopierte Tina schon wieder. Oder noch immer? Vielleicht hatte sie den Kopierer in der Nacht gar nicht verlassen, sondern stundenlang durchkopiert. Aber warum? Was gab es in so einer kleinen Redaktion so viel zu kopieren? Er ging auf Tina zu und fragte harmlos: »Was ist das da?«

Sie blickte ihn stolz an: »Das sind voll wichtige Unterlagen und ich mach die doppelt und ordne.«

Sein Blick fiel auf die Rückenbeschriftung eines Ordners und er stutzte. Vier Jahre alte Rechnungen? Wozu sollten die kopiert werden? Irgendetwas stimmte da nicht. Da hatte doch wieder die Agentin Althoff ihre Finger im Spiel. Das waren niemals alte Rechnungen! Das war sicher eine vertuschte Steuerhinterziehung, oder es waren gefälschte Mitarbeiterpapiere, mit denen sie krumme Dinge vorhatte. Das sah ihr ähnlich. In so was war sie vermutlich ganz groß. Er blätterte unauffällig in dem Ordner und nickte anerkennend, denn die Dinger sahen auf den ersten Blick wirklich aus, als wären es nur alte Rechnungen. Aber er war nicht blöd, und er würde rausfinden, was die Althoff da abzog. Es wäre nicht übel, etwas gegen sie in der Hand zu haben, falls sie sich als seine Gegnerin erweisen würde.

Mittags ließ er Mina im Büro und erschien knapp vor dem mit Saskia Hoffmann abgesprochenen Termin in seinem Lieblingscafé. Er liebte es vor allem wegen des Namens ›Café Chaos‹. Charmant lächelnd wandte er sich an die junge Bedienung hinter der Theke.

»Gleich wird ein prominenter Fernsehstar kommen, mit dem ich ein Interview mache. Ein Fotograf wird auch da sein. Kannst du dafür sorgen, dass wir nicht gestört werden?«

»Ist das mit dem Chef abgesprochen?«, fragte die junge Frau und schien beeindruckt.

»Natürlich«, bestätigte Mattes und grinste sie überzeugend an.

»Oh, das finde ich ja aufregend. Wer kommt denn und für welche Zeitung wird das gemacht?«, fragte sie.

Er beugte sich zu ihr herüber und raunte: »Es läuft alles noch unter strengster Geheimhaltung.«

Gut gerettet. Und es war wohl ganz sinnvoll, wenn er gar nichts von Hunden erwähnte. Er zwinkerte ihr zu und versuchte die günstige Lage zu nutzen: »Habt ihr gleich Kaffee für uns? Und vielleicht so ein bisschen vom Frühstückskram?«

Sie strahlte ihn an: »Aber natürlich! Ich mache was fertig.«

Mattes suchte einen Tisch am Fenster aus und hoffte, dass Peter Plattler rechtzeitig da war. Den hatte er gestern Abend noch auf dem Handy erreicht, weil er nicht sicher war, ob er morgens pünktlich in der Redaktion antreten oder wieder einen seiner »wichtigen« Termine hatte, aber ihm war nicht klar, wie viel er vom Gespräch verstanden hatte, denn im Hintergrund war ein Höllenlärm gewesen. Heavy-Metal-Musik in höchster Lautstärke, die Mattes gezwungen hatte, das Handy ein Stück weit vom Ohr wegzuhalten, um sich keinen Tinnitus einzufangen. Vermutlich gaben die Suizeeds gerade ein Live-Konzert und zerstörten mit der Lautstärke, die aus den Boxen kam, Unmengen von Hörnerven. Peter hatte irgendwas zurückgebrüllt, und Mattes hatte nach drei weiteren Nachfragen, die jedes Mal eine andere, aber genauso unverständliche Antwort ergaben, beschlossen, das für eine Zusage zu halten. Er sah aus dem Fenster und sah Saskia Hoffmann mit ihrem Hund auf das Café zukommen. Sie war stark geschminkt und sah ihrem Fernsehbild damit viel ähnlicher als im Naturzustand. Mattes atmete einmal tief durch. Er musste sie unbedingt für die Titelstory haben. Die Bedienung guckte beim Öffnen der Türe gespannt auf die eintretende Dame und war sichtlich enttäuscht, dass nicht der erwartete Hollywoodstar eintrat, sondern nur eine Fernseh-Moderatorin. Naja, besser als nichts.

Wenn Mattes etwas konnte, dann war es, Fragen zu stellen, die ungewöhnlich waren und die später einen interessanten Artikel versprachen. Beobachten und die Zusammenhänge ergründen hatte er schon als Kind im familieneigenen Kuriositätenkabinett geübt, für das er keinen Eintritt zahlen musste, da er ja mit den Kuriositäten verwandt war. Damals stellte er allerdings noch keine Fragen, sondern blieb Zuschauer. Es gab ja auch viel zu sehen. Schon, dass die mit Tieren äußerst kommunikationsfreudige Tante Thea jahrelang jedes Gespräch mit ihrem Mann Günther vermied, war faszinierend. Onkel Günther zog es vor, auf dem Sofa zu sitzen und den Dialogen im Fernsehen zu lauschen. Am Ende des Fernsehprogramms, das damals noch einen Dienstschluss hatte, starrte er immer noch eine Weile konzentriert auf das Testbild, stand dann schwerfällig auf, um den Fernsehapparat ab- und das große Radio einzuschalten. Selbst beim Radiohören blieb sein Blick weiterhin auf den dann ausgeschalteten Fernseher gerichtet. Tante Thea musste Onkel Günther nicht mal zum Essen rufen, denn er erkannte am Klappern der Teller in der Küche, wann es so weit war, verließ ächzend seinen Sofaplatz, um am Resopaltisch in der Küche stumm das Essen in sich hineinzuschaufeln, holte sich auf dem Rückweg eine Flasche Bier aus dem Kühlschrank und haute sich wieder auf das Sofa. Alles ohne ein einziges Wort zu verlieren. Und trotzdem hatten weder Tante Thea noch Onkel Günther unglücklich ausgesehen. Mattes dachte, dass sie sich wohl alles Wichtige in den ersten Jahren gesagt hatten und sich jetzt nicht wiederholen wollten. Wenn er es genau bedachte, war er ihnen darin in Grundzügen sogar ähnlich, denn auch er hasste Wiederholungen.

Saskia Hoffmann antwortete ausführlich und stellte sich selbst als erfolgreiche Powerfrau dar. So wie ich mich als erfolgreichen Magazinmacher darstelle, dachte Mattes schmunzelnd. Dabei sah er unauffällig auf die Uhr. Hoffentlich kommt Peter Plattler gleich, und hoffentlich sieht er menschlich aus. Die Café-Tür öffnete sich, und völlig übernächtigt, mit qualmender Kippe im Gesicht, trat der Grafiker ein und schlurfte zu Mattes und seiner Interviewpartnerin.

»Hier besteht Rauchverbot!«, rief die Bedienung ihm zu, was Peter Plattler mit einem Grunzen beantwortete, ohne die Zigarette zu entfernen. Saskia Hoffmann unterbrach ihren Satz und sah erschrocken aus. Scheiße, dachte Mattes, der ist ja geschäftsschädigend. Die läuft mir gleich weg.

Leise sagte er: »Das ist unser Fotograf. Er sieht ein wenig übernächtigt aus, denn er kommt gerade aus New York, wo wir eine Fotosession fürs Magazin hatten.« Er nickte Peter zu und fragte laut: »Na, guten Flug gehabt?« Mit Erleichterung vernahm er, dass die Antwort wieder nur ein Grunzen war, das alles bedeuten konnte. Wenigstens da konnte man sich auf ihn verlassen. Peter würde NIE die Kippe aus dem Mund nehmen, um sich auch nur ansatzweise deutlicher verständlich zu machen. Während Peter seinen Fotoapparat aus einer Tasche kramte und das Licht prüfte, wandte sich Mattes der Moderatorin zu und erklärte halblaut: »Er ist DER In-Fotograf. Ständig gebucht und weltweit unterwegs.« Was erzählte er da? Jeder konnte sehen, dass Peter Plattler ein kleiner, mieser, kettenrauchender Niemand war. Es hatte weder für die große Fotografen-, noch für die Grafikerkarriere gereicht, geschweige denn für ein Leben als Musiker. Saskia Hoffmann schien es nicht zu sehen. Vielleicht lag ihr auch das nachlässige Erscheinungsbild Peter Plattlers so fern, dass sie es für eine Art von bewusster Selbstinszenierung hielt.

»Das habe ich sofort gemerkt, dass das ein besonderer Typ ist«, sagte sie leise und war geschmeichelt, dass ein so berühmter Fotograf für sie da war.

Und sie war auch gerne bereit, für eine Fotoserie mit Hund immer neue Positionen einzunehmen, in die Kamera zu lächeln oder ernst aus dem Fenster zu gucken.

»Jou«, sagte Peter Plattler schließlich. »Da ist was dabei.«

Mattes sah grübelnd auf die Moderatorin und tat so, als käme ihm der Gedanke zum ersten Mal: »Wir hatten ja vor, Veronica Ferres auf den Titel der ersten Ausgabe zu nehmen, aber ich finde gerade, dass Sie noch besser zu uns passen würden.«

Saskia Hoffmann guckte ihn mit unverhohlener Freude an. »Gerne. Aber ist das mit Veronica nicht schon abgesprochen?«

Mattes stutzte. Sie nannte sie Veronica? Er war ein Trottel. Natürlich kannten sich die beiden Frauen, liefen sich vermutlich ständig bei irgendwelchen Feiern und Preisverleihungen über den Weg.

»Ach, die ruf ich gleich an«, winkte Mattes lässig ab. »Die soll sich mal nicht anstellen. Wenn sie unbedingt will, kann sie ja auf eine der späteren Ausgaben.«

Hinter sich hörte er Peter Plattler kurz auflachen. Der Idiot. Sollte einfach mal ruhig bleiben, wenn es ihn nichts anging. Mattes sah ihn scharf an: »Fragen?«

»Nö, Chef«, grinste der, während er seine Kamera einpackte, setzte dann aber hinterher: »Ach, hätt' ich fast vergessen: Angelina Jolie wartet auch auf deinen Rückruf. Und Sandra Bullock.«

Saskia Hoffmann sah ihn fragend und zum ersten Mal auch skeptisch an. Mattes nickte ihr beruhigend zu und raunte: »Der spinnt manchmal ein wenig, aber er ist top im Job und nur schwer für Termine zu bekommen.« Hoffentlich machte er wenigstens einigermaßen erträgliche Fotos, dachte er. Bisher wurde er fürs Magazin nicht sehr gefordert, und wenn seine jetzt Bilder Schrott sind, können wir sie für den Titel vergessen.

Mattes spürte, dass er in Saskia Hoffmanns Ansehen plötzlich sehr gestiegen war. Dass er Kontakte zu Stars wie Veronica Ferres hatte und sie einfach vom Titelbild kicken konnte und dass er mit einem In-Fotografen zusammenarbeitete, zeigte, wie weit oben er in der Szene war. Als sie sich von ihm verabschiedete, sagte sie mit echter Herzlichkeit: »Wie schön, dass man manchmal ganz zufällig so tolle Leute trifft. Ohne unsere Hunde wären wir einfach aneinander vorbeigelaufen. Sie hätten nicht gewusst, dass ich moderiere, und ich nicht, dass Sie ein Magazin machen. Und jetzt arbeiten wir zusammen.«

»Das war wirklich ein ganz unglaublicher Zufall«, beeilte sich Mattes zu sagen.

Als Mattes bezahlen wollte, winkte die Bedienung ab: »Das geht aufs Haus!« Er lächelte ihr vertraulich zu und sagte: »Grüß den Chef von mir. Schön, dass es hier so kurzfristig geklappt hat. Ich meld mich bei ihm, damit wir mal wieder zusammen golfen gehen können.«

Sie nickte: »Ja, mache ich«, und setzte nachdenklich hinterher: »Ich wusste noch gar nicht, dass er golfen geht. Kann er das denn mit seinem Bein?«

Mattes lächelte souverän: »Natürlich. Er ist Vize-Clubmeister geworden, aber immer so bescheiden, dass er nicht gerne darüber spricht. Verrate ihm nicht, dass ich es gesagt habe, ja?«

»Ich hab nichts gehört«, versprach die Bedienung und zwinkerte ihm vertraulich zu.

Als er zurück in die Redaktion kam, stand der Kopierer still. Hatte die Althoff etwas bemerkt und die Aktion verlagert? Tina war nicht zu sehen. Vermutlich war sie sicherheitshalber weggeschickt worden. Vielleicht war sie auch gar nicht so blöd, wie sie aussah. Schon im gleichen Moment, in dem er darüber nachdachte, ließ er diese Theorie fallen. So blöd konnte sich niemand verstellen. Tina war höchstens das unwissende, missbrauchte Werkzeug der Althoff. Bei der raffinierten, alten Dame liefen die Fäden zusammen.

Kaum saß er an seinem Schreibtisch, kam Frau Althoff und sagte geschäftig: »In drei Tagen ist Abgabe und es sind noch keine Artikel fertig. Die personelle Umstrukturierung hat viel Zeit gekostet, aber wir müssen trotzdem rechtzeitig abliefern. Soweit ich weiß, haben Frau Berger und Herr Plattler noch einige unveröffentlichte Sachen im Schrank liegen, die sie jetzt schnell aufarbeiten können. Organisieren Sie das oder soll ich mich darum kümmern?«

Mattes stoppte sie: »Es wird gar nichts aus dem Schrank

geholt. Die nächste Abgabe ist in drei Wochen. Wir machen jetzt ein Monatsmagazin.«

»Wäre es nicht besser, vorläufig im Wochenrhythmus zu bleiben, bis ein neues Heft entwickelt wurde?«, schlug sie mit sanfter Stimme vor.

Mattes sah sie an: »Haben Sie Angst, dass die Verlagsruhe gestört werden könnte? Dass man hier Sachen entdeckt, die nicht ganz sauber sind?«

»Nun ja, es wäre wohl geschickter, wenn wir nichts übereilen, sondern von langer Hand planen«, antwortete sie nüchtern.

»Nein«, widersprach Mattes. »Entweder die Ideen kommen jetzt oder wir haben sie nie. Rufen Sie die Druckerei an und sagen Sie, dass das nächste Heft erst in vier Wochen erscheint und etwa doppelt so dick werden wird.«

Entschieden schüttelte Frau Althoff den Kopf: »Dazu haben wir keine Befugnis. Ich werde das jedenfalls nicht machen.«

»Kein Problem«, grinste Mattes. »Dann geben Sie mir die Telefonnummer und ich rufe selber in der Druckerei an.«

Frau Althoff sah ihn entsetzt an: »Sie können das nicht über den Verlag hinweg entscheiden!«

Mattes winkte fordernd mit der Hand. »Telefonnummer!«

»Niemals!«, sagte Frau Althoff und verschränkte die Arme.

»Dann muss ich leider direkt in Hamburg beim Verlag anrufen und fragen, wer unser Ansprechpartner bei der Druckerei ist. Wäre das besser?«

Einige Sekunden lang starrten sie sich an. Blick aushalten!, dachte Mattes, aber es fiel ihm seltsamerweise gar nicht schwer. Frau Althoff gab auf.

»Einen Moment«, sagte sie, atmete tief durch und ging in ihr Büro.

Sie kehrte mit einer Telefonnummer auf einem Zettel zurück. »Herr Becker«, teilte sie ihm den Namen des zuständigen Ansprechpartners mit und beobachtete mit sorgenvoller Miene, wie Mattes nach dem Hörer griff und die Druckerei anrief. »Reuter hier, Chefredaktion von ›Hassos Herrchen – Finas Frauchen‹. – Ja, es hat einen Wechsel gegeben. – Danke. – Ab sofort wird das Produkt als Monatsmagazin herausgegeben. Abgabe heute in drei Wochen, Veröffentlichung heute in vier. – Wie, Sie wissen noch nichts davon? Das ist ja ein Ding! Da hat aber mal wieder jemand im Verlag geschludert. – Natürlich ist das abgesprochen, es ist ausdrücklicher Wunsch der Verlagsleitung.«

Er sah wie die Althoff erschrocken eine Hand vor den Mund nahm. Das spornte ihn an.

»Am besten wenden Sie sich an mich, denn ich bin der neue Chefredakteur und der Bevollmächtigte für die Änderungen. – Ja, Frau Althoff ist noch in der Redaktion.«

Er grinste und bestätigte dann in den Hörer: »Ja, natürlich. Sie können sich jederzeit auch an Frau Althoff wenden. Sie ist über alles informiert und freut sich sehr, dass jetzt mal frischer Wind reinkommt. Danke. Auf Wiederhören.«

Er legte mit triumphierendem Blick auf.

Frau Althoff prophezeite mit ernster Miene: »Das geht nicht gut.«

Mit einer Handbewegung wischte er ihre Bedenken zur Seite. »Ach was. Wenn wir gut sind, reißen wir den ganzen Verlag mit.«

»Wenn uns das mal nicht in den Abgrund reißt«, sagte sie düster und verließ das Zimmer. Er blickte ihr hinterher. Was sollte schiefgehen? Es hatte heute alles schon wunderbar angefangen.

Alex hatte nichts dagegen, den Dienstagvormittag-Lauftermin von den bequemen Freiberufler-elf-Uhr auf acht Uhr zu legen.

»Vorläufig«, hatte Mattes betont, »nur bis beim Magazin alles läuft und ich dann erst mittags dort erscheinen muss.«

Morgens um acht Uhr war Mattes früher höchstens mal nach einer unterhaltsamen Party auf dem Heimweg gewesen, hatte dabei aber niemals einen Gedanken an Sport verschwendet. Jetzt lief er mit Alex um den See, über dem noch Reste des Morgennebels zu sehen waren.

»So früh am Tag schon um den See rennen! Dass du zu so was fähig bist, hätte ich von dir nie gedacht«, lachte Alex.

»Ich bin zu vielem fähig, von dem du nichts ahnst«, behauptete Mattes, aber Alex grinste: »Nee, mein Freund, dazu kenne ich dich zu gut. Mich überraschst du nicht. Wie lief es eigentlich mit Saskia Hoffmann?«

»Sehr gut. Sie hat gute Antworten gegeben, und ich bastele da jetzt ein schönes Interview draus. Nicht mit dem üblichen Gewäsch. Allerdings weiß ich nicht, wie gut diese Pfeife von Grafiker fotografieren kann. Das Motiv war diesmal ja nicht der Hundesportverein mit seinen Vorsitzenden. So was kann er, und vielleicht auch seine komische Musikgruppe, aber ob es für ein Titelbild reicht? Ich kann ja keinen Amateur-Schnappschuss auf den Titel setzen und verkünden, das wäre jetzt stylisch.«

Vor ihnen bog Mina plötzlich quer über die Wiese ab und sprang auf eine Nordic Walkerin zu. »Das ist Astrid!«, rief Mattes überrascht aus und blieb stehen. Aus der Entfernung konnten sie sehen, wie Astrid mit den Stöcken fuchtelte, damit Mina aus dem Weg ging, sich dann umblickte und Mattes entdeckte. Mit ausholenden Bewegungen schritt sie auf ihn zu, immer umkreist von Mina, die ihr beständig vor die Füße lief. Schon von Weitem konnten sie sie mit Mina reden hören: »Nun hau schon ab! Lass meine Stöcke in Ruhe! Such dir eigene, hier liegen genug rum. Weg da!« Als sie näher war, rief sie anklagend: »Mattes, dein blöder Köter macht mich wahnsinnig. Der hat keine Ahnung von Nordic Walking. Erklär' dem mal, dass ein ordentlicher Hund hinter einem her läuft und nicht um einen kreist!«

»Wieso rennst du jetzt mit Stöcken durch den Park? Ich dachte, joggen wäre dein Ding, nicht Skilanglauf ohne Ski.«

Astrid blieb vor ihm stehen und dozierte: »Nordic Walking verbrennt wesentlich effektiver die Fettreserven an den Problemzonen. Ich trainiere jetzt nach der Nordic-Power-Walking-Methode. Fünf Kilo in fünf Tagen. Der Geheimtipp aus der neuen ›Fit und fun‹.« Sie blickte ihn und Alex skeptisch an: »Und was macht ihr beide so früh hier? Ist doch gar nicht eure Zeit.«

Mattes sagte: »Wer viel vorhat, muss früh aus den Federn. Das war immer schon mein Leitspruch.«

Astrid lachte kurz auf: »Dein Spruch war doch immer: Der späte Wurm wird nicht gefressen. Und viel vorhaben? Wohl wieder einer deiner ›Außentermine‹.«

Genervt drängte sie mit einem der Stöcke Mina weg und sagte: »Wenn der blöde Hund ordentlich mitlaufen würde, könnte ich ihn ja mal mitnehmen. Würde dem auch mal ganz gut tun. Aber der kapiert ja noch nicht mal, dass er beim Intervall-Laufen in Intervallen laufen muss. Meinst du, der hat sich einmal angepasst? Nee, immer sein eigenes Tempo gelaufen und ständig musste ich stehen bleiben und gucken, wo er war.«

Mattes lachte: »Zieh doch deine Intervalle einfach durch, wie du sie haben willst. Der Hund bleibt schon an dir dran.«

»Eben nicht!«, regte Astrid sich auf. »Mich macht das nervös, wenn der Hund nicht genau neben mir läuft. Ich will trainieren und abnehmen und nicht gucken, wo das Vieh gerade rumhängt. Am Ende bin ich durch den Park durch und hab bei meinem Tempo den Hund abgehängt.«

Sie blickte auf eine dicke Uhr am Handgelenk: »Puls 95, na danke. Und ich muss noch 17 Minuten.« Sie guckte Mattes vorwurfsvoll an: »Wäre es für dich nicht besser, wenn du mal irgendwo arbeiten würdest, anstatt stundenlang durch den Park zu joggen?« Ihr Handy klingelte. In geschäftsmäßigem Ton meldete sie sich, hob erstaunt die Augenbrauen und fragte gereizt: »Was heißt das, Schule fällt aus? Sie kann doch nicht einfach im Bett bleiben und sagen, dass sie frei hat! Godehard, du packst sie sofort ins Auto und fährst mit ihr hin! Sieh nach, ob etwas auf dem Vertretungsplan steht! Nein, am besten gibst du mir das Fräulein mal selber an den Apparat. Wie, sie will nicht?« Ihre Stimme wurde streng: »Godehard, mir ist egal, ob sie sich in ihrem Zimmer eingeschlossen hat und nicht mit mir reden will. ICH will mit ihr reden, und das ist Grund genug für sie, ans Telefon zu kommen.« Genervt schüttelte sie den Kopf, sah Mattes an und zuckte hilflos mit den Schultern. »Meike ist nicht in der Schule«, flüsterte sie ihm zu. »Wenn ich mich nicht um alles selber kümmere! Du weißt gar nicht, wie gut du es hast. Kannst einfach stundenlang durch den Park rennen, ohne Verpflichtungen und ohne Termine. Dein Leben möchte ich haben!« Sie wandte sich wieder an ihr Telefon und sagte streng: »Godehard, ich möchte, dass du jetzt Meike ans Telefon holst!«

Mattes raunte ihr aufmunternd zu: »Stress verbrennt Kalorien«, und setzte sich mit Alex wieder in Bewegung. Die Runde um den See konnten sie noch schaffen, dann würde er schnell duschen und war rechtzeitig an seinem Schreibtisch. Von wegen keine Verpflichtungen und keine Termine.

In der Redaktion lag ein Stapel druckfrischer ›Hassos Herrchen – Finas Frauchen‹ auf dem Tisch, die letzte Ausgabe des langjährigen Heftes. Mattes blätterte ein Exemplar durch und guckte zunehmend angewidert auf die Artikel über Hundeplätze, Zuchtschauen und die Fotos, auf denen grinsende Züchterinnen ihre Welpen präsentierten. Die ›Westfalen-Stube‹ pries ihre neue Kegelbahn an, und die Futtermittelhandlung Brenner hatte Trockenfutter im Angebot. Ganz plötzlich war er sicher, dass die Entscheidung für eine Neuentwicklung die einzig richtige war. Das Heft musste raus aus dem örtlichen und viel zu provinziellen Umkreis und ein überregionales Produkt werden. Vor allem musste der Mief verschwinden. Alle kleinen Anzeigenkunden raus und nur noch große, exklusive und ausgewählte Anzeigen rein. Wer für eine kleine Schrottkarre wirbt, bekommt keine Porschekunden. Das würde die Hauptaufgabe für Nadine werden. Die Frage war nur, ob sie das packen würde.

Nadine guckte skeptisch, als Mattes ihr seinen Plan darlegte. »Du hast bisher die kleinen Werbekunden betreut, das machst du auch weiterhin, nur eben drei Ebenen höher«, erklärte er ihr.

»Aber wie soll ich an die rankommen?«, fragte sie zaghaft. »Die lachen doch, wenn ich sage, wofür das ist.«

Mattes beugte sich nach vorne: »Es ist nicht mehr ›Hasso

und Fina‹. Das neue Magazin ist modern und stylisch, und alle Kunden sollen es als Privileg sehen, in unserem Heft werben zu dürfen. Vor allem lachen sie nicht, wenn sie einen eigenen Hund haben, denn dann fühlen sie sich angesprochen und finden die Idee erst mal gut. Du musst über ihre Hunde an sie rankommen.«

»Aber woher weiß ich, ob sie einen Hund haben?«, wandte sie zögernd ein.

Mattes grinste: »Du wusstest doch auch, dass Saskia Hoffmann einen Hund hat. Sei einfach mal frech! Geh in eine Firma und sag, dass du mit dem Mitarbeiter sprechen möchtest, dessen Namen du leider nicht mehr weißt, der aber einen Hund hat. Sie werden dir alle Mitarbeiter aufzählen, die einen Hund haben. Dann such dir einen aus, erzähl meinetwegen, dass dein Hund den anderen gezwickt hat und du wegen des Schadens nachfragen willst, und schon spricht er mit dir.«

Nadine guckte ihn mit großen Augen an: »Aber ich hab doch gar keinen Hund!«

Mattes seufzte. »Natürlich nicht. Ist aber doch völlig egal. Es ist ja nur der Vorwand, um mit einem Hundebesitzer ins Gespräch zu kommen. Du stellst nach zwei Sätzen fest, dass es sich beim gezwickten Hund um einen anderen Hund handeln muss, aber der Fuß ist in der Tür. Dann einfach begeistert vom neuen Hundemagazin sprechen, dass man dort ganz wunderbar Werbung einsetzen kann und bis zu den richtigen Leuten durchfragen. Mehr als dich vor die Tür setzen können sie nicht.«

Nadine strich sich eine Haarsträhne aus dem Gesicht und sagte langsam: »Was ist, wenn es in der ganzen Firma keinen einzigen Hundebesitzer gibt?«

»Dann hast du einfach Pech gehabt und versuchst es woanders. Wir haben doch nichts zu verlieren.«

Mattes versuchte optimistisch zu bleiben, befürchtete aber schon, Nadine einen Verhaltenskatalog für alle eventuell auftretenden Situationen ausarbeiten zu müssen. Doch da hob sie den Kopf: »Gute Idee. Ich weiß auch schon, wo ich anfange. Ich kenne einen, der beim Tennisclub arbeitet.«

Mattes strahlte: »Dann sofort los! Häng dich dran! Hier hab ich auch noch eine Liste ausgedruckt mit potentiellen Werbekunden. Guck, ob du was herausfinden kannst.«

Sein Telefon klingelte, und er hörte Peter Plattlers Stimme grunzen: »Kannste mal rüberkommen?«, und dann sofort das Klicken des aufgelegten Hörers. Typisch. Kein Wort zu viel. Wahrscheinlich würde er ihm jetzt erklären, dass die Fotos aus dem Café nichts geworden sind. Kein Wunder. Die Ausrüstung hatte zwar für ihn als Laien recht professionell ausgesehen, aber mit einem Peter Plattler am Auslöser nützte wohl die beste Ausstattung nichts. Der hatte ja nicht mal einen Blitz benutzt. Mattes ärgerte sich plötzlich, dass ihm das nicht schon im Café aufgefallen war. Das wusste ja sogar er, dass gute Fotos nur mit dem richtigen Licht möglich waren. Mist. Wie sollte er das Saskia Hoffmann erklären? Ob er sofort einen Studiotermin bei einem richtigen Fotografen ausmachen sollte? Die Nikotinwolken in Peters Zimmer waren dick wie immer. Kein Wunder, dass bei dem alles verlangsamt war, wenn die Hirnzellen im Dunst arbeiten mussten. Mattes ließ die Tür auf, damit der Rauch nach draußen ziehen konnte.

Gereizt fragte er: »Wäre es nicht besser gewesen, wenn du einen Blitz verwendet hättest?«

»Häh?«, grunzte Peter Plattler fragend.

»Na, bei den Fotos von Saskia Hoffmann.«

Peter guckte ihn verwundert an und stieß aus: »Wie kommst du denn jetzt auf die Fotos? Ich will dir das Layout zeigen.«

Na klar. Und die Fotos gar nicht mehr erwähnen. Als wäre

er so blöd, die zu vergessen. Peter wies auf den Tisch, auf dem mehrere große Papierbögen den diversen Kleinkram darunter abdeckten. Für Mattes waren Layoutentwürfe nicht neu, darum verstand er sofort, was die grauen Textblöcke, die angedeuteten Überschriften und die anskizzierten Fotos zeigten. Er pfiff leise durch die Zähne. Wow! Das war bunt und hatte trotzdem einen dezenten Stil. Viel Luft um die Texte und Platz für großformatige Fotos. Interessiert blätterte er die verschiedenen Bögen durch.

»Das ist echt gut«, sagte er anerkennend.

Peter blies langsam Zigarettenrauch aus und meinte: »Wenn wir Hochglanzpapier hätten, wäre es edel. Ist leider zu teuer.«

»Das muss unbedingt auf Hochglanzpapier«, bestimmte Mattes. »Wenn wir ein Produkt der obersten Liga machen, dann gehört das dazu. Ich drehe das mit der Druckerei. Das ist, wie immer, Chefsache.«

Er zog grinsend die Augenbrauen hoch, da stockte er plötzlich in der Bewegung. Der Nikotinqualm hatte sich weitgehend verzogen und gab den Blick frei auf mehrere große Ausdrucke, die an der Wand hingen.

»Da sind ja die Fotos von Saskia Hoffmann«, rief er völlig überrascht aus. »Die sehen ja unglaublich aus!« Er ging näher heran und konnte es nicht fassen. Die waren nicht nur gut, die waren der Hammer.

Hinter sich hörte er Peter sagen: »Sie sind noch nicht alle fertig. Ich muss den Rest noch ausdrucken.«

Mattes blickte auf eine gelöst lächelnde Moderatorin, die durch weiches Sonnenlicht, das in Strahlen durch die seitliche Fensterscheibe fiel, sanft beleuchtet wurde. Es war eine zauberhafte Atmosphäre, die durch die zurückhaltenden Farben, einen leicht unscharfen Hintergrund und eine exakt auf die Augen eingestellte Schärfe erreicht wurde. In ihren Armen hielt sie ihren Hund, der pfiffig in die Kamera blickte. Sensationell.

»Und alles ohne Blitz«, sagte Mattes verwundert.

Peter schnaubte durch die Nase: »Blitz! Mit Blitz wird alles kalt und leblos. Da kriegste nur fette Schlagschatten. Blende auf und an der Schärfe schrauben. Man muss die Haut atmen sehen, nur dann ist es gut.«

Mattes sah ihn erstaunt an: »Du bist ja richtig poetisch. Vielleicht solltest du Artikel schreiben.«

Ein unfreundliches Schnauben ließ erkennen, dass Peter das nicht vorhatte. Egal. Wenn der solche Fotos machen konnte und einfach mal so ein geniales Layout präsentierte, war er der richtige Mann für das neue Magazin.

Nadine hing am Telefon, als er in ihr Büro guckte. Er gestikulierte, dass sie sich danach bei ihm melden solle, und sie nickte ihm zu. Leise schloss er die Tür und ging zu Frau Althoff, wo Mucki bei seinem Eintreten schrill bellend aufsprang.

»Das kann ja wohl nicht mehr daran liegen, dass ich ihm fremd bin«, stellte Mattes genervt fest. »Der sieht mich seit einer Woche täglich und müsste es langsam mal kapieren.«

Frau Althoff sah ihn feindlich an: »Er ist hochsensibel und reagiert auf jede Veränderung. Auch er muss sich an einen neuen Chefredakteur erst gewöhnen. Außerdem liegt es daran, wie Sie das Zimmer betreten.«

»WIE betrete ich das denn?«, fragte Mattes und zählte auf: »Ich mach die Tür auf und komm rein. Machen Sie das anders?« Er sah sie ernst an: »Frau Althoff, Ihr Hund nervt. Sie müssen den irgendwie ruhig kriegen. Auf Dauer geht das nicht, dass der ständig kläfft.«

Erschrocken blickte sie ihn an. Was war los? Der Hund nervte – warum sollte er es nicht sagen dürfen?

»Wenn Mucki gehen muss, gehe ich auch!«, brach es aus seiner Sekretärin heraus, und Mattes war erschrocken über die Ernsthaftigkeit, mit der sie es sagte. In was für ein Wespennest hatte er denn jetzt schon wieder gestochen?

»Ich habe ja gar nicht gesagt, dass er gehen muss. Aber haben Sie keinen, bei dem der Hund tagsüber bleiben kann?«, erkundigte er sich.

»Mein Mann kommt nicht mit ihm zurecht«, sagte sie knapp. Ah, sie hatte also tatsächlich einen Mann. Der Arme. Wahrscheinlich trug er eine elektronische Fußfessel, damit sie ihn stets unter Kontrolle hatte. Sie jeden Tag im Büro zu haben war an der Grenze des Erträglichen, aber sie abends und nachts zuhause um sich zu haben war für ihn nicht vorstellbar. Vermutlich würde der Mann hervorragend mit Mucki zurechtkommen, dachte Mattes, aber sie konnte nicht ertragen, die Oberaufsicht abzugeben. Die Tatsache, dass es einen Mann gab, der sich irgendwann unüberlegt an Gisela Althoff gebunden hatte, setzte Mattes zu. Die war doch niemals ein sanftes Reh gewesen, auf das man hätte reinfallen können. Die hatte ganz sicher schon als Kind bestimmt, wer im Sandkasten die Förmchen bekam, wer die Schaufeln wegräumen musste und wer Schaukelverbot hatte. Jetzt sah sie allerdings immer noch erschrocken aus.

Er wechselte das Thema: »Können wir Tina zu etwas Sinnvollerem einsetzen als zum Kopieren? Quasi Phase zwei in der Praktikantenausbildung.«

Frau Althoff guckte ihn skeptisch an: »Was haben Sie sich vorgestellt?«

»Telefonieren?«, fragte Mattes.

Er sah, dass die Althoff energisch den Kopf schüttelte: »Unmöglich!«

»Aber sie kann doch hier nicht nur Kaffee kochen und

Kopien ziehen. Warum haben wir sie, wenn wir sie nicht einsetzen können? Als Praktikantin soll sie etwas lernen.«

Die Althoff sah ihn an und sagte: »Sie ist nicht für uns hier, sondern für sich.«

Wieder eine Andeutung, die ihm nichts sagte.

»Was heißt ›für sich‹?«, fragte er nach.

Frau Althoff stand auf und ging an ihm vorbei zur Tür. »Tun Sie einfach so, als wäre sie nicht da. Tina ist voll beschäftigt und nicht für weitere Arbeiten einsetzbar.«

Mattes starrte ihr hinterher. Sie hatte einfach ihr Büro verlassen und ihn stehen gelassen. Mucki guckte ihn feindselig an und knurrte leise. Am besten wäre es, wenn er die Althoff zusammen mit ihrem Hund rauswarf. Das würde seine beiden größten Probleme gleichzeitig lösen. Es gab doch ganz andere Chefsekretärinnen, so langhaarige, nette junge Frauen, die ihre Chefs klasse fanden, die obersten drei Knöpfe ihrer Bluse offen ließen und ihnen mit endlos langen, übereinandergeschlagenen Beinen gegenübersaßen und Diktate entgegennahmen. Er dagegen hatte die Mädchenpensionats-Vorsteherin bekommen. Mit Autoritätspersonen hatte er schon immer seine Schwierigkeiten gehabt und war ihnen gerne aus dem Weg gegangen, und ausgerechnet so eine war jetzt seine persönliche Assistentin. Das Leben war grausam. Nadine kam in sein Büro: »Mein Bekannter nimmt mich heute Abend in den Tennisclub mit. Ich versuch' mal, an die Hundehalter ranzukommen und rauszufinden, bei welchen Firmen die sind.«

Das war ein Anfang. Nadine schien sich einsetzen zu wollen. Mattes bot ihr einen Stuhl an, und sie setzte sich ihm gegenüber an den Tisch.

Er erklärte: »Wir beide müssen uns Gedanken machen, was für Themen wir für das erste Heft realisieren können.«

Nadine sah ihn zweifelnd an: »Ich kann aber nicht ständig unterwegs sein, um Anzeigenkunden zu akquirieren, und gleichzeitig auch noch Artikel recherchieren und schreiben.«

»Doch, kannst du«, verlangte Mattes. »Wir müssen sofort mit der ersten Ausgabe reinhauen. Vergiss dein Privatleben, die nächsten drei Wochen gibt es nur das neue Magazin!«

Wenig begeistert guckte ihn Nadine an. »Da krieg ich Ärger mit meinem Freund.«

»Was ist wichtiger? Dein Freund oder dass wir ein Hochglanz-Premium-Magazin auf den Markt werfen?«, fragte Mattes und versuchte sie mitzureißen.

»Mein Freund«, entschied Nadine, ungewöhnlich forsch, sofort.

»Quatsch!«, widersprach Mattes. »Hör mal, du hast gerade die Gelegenheit, Redakteurin eines Nummer-Eins-Magazins zu werden. Das ist ein riesiger Karrieresprung von ›Hasso und Fina‹ zum Top-Hunde-Magazin. Dafür kann dein Freund doch auch mal ein paar Abende alleine zu Hause sitzen.«

Ihrem Gesicht konnte er ansehen, dass er sie noch kein Stück mitgerissen hatte.

»Wenn wir Erfolg haben, und da zweifle ich keine Sekunde dran, giltst du als Top-Redakteurin in der Szene. Du bist dann jung und schon ganz oben an der Spitze«, versuchte Mattes es erneut.

»Vielleicht will ich das gar nicht«, sagte Nadine ruhig.

Das brachte Mattes aus dem Konzept. Wenn sie nicht den Drang hatte, an die Spitze zu kommen, woher sollte sie ihre Motivation nehmen? Aber wenn Nadine nicht mitzog, die Althoff ständig alles boykottierte und Peter Plattler mal großartige Ideen hatte, sich dann aber auch wieder komplett verweigerte, konnten sie es nicht schaffen.

»Na, super«, sagte er. »Stellt doch mal euren Kopf an! Einmal kräftig Arbeit reingesteckt und das Ding läuft. Und wenn es einmal läuft, haben wir es doch wieder bequem. Es geht nur um das eine Heft!«

»Ich hab ja nicht gesagt, dass ich nicht mitmache, aber mir hat die Arbeit bei ›Hassos Herrchen – Finas Frauchen‹ gut gefallen. Von mir aus muss das jetzt nicht ein Premium-Magazin werden«, sagte Nadine abweisend.

Es gab Finder und Sucher, dachte Mattes, und er hatte eine natürliche Abneigung gegen Sucher, die sich anstrengten, um etwas zu erreichen. Aber es gab auch Sitzenbleiber. Nadines, die gar nichts wollten, und auf einmal fand er das noch viel schlimmer.

Nadine seufzte und legte dann einen Zeitungsabschnitt auf den Tisch.

»Das hab ich gestern gesehen. Auf dem Bild ist ein Hund mit einem brillantenbesetzten Halsband drauf. Ich hab gedacht, wir könnten vielleicht was über Luxus-Zubehör schreiben.«

»Aber klar«, sagte Mattes sofort. Vielleicht war Nadine gar kein Sitzenbleiber, sondern brauchte erst mal etwas Schwung und würde dann weiterlaufen.

»Informier dich, was es gibt an Halsbändern, Körbchen und wer weiß was für einen Mist. Da machen wir was draus. Aber nicht nur eine Fotostrecke, sondern auch einen informativen Artikel, ob so was sinnvoll oder vielleicht sogar schädlich ist. Außerdem werden wir an die Frage-Antwort-Rubrik gehen. Fürs erste Heft müssen wir uns die Fragen natürlich noch alle selber ausdenken. Wenn dir was dazu einfällt, lass es raus!«

Ihm fiel Astrid ein, die sich am Morgen mit den Nordic-Walking-Stöcken abgemüht hatte, und er rief spontan: »Und das Titelthema wird ›Abnehmen mit Hund‹. Alles über Joggen,

Wandern und Sportarten, bei denen der Hund beim Fitnessprogramm mitmachen kann.«

»Das ist interessant«, lächelte Nadine. Mattes lächelte zurück und dachte: Ich muss mich nicht nur selber voll reinhängen, ich muss auch meine Mitarbeiter anschubsen. Ihm wurde bewusst, dass die ganze Sache eine Menge Kraft kosten würde.

Sie hatten genau drei Wochen Zeit, bis sie ein völlig neu konzipiertes, mit Fotos und Artikeln gefülltes und mit ausgesuchten Werbekunden bestücktes Magazin in die Druckerei geben mussten. Sie waren zu dritt plus einer Sekretärin, die sich um den organisatorischen Kram kümmerte, plus einer Praktikantin, die nur zum Kaffeekochen und zu dubiosen Kopieraktionen eingesetzt werden konnte. Realistisch gesehen war das nicht zu schaffen. Aber Mattes hatte noch nie auf realistische Betrachtungen Wert gelegt. Er hatte Visionen. Und eine dieser Visionen war es, dass sie mit Minimalbesetzung und in Rekordzeit ein sensationelles Magazin auf den Markt werfen würden. Peter hatte doch schon gezeigt, dass er mit unerwartet guten Ideen und Entwürfen aufwarten konnte, wenn er freie Hand bekam und motiviert war, und auch Nadine zeigte plötzlich, dass sie noch so etwas wie einen eigenen Antrieb besaß. Ganz abgesehen von Frau Althoff, die sowieso unaufhaltsam und unbeirrbar voranlief und es bei ihr nur etwas undurchsichtig blieb, ob sein Weg und ihr Weg wirklich ein gemeinsames Ziel hatten. Er war endlich Chefredakteur, und er hatte keine Lust, den Job in einem Monat wieder los zu sein, weil seine Mitarbeiter nicht im gleichen Maße wie er motiviert und von der Idee überzeugt waren. Es war seine Chance, die sich ihm unerwartet in den Weg gelegt hatte, und er würde sie, verdammt noch mal, nicht einfach liegen lassen! Aber sie hatten nicht ein halbes Jahr Zeit, um gemeinsam auf Betriebstemperatur zu kommen.

»Komm mit«, sagte er zu Nadine, die gerade aufstehen und gehen wollte, und ging vor ihr her auf den Flur. Dort hielt er die Hände wie Trichter vor seinen Mund und rief: »Hey! Alle mal herkommen!« Das war vielleicht nicht das seriöse Chefverhalten, aber es funktionierte. Peter Plattler steckte einen Kopf aus seinem Zimmer, Frau Althoff kam mit empörtem Gesichtsausdruck um die Ecke gerauscht und hinter ihr her wackelte Tina, neugierig grinsend, in der Hand einen Stapel kopierter Blätter. Mattes machte eine beschwichtigende Geste: »Tut mir leid, dass ich so auf dem Flur brülle, aber es ist wichtig. Ehe wir uns falsch verstehen: In drei Wochen müssen wir ein hammermäßig gutes Magazin in die Druckerei geben, oder wir können alle unsere Sachen packen! Das heißt, dass ab jetzt alle Energie in das neue Heft fließen muss. Die Erstausgabe muss es bringen, nicht die zweite oder dritte danach. Ich erwarte von jedem, dass er alles gibt, und ich möchte, dass wir uns ab jetzt jeden Tag zu einer festen Zeit treffen und uns austauschen, was zu machen ist, was es für neue Ideen gibt und wo es vielleicht hakt. Zusammen schaffen wir das, ich glaube fest an uns! Bis jetzt läuft alles nach Plan.«

»Ach, es gibt einen Plan?«, fragte Frau Althoff spöttisch, und es war für jeden zu hören, dass sie vielleicht an den Weihnachtsmann glaubte, aber nie im Leben an einen Plan von Mattes Reuter.

Mattes sah sie fest an: »Natürlich. Ich mache das nicht zum ersten Mal, und Sie können davon ausgehen, dass ich genau weiß, was ich tue.«

Wow. Er hatte sie einfach angelogen, und erstaunlicherweise sah sie so aus, als ob sie ihm glauben würde. Zumindest in Ansätzen. Vermutlich würde sie nachher ihre Informanten zusammenscheißen, die sie nicht vollständig über seinen Lebenslauf unterrichtet hatten. Sollte sie sich ruhig mal austoben. Ihm war es egal. Wichtig war jetzt nur, dass er sich wirklich mal einen Plan überlegte. Er war flexibel, er war geistreich, und er war allen Situationen gewachsen. Das hatte er in den fast vierzig Jahren seines Lebens immer wieder gezeigt. Warum, zum Teufel, hatte er ausgerechnet hier das Gefühl, wild, aber völlig wirkungslos mit den Armen zu rudern und den Überblick zu verlieren?

Aus Giselas Althoffs Büro schrillte das Telefon bis in den Gang, und Mucki begann zu kläffen. Mattes wusste nicht, wen er in diesem Moment lieber abschießen würde, den durchgedrehten Hund, das schrill klingelnde Telefon oder die fürchterliche Althoff. Genervt sagte er: »Stellen Sie den Hund ab!«, und sah Frau Althoff nach, die in ihr Büro eilte. Er konnte an den Geräuschen erkennen, wie sie in die Hundekeksdose griff, zuerst ihren Prinzen ruhigstellte und sich dann am Telefon meldete. Nach einer Pause hörte er sie sagen: »Das tut mir leid. Herr Reuter ist auf Geschäftsreise und erst in der nächsten Woche wieder da. Ja, ich werde es ihm ausrichten.«

Auf dem Flur herrschte Stille, als sie langsam aus ihrem Büro trat. »Das war Dr. Steinle-Bergerhausen vom Verlag«, sagte sie. »Er möchte wissen, was es mit dem Monatsmagazin auf sich hat. Er hat vermutlich mit jemandem aus der Druckerei gesprochen. Ich habe gesagt, dass Herr Reuter erst in der nächsten Woche wieder da ist. So haben wir etwas Zeit gewonnen.«

Mattes sah sie stumm an.

»Scheiße!«, murmelte Peter, verschwand in seinem Zimmer und schlug laut die Tür hinter sich zu.

Gisela Althoff lehnte sich an den Türrahmen und sagte halblaut: »Ich habe gewusst, dass es Ärger gibt.«

Berrys Frauchen grinste ihm zu, als er ihr am nächsten Morgen mit Mina im Park entgegenkam.

»Haben Sie einen neuen Job, weil Sie jetzt oft morgens schon unterwegs sind?«, fragte sie.

Er nickte. Sollte er ihr sagen, was er machte? Ein joviales »Ich bin Chefredakteur« würde sie ziemlich beeindrucken. Aber dann müsste er sagen, bei welcher Zeitung, und ›Hassos Herrchen – Finas Frauchen‹ fand sie bestimmt nicht prickelnd. Mist, er musste dringend einen Namen für das Magazin finden, ehe noch mal so eine Chance vorbeiging.

»Ich schreibe«, umging er weiträumig den Gefahrenpunkt und hoffte, damit ebenfalls Punkte zu erzielen. Schreiben klang immer nach Pulitzer-Preis, sensibler Seele und tiefen Gedanken.

Bei Berrys Frauchen wohl nicht, denn sie fragte sofort interessiert nach: »Was denn? Comedy-Dialoge, Krimis oder Werbesprüche?«

»Weder noch«, setzte er weltmännisch an und warf lässig ein »Ich bin Journalist« hin.

»Aaah«, sagte Berrys Frauchen und hinter ihrer Stirn konnte er weitere Fragen erahnen. Das war ihr alles noch zu diffus. Zum Glück kamen Berry und Mina auf die Idee, quer über die Wiese zu rennen, und mussten laut zurückgerufen werden.

»Wie heißen Sie eigentlich?«, fragte Berrys Frauchen und lachte. »Für mich sind Sie immer der Mann mit der Mina.«

»Ich bin Mattes Reuter.«

»Dann schreiben Sie keine Bücher. Wenigstens keine erfolgreichen, sonst würde ich den Namen kennen. Ich bin nämlich Buchhändlerin. Beatrice Wagner«, stellte sie sich vor.

Endlich hatte Berrys Frauchen einen Namen. Sie rief Berry zu sich und leinte ihn an.

»Dann vielleicht bis morgen, Herr Reuter«, sagte sie, und er korrigierte: »Mattes.« Ein Versuch war es wert. Sie guckte hoch und lächelte.

»Bis morgen – Mattes.«

Bingo!

In der Redaktion hatte Nadine schon auf ihn gewartet.

»Ich habe jetzt Kontakt zum ›Royal Dogs Club‹, ein sehr elitärer Club, der ganz neue Wege geht. Da kommt nicht jeder rein. Die Hunde müssen in ihrem Stammbaum einen Verwandtschaftsgrad zu einem Hund eines europäischen Königshauses nachweisen können. Total abgedreht. Das wäre was für einen Artikel. Die sitzen aber in Hamburg.«

Mattes ließ sich die Unterlagen reichen und überflog sie.

»Das sieht gut aus. Sind die einverstanden, dass wir einen Bericht über sie machen?«

Nadine strahlte zufrieden: »Ja, du kannst vorbeikommen.«

»Ruf an, mach einen Termin aus, und dann soll die Althoff Flüge für mich und Peter buchen. Gut gemacht. Wie war es im Tennisclub? Hast du dich an jemanden ranmachen können?«

Ihre Augen blitzten: »Ging ganz einfach. Ich hab mir einen Cocktail geholt, bin durch den Laden geschlendert und hab immer erzählt, ich hätte mir einen Welpen geholt. Die Hundebesitzer sind sofort drauf angesprungen, und dann habe ich ihnen vom neuen Magazin erzählt und dass ich kaum hinterherkäme, weil die Werbekunden total wild auf die Seiten sind. Und dass wir aber nur exklusive Kunden nehmen können, weil die Leser exklusiv sind. Ich habe jetzt drei Leute, die unbedingt einen Termin mit mir ausmachen wollen. Der eine ist von der Deutschen Bank, der andere hat irgendwelche dicken Autos, die er verleiht, und einer ist Vorstand im Golfclub.«

Treuherzig sah sie Mattes an: »Dem Chef von der Bäckerei

Günther und so 'nem Typen, der anbot, wir können in seiner Disco plakatieren, habe ich abgesagt. War das O.k.?«

»Perfekt!«, grinste Mattes. Die kleine graue Maus überraschte ihn. Respekt. Sie war auf der richtigen Spur und schien hartnäckig zu sein. Vielleicht war es gerade von Vorteil, dass sie harmlos und unauffällig aussah und die dicken Fische ihr gar nicht zutrauten, dass sie auf der gezielten Suche nach passenden Werbekunden eine echte Schwindlerin war.

Für ihn wurde es Zeit, an die Frage-Rubrik zu gehen. Vielleicht sollte er sich jetzt schon einschlägige Hunderatgeber im Buchhandel besorgen, ehe er an die Antworten zu komplizierten Fragen ging, überlegte er.

Ihm fiel Tante Thea ein, die ihren Arco nicht verstanden hatte. Warum hatte sie nie kapiert, dass Arco auf ihre Handlungen reagierte und sie sich nur anders hätte verhalten müssen, um einen netten Hund zu haben? Naja, gut, sie hatte auch das Verhalten ihres Mannes nicht verstanden, aber der hatte zumindest nie mit gefletschten Zähnen unter der Küchenbank gesessen und sie bedroht. Mattes musste lachen, als er sich seinen Unterhemd tragenden Onkel geifernd unter der Bank vorstellte. Mit Arco dagegen führte Tante Thea offene Machtkämpfe. Sie wusste, dass er ausrastete, wenn sie ihm einen Knochen wegnehmen wollte, und trotzdem gab sie ihm immer wieder die größten Exemplare, die er besonders erbittert verteidigte.

Als Junge hatte er danebengestanden, wenn es Tante Thea darum ging, den abgenagten Knochen von Arco zurückzuerobern. Es waren nervenaufreibende und hochspannende Kämpfe gewesen, bei denen am Ende immer Tante Thea gewann. Arco zog sich mit seinem Knochen immer auf den strategisch günstigen Platz unter der Kücheneckbank zurück. An zwei Seiten schützten ihn Wände, die beiden schmalen offenen

Seiten der Eckbank waren von ihm aus überschaubar und gut zu verteidigen. Schon wenn Tante Thea zu nahe kam, knurrte er tief grollend los. Sobald sie Anstalten machte, an seinen Knochen zu gelangen, wurde er zum erbitterten Beschützer seines Eigentums. Stöhnend rückte sie die quietschenden und polternden Stühle und sogar den Tisch weg und stocherte dann mit einem Besen unter der Küchenbank herum, um an Arco vorbei an den Knochen zu kommen. Dabei knirschte sie erbittert »Du verfluchter Sauhund!«, und ließ weitere Bemerkungen los, für die Mattes in der Schule zumindest dickes Nachsitzen bekommen hätte. Während dieser Aktion knurrte Arco drohend und gab ihr zu verstehen, dass er sofort zubeißen würde, wenn er sie irgendwo erwischen würde. Ersatzweise verbiss er sich aggressiv in den Besen. Mattes hielt sich in sicherer Entfernung auf und beobachtete die sich immer wiederholende Szene mit gruseligem Schauern.

Warum versuchte Tante Thea, mit Gewalt an den Knochen zu kommen? Wieso warf sie nicht einfach ein Stück Wurst in den Flur, schlug die Tür hinter Arco zu, wenn der dorthin gerannt war, und angelte dann in aller Ruhe den Knochen unter der Bank hervor? Seinen Vorschlag, ein Seil an den Knochen zu binden und ihn einfach wegzuziehen, wenn sie ihn wiederhaben wollte, hatte sie als Kinderkram abgewunken. Mattes musste lachen. Damals war ihm zwar schon klar gewesen, dass die Mitglieder seiner Familie alle völlig bescheuert waren, aber einen Rest von Respekt hatte er ihnen zugestanden, weil sie Erwachsene waren und damit in einer anderen, für ihn oft unverständlichen Welt lebten. Er hatte nicht gewusst, warum sie sich so blöd verhielten, aber er hatte insgeheim gehofft, dass ein Sinn hinter ihren Handlungen lag, der sich ihm später, wenn er ebenfalls erwachsen war, erschließen würde. Heute vermutete er, dass Tante Thea damals genau diese Kämpfe haben wollte. Arco lag vielleicht stellvertretend für Onkel Günther unter der Küchenbank, und endlich war mal was los in der Beziehung. Auch Machtkämpfe waren eine Form der Kommunikation. Es war Tante Thea nicht um eine friedliche Behebung der Situation gegangen, sondern um den Kampf, aus dem sie immer als Siegerin kam. Es war ihr persönlicher Triumph, den Knochen wiedererobert zu haben. Jedes Mal.

Wenn Mattes zurückdachte, fiel ihm auf, wie spannend er alles gefunden und wie aufmerksam er es beobachtet hatte. Und nicht nur beobachtet, sondern er hatte auch versucht, Erklärungen zu finden. Schon damals war er sicher, dass Tante Thea die Ursache für den Stress war und dass sie Arco auf irgendeine Weise unbewusst dressiert hatte, damit er genauso wild wurde, wie sie das wollte. Dass sie ihn dann zwar »Sauhund« nannte, ihn aber trotzdem mehr liebte als jeden Menschen um sich herum. Sie hatte ihn dressiert, so wie er im Teenageralter Snoopy, dem kleinen Spitz-Mischling seiner Tante Gerlinde, kleine Kunststückchen beigebracht hatte. Es war ganz leicht gewesen. Er hatte einfache Kommandos gegeben, beim richtigen Verhalten eine kleine Belohnung hervorgezogen, und der völlig unerzogene Snoopy war plötzlich in der Lage, aufmerksam zuzuhören und auf Kommandos zu reagieren. Er tat mit sichtlicher Freude am gemeinsamen Spiel, was Mattes ihm sagte, während er sich sonst nach Belieben selbständig machte und freiheitsliebend durch die Gegend zog. Aber im Gegensatz zu Tante Thea hatte Tante Gerlinde nie das Bedürfnis gehabt, Machtkämpfe durchzuführen. Sie war ebenso freiheitsliebend wie ihr Hund und ließ ihn lachend machen. »Ach, der kommt schon zurück«, rief sie unbesorgt, wenn er mal wieder verschwunden war. Das war bei ihr allerdings nicht ganz unproblematisch, denn manchmal fuhr sie mit ihrem Mann, der Rheinschiffer war, den Fluss entlang, und sie hatten sogar einmal zwei Tage länger in Antwerpen liegen bleiben müssen, weil Snoopy im Hafen an Land gesprungen und verschwunden war.

Wahrscheinlich hatte Mattes später, als er Mina bekam, keine Probleme mit ihr bekommen, weil er so viel falsches Verhalten beobachtet hatte, dass ihm klar war, was er vermeiden musste. War es darum jetzt wirklich nötig, dass er sich irgendwelche Hundebücher zulegte, um dort Antworten für die Fragerubrik zu finden, wenn ihm selber sofort auffiel, wo das Problem liegen könnte? Vielleicht saß er nicht zufällig in einer Hunde-Redaktion, sondern im tiefen Unterbewusstsein hatte ihn etwas gedrängt. Er fand Hunde interessanter als alle anderen Tiere. Und er würde ein richtig gutes Magazin machen. Nicht nur Hochglanz im Papier, sondern auch im Inhalt. Und mit dem neuen Namen würde es anfangen. Der war entscheidend. Mattes nahm ein Blatt Papier und schrieb groß ›Hassos Herrchen – Finas Frauchen‹ drauf und strich den Namen mit kräftigen Bewegungen aus. So. Weg. Verschwunden aus dem Zeitschriftenmarkt. Die Welt war reif für das neue Magazin. Jetzt musste ihm nur noch ein guter Name einfallen.

Nach zehn Minuten gab er auf. Namen mussten spontan kommen, sonst waren sie verkrampft. Außerdem war er Finder und bekam Eingebungen, die ihm plötzlich zuflogen. Das war nicht nur lässiger und treffend im Ergebnis, das hatte auch den Vorteil, dass vorher nicht so viel Zeit mit langwierigem Überlegen draufging.

Sein Magen meldete sich, er hatte noch nicht mal gefrühstückt, und da es Zeit für eine Pause war, rief er Mina und ging los. Kurz beim Bäcker vorbei, wo es belegte Brötchen gab, und dann in den Park, wo er inzwischen seine mittägliche Standardrunde lief. Mina hatte zunächst größtes Interesse an der raschelnden Brötchentüte, gab aber auf, als sie merkte, dass sie nichts bekam und es stattdessen andere Hunde im Park gab. Schon nach kurzer Zeit stand Mattes mit zwei weiteren Menschen auf dem Weg, und sie sahen ihren spielenden Hunden zu. Wie immer gab es sofort Geschichten über die Hunde zu hören, und Mattes erfuhr, dass Carlos, wenn er einen Augenblick unbeaufsichtigt war, gerne Wurstscheiben vom Tisch klaute und danach mit ganz süßem unschuldigen Gesichtsausdruck auf seiner Decke lag, als ob nichts geschehen wäre, und dass der kleine Benni alle Leute, außer dem Opa, in die Wohnung lassen würde. Den Opa knurre er leider so heftig an, dass alle Sorge hatten, er würde mal zubeißen, und darum würden Familientreffen jetzt ohne Opa oder ohne Benni stattfinden. Mattes fiel sofort die Fragerubrik ein. Das waren doch schon zwei Themen, die passen würden.

»Macht ihr irgendwas dagegen, dass Carlos Wurst klaut und dass Benni den Opa anknurrt, oder lebt ihr gut damit?«, fragte er freundlich.

Carlos Halterin guckte ihn an, als wäre sie nie auf den Gedanken gekommen, etwas zu ändern.

»Nö«, sagte sie dann. »Ist doch ganz süß, wenn er dann auf seiner Decke liegt und so unschuldig tut.«

Bennis Frauchen zögerte etwas und gab dann zu: »Es ist schon nervig, und der Opa tut mir leid, aber sonst ist der Benni immer ganz lieb. Eigentlich mag der alle Leute.«

Mattes fragte: »Noch nie auf den Gedanken gekommen, mal den Grund rauszufinden und was zu ändern?«

Ein kühler Blick traf ihn, und Bennis Halterin sagte spitz: »Ich kenne mich mit Hunden sehr gut aus, und das Problem ist nicht Benni, sondern der Opa. Der hat was, das Benni nicht mag. Hunde verhalten sich so, wie es die Natur verlangt, und das ist ein Instinktproblem.«

»Ah, ein Instinktproblem«, wiederholte Mattes amüsiert und folgerte: »Aber es ist immerhin ein Problem.«

Zischend stellte sie klar: »Ich habe kein Problem mit meinem Hund« und rief: »Benni, komm her! Benniiii!«, was Benni in keiner Weise von seinem Toben mit den beiden anderen Hunden ablenkte.

Mattes grinste still vor sich hin, was ihr natürlich nicht verborgen blieb und sie zu einem wütenden: »Eigentlich hört er gut!« veranlasste.

Das Wort Probleme ist problematisch, dachte Mattes. Da musste er womöglich sensibler rangehen und nicht gleich mit der Tür ins Haus fallen. Es durfte höchstens problematische Situationen geben, aber keine Halter, die Probleme mit ihrem Hund hatten. Bei Benni sah er ein echtes Problem, im Gegensatz zum wurstklauenden Carlos. Wenn dessen Frauchen das süß fand, störte es niemanden und alle waren glücklich.

Kaum betrat er mit Mina die Redaktion, schoss ihnen bellend Mucki entgegen, und aus der offenen Bürotür lief Frau Althoff hinterher, die ihren Hund mit einem Hundekuchen lockte und damit nach einigen Versuchen auch ruhigstellen konnte.

»Sie stürmen hier aber auch immer rein«, stellte sie anklagend fest und gab damit die ganze Schuld am lautstarken Aufruhr an Mattes und Mina weiter.

»Von Stürmen kann gar keine Rede sein«, sagte Mattes und wies auf Mina, die ruhig neben ihm stand. »Bei Ihrem Mucki tickt was nicht richtig.«

Ein strafender Blick traf ihn, und sie sagte vorwurfsvoll: »Hoffentlich hat er das jetzt nicht gehört.«

Mattes guckte sie prüfend an. Meinte sie das ernst? Aber schon hatte sie sich umgedreht, winkte Mattes ihr zu folgen und betrat ihr Büro. Sie reichte ihm einen Zettel und erklärte:

»Sie fliegen am Montagmorgen um 8:40 Uhr nach Hamburg zum Hundeclub, der Rückflug ist um 14:10 Uhr. Herr Plattler kommt aus Dresden dazu, wo er am Tag zuvor Fotos vom Treffen der Husky-Vereine macht.«

Mattes griff zum Telefon, das auf dem peinlichst aufgeräumten Tisch seiner Sekretärin stand, und wählte Astrids Nummer.

»Ich muss schnell was absprechen«, erklärte er, dann hob am anderen Ende schon Astrid ab.

»Hier ist Mattes. Könntest du am Montag Mina übernehmen? Ich muss weg, bin aber abends wieder da.«

»Nur, wenn es nicht regnet«, erklärte Astrid sofort.

»Woher soll ich wissen, ob es in fünf Tagen regnet? Bin ich vom Wetteramt?«, fragte Mattes.

»Dein Hund stinkt, wenn er nass ist. Das kannst du vergessen, dass ich mir dann von dem Köter die Bude unbewohnbar machen lasse!«

Mattes seufzte genervt: »Stell dich nicht so an! Wenn du wirklich was riechst, bringst du Mina in meine Wohnung, und sie wartet da.«

»Ich stell mich nicht an«, widersprach Astrid spitz. »Außerdem rieche ich deinen Hund auch, wenn er trocken ist. Die Viecher stinken immer. Ihr Hundehalter müsst alle kaputte Geruchsnerven haben.«

»Du hast, wie immer, recht. Danke, dass du sie nimmst«, beendete Mattes das Gespräch, doch Astrid unterbrach: »Von wo rufst du eigentlich an?«

»Ich bin mit dem Handy unterwegs«, versuchte Mattes betont belanglos abzulenken.

»Unsinn, das ist eine Festnetznummer, die ich auf dem Display sehe.«

Scheiße! Dass er daran nicht gedacht hatte. Jetzt hatte Astrid die Nummer der Redaktion. Hilfe!

Er hörte sie leise lachen. »Bist du bei deiner Freundin? Ich wusste doch, dass da was ist. Hoffentlich hat wenigstens sie Arbeit, oder hängt ihr jetzt immer beide rum?«

»Nein, es ist keine Freundin«, sagte Mattes und versuchte das Bild der Althoff aus dem Kopf zu bekommen, die an dieses Telefon ging, wenn Astrid die Nummer wählen würde.

»Es ist ein ... äh ... Kunde. Ob du es glaubst oder nicht, ich arbeite. Und am Montag muss ich darum nach Hamburg fliegen.«

Astrid konterte sofort: »Fährt sie mit? Was macht ihr? Shoppen oder Essen gehen? Ist ein bisschen teuer für euch, mal eben so nach Hamburg, oder?«

»Du hast sie ja nicht mehr alle«, reagierte Mattes genervt. »Komm, Astrid, bitte, quatsch Godehard zu, wenn du jemanden brauchst, aber lass mich in Ruhe! Ich lass Mina am Montag in meiner Wohnung, und du kannst sie zum Spazierengehen abholen. Wenn sie stinkt, hör einfach auf zu atmen. Bis abends wirst du das durchhalten.«

Astrid klang nicht beleidigt, sondern flötete ins Telefon: »Danach möchte ich sie kennenlernen!«

Mattes dachte an die Althoff und grinste abschließend: »Nein, das möchtest du nicht!« Er legte den Hörer auf und sah Frau Althoff an, die ihm unbewegt zugehört hatte: »Das war meine Schwester, und es kann sein, dass sie hier anruft und Sie ...«, es fiel ihm schwer, es auszusprechen, »... Sie für meine Freundin hält«, ergänzte er mühsam. Die Althoff'schen Augenbrauen hoben sich und ein amüsierter Blick traf ihn. Sie nahm es tatsächlich mit Humor, falls sie so etwas hatte. Oder sie heckte einen teuflischen Plan aus. Die zweite Möglichkeit erschien ihm fast wahrscheinlicher. Spontan versuchte er, sie zu überrumpeln: »Was kopiert eigentlich Tina den ganzen Tag?« Wenn er gerade bei den teuflischen Plänen war, konnte er auch versuchen, hinter ihre geheimen Machenschaften zu kommen.

»Unterlagen«, antwortete die Althoff knapp.

Mattes versuchte ebenso knapp zu bleiben: »Warum?«

»Um nicht mit den Originalen zu arbeiten.«

Ah, jetzt kamen sie der Sache schon näher.

»Wofür?«, fragte er.

Sie sah ihn fest an: »Sie müssen geordnet werden.«

»Aber sind sie das nicht?«

»Doch.«

Er wurde noch wahnsinnig. Konnte diese blöde Kuh ihm nicht einfach sagen, was mit den Kopien geschah, an welchen Geheimdienst sie geliefert wurden und wer hier Doppelagent war? Heftig schlug er mit der flachen Hand auf den Tisch, und Mucki schoss aufgeschreckt hoch und bellte hysterisch.

»Jetzt haben Sie ihn geweckt!«, klagte Frau Althoff vorwurfsvoll. »Er hatte gerade so schön geschlafen.« Sie beugte sich zu ihrem Hund hinunter und versuchte ihn zu beruhigen, während Mattes kopfschüttelnd das Büro verließ.

In seinem Büro setzte er sich hin und begann mit der Fragerubrik. Überschrift: »Ich hätt' da mal 'ne Frage…« Ja, das war gut. Kannte er jemanden, der die Antworten mit fundierter fachlicher Ausbildung übernehmen konnte? Nein. Gab es überhaupt eine fundierte, fachliche Ausbildung in Hundefragen? Vermutlich nicht. Es blieb ihm also wirklich nichts anderes übrig, als selber der Hundeexperte zu werden. Dass er das nicht unter seinem eigenen Namen machen könnte, war selbstverständlich. Das fehlte noch. Für seine berufliche Laufbahn war es etwas ganz anderes, ob er sich als Chefredakteur zufällig mit Hunden beschäftigte oder ob er dort die Kummerkastentante war. Neben ihm gähnte Mina auf ihrer Decke und legte den Kopf schläfrig auf die Vorderpfoten. Fragen Sie Mina

Reuter!, ging es Mattes durch den Kopf. Das war es! Und damit der Bezug zu ihm nicht so deutlich war, würde er den Namen anonymisieren. Mina R. Das klang von ganz alleine nach einer Expertin. Und sie war im wörtlichen Sinne eine Hunde-Expertin. Momentan ziemlich schläfrig, aber in Hundefragen extrem kompetent. Er lachte: »Mit dir haben wir dann ein Redaktionsmitglied mehr. Ich hoffe, die Althoff kriegt dich auf der Gehaltsliste unter.« Schnell schrieb er ein paar mögliche Fragen auf einen Zettel und überlegte seine Antworten dazu. Nicht alles konnte kurz und knapp beantwortet werden. Vielleicht sollten sie die Rubrik noch ausführlicher anlegen, um wirklich kompetent antworten zu können.

Er sprang auf und ging mit seinem Zettel in die Grafikabteilung, in der Peter mit qualmender Zigarette über dem Schreibtisch hing und erfolgreich damit beschäftigt war, alle Papiere, Layoutentwürfe und Fotoausdrucke mit Nikotingeruch durchdringen zu lassen. »Ich hätt' da mal 'ne Frage…«, sagte Mattes und warf ihm den Zettel auf den Tisch. »Kannst du dir ein Layout dazu überlegen? Das soll etwa vier bis sechs Seiten lang werden mit Fragen und ausführlichen Antworten.«

Peter guckte sich den Zettel an und fragte mürrisch: »Wer macht das? Du?«

»Ja«, sagte Mattes und konnte nicht unterlassen hinzuzufügen: »Zusammen mit einer Hundeexpertin. Mina R. wird die Rubrik betreuen.«

Peter überlegte einen kurzen Moment und sah ihn dann an: »Doch nicht deine Mina?«

»Das ist die einzige Hundeexpertin, die ich kenne«, grinste Mattes.

Peter schnaubte lachend: »Die Althoff kriegt einen Schlag!«

Er griff nach einem leeren Blatt Papier und zeichnete mit schnellen Bewegungen einige Vierecke und senkrechte Striche darauf. Mattes sah ihm dabei zu und fragte plötzlich ernst: »Was hältst du von der Idee?«

Peter ließ den Stift sinken und guckte hoch. »Du willst wirklich meine Meinung dazu hören?«

»Ja.«

Ihre Blicke trafen sich, und einen Augenblick lang blieb es still.

Dann zogen sich Peters Mundwinkel zu einem Lächeln nach oben, und er nickte bestätigend: »Es ist gut.«

Mattes kamen die drei Wörter wie eine hohe Auszeichnung vor. Sein wortkarger, anscheinend von nichts in der Redaktion zu begeisternder Grafiker fand etwas gut. Dann war es das auch.

Peter klopfte mit dem Stift auf seine gemalten Vierecke und hatte schon genaue Vorstellungen: »Wir machen es dreispaltig. Hier oben immer fett die Frage rein, dann die Antwort darunter. Hier an der Seite ist Platz für Fotos, aber nicht zu viele, sonst erdrückt es alles. Die Farben müssen ganz dezent sein, nur in diesem Streifen darf es knallen. Ich bau dir ein Hammer-Layout.«

Er grinste immer noch, schüttelte verwundert den Kopf und sagte anerkennend: »Mina R. – du kommst auf Ideen.«

»Wenn wir uns weiterhin mit unseren Ideen so ergänzen, werden wir das perfekte Team«, lachte Mattes und freute sich unbändig.

Peter lehnte sich in seinem Stuhl zurück, holte aus der Hemdtasche ein Päckchen mit Tabak und drehte sich eine neue Zigarette. Während er den Tabak sorgfältig verteilte, fragte er mit halblauter Stimme: »Hör mal, hast du eigentlich was gegen das Vieh von der Althoff?«

Mattes zögerte kurz, nickte dann aber seufzend: »Ja.«

»Dann setze es ein!«, rief Peter und entschuldigte sich:

»Sorry, lahmer Witz, aber die Töle macht mich endgültig wahnsinnig. Und wenn dann die Alte noch ständig mit so 'ner hohen Stimme auf sie einquatscht…« Er stöhnte: »Boah, ich dreh bald durch!«

»Ich werde mit der Althoff reden«, versprach Mattes.

Peter schnaubte: »Mit der reden? Da kannste dich besser mit der Wand unterhalten. Aber ich sag's dir, wenn ich das süße kleine Muckilein mal alleine erwische, ist es verschwunden.«

Er zündete seine Zigarette an, nahm einen tiefen Zug und blies die Rauchwolke mit einem Stoß aus. Mattes verzog das Gesicht:

»Wie wär's bei dir denn mal mit weniger Nikotin?«

Peter lehnte sich in seinem Stuhl zurück, hob ein Bein und legte es lässig auf der Schreibtischkante ab. Er grinste: »Ich hör auf, sobald die Althoff ihren Köter abgeschafft hat, versprochen.«

Frau Althoff lief gerade über den Flur, als Mattes sie sah und in sein Büro bat. »Es geht um Mucki«, begann er sofort und ohne langes Drumherumreden. »Das ständige Gekläffe ist auf Dauer nicht zumutbar. Wir wollen hier alle konzentriert arbeiten, und Ihr Hund scheint sich nicht an uns gewöhnen zu können. Gibt es nicht doch eine Lösung, dass er während Ihrer Arbeitszeit woanders gut aufgehoben ist?« Er hatte damit gerechnet, dass Frau Althoff entsetzt in die Luft gehen würde, aber diesmal blieb sie mit hängenden Schultern sitzen. War es ein Trick oder war sie wirklich am Ende ihrer Widerspruchs-Energie?

Sie holte tief Luft und blickte ihn an: »Wissen Sie, dass ich mehrere Sprachen fließend spreche, beruflich simultan bei weltweiten Konferenzen übersetzt habe und jahrelang Vorstandssekretärin in einem internationalen Konzern war? Ich bin mehr als überqualifiziert für meine Tätigkeit in dieser Redaktion.«

Mattes sah sie stumm an. War das jetzt ein großes Ablenkungsmanöver? Sie fuhr fort: »Ich habe vor vier Jahren meinen mehr als gut bezahlten Job, den ich mit großer Hingabe ausgeführt habe, aufgegeben, weil ich Mucki bekam. Ein kleines Fellbündel, das jemand halb verhungert in einer Kiste auf der Eingangstreppe gefunden hatte. Ich habe ihn aufgepäppelt und mich vermutlich weit mehr um ihn gekümmert, als ich es hätte tun sollen, jedenfalls ist er mir ans Herz gewachsen. Schon als Kind hatte ich nie einen größeren Wunsch, als einen eigenen Hund zu haben. Mucki ist mein Ein und Alles. Als die Vorstandsleitung mir nahelegte, den Hund abzugeben, weil sie ihn nicht mehr im Büro haben wollten und ich ihn auf den Reisen nicht mitnehmen konnte, habe ich gekündigt. Es war keine Frage für mich, was mir mehr wert ist. Ein ganzes Jahr lang habe ich nach einer neuen Stelle gesucht, bei der ich ihn im Büro dabeihaben darf. Wie oft ich ›Wir würden Sie gerne bei uns haben, aber mit Ihrem Hund, das geht nicht‹ gehört habe, kann ich gar nicht mehr sagen. Bei ›Hassos Herrchen – Finas Frauchen‹ hatte niemand etwas gegen Mucki.«

Sie lächelte verlegen: »Mein Mann ist wirklich nett, aber wenn ich den ganzen Tag mit ihm im Wohnzimmer sitze und nichts zu tun habe, fühle ich, dass dies für uns beide nicht richtig sein kann. Besonders, nachdem ich ein so abwechslungsreiches Berufsleben mit vielen Reisen geführt habe.«

Nebenan hörten sie Mucki kläffen und beide lauschten, ohne ein Wort zu sagen. Frau Althoff stand auf und verließ leise Mattes Büro. Beide wussten in diesem Moment, dass Mucki bleiben durfte, auch wenn es keiner ausgesprochen hatte.

Als sie das Zimmer verlassen hatte, überlegte Mattes, ob sich ihre vielen Fähigkeiten nicht besser einsetzen lassen könnten. Aber was sollte sie simultan übersetzen? Und wollte er sie wirklich auf Reisen dabeihaben? Ganz klar nein. Seufzend lehnte er sich in seinem Sessel zurück und schloss die Augen. Das nächste Problem stand vor ihm. In einer Stunde hatten sie Redaktionskonferenz, in der der neue Name des Magazins festgelegt werden sollte. Bisher war ihm keine Idee vor die Füße gefallen, dabei hatte er doch wirklich ausgiebig gewartet. Er musste jetzt tatsächlich selber auf die Suche gehen und einen Namen finden. Das hieß aber auf keinen Fall, dass er spießig und unflexibel wurde. Es war nur, weil die Zeit drängte und seine Chance, die ihm die Ideen vor die Füße warf, sich vertrödelt hatte.

Eine knappe Stunde später sprang er vom Sessel hoch, ballte triumphierend die Faust und murmelte: »Wer sagt's denn!« Er, Mattes Reuter, der geniale Finder, konnte auch zum Sucher werden, wenn die Zeit drängte. Dann suchte er die Umgebung eben mal etwas aktiver ab und fand trotzdem die Ideen, an denen andere einfach vorbeigelaufen wären.

Kaum saßen die wenigen Redaktionsmitarbeiter um den Tisch herum, platzte Mattes mit der neuen Meldung heraus. »›Hassos Herrchen – Finas Frauchen‹ ist tot. Endgültig. Neu entstanden und in spätestens drei Wochen in der Top Ten der Magazine, ist…«, er machte eine bedeutungsvolle Pause und blickte in angespannte Gesichter. Langsam formte er die Lippen und sagte betont lässig: »… ›Doggy-Style‹!«

Peter Plattler prustete los, bekam einen Hustenanfall, der hörbar die Schlacken aus der Lunge löste, rollte sich seitlich vom Stuhl und verließ röchelnd und laut lachend das Zimmer. Tina starrte ihm verwundert hinterher und sah danach ihren Chefredakteur mit kullerrunden Augen an.

»Cooool«, flüsterte sie. »Doggy hört sich voll süß an, und Style ist total stylisch.«

Nadine guckte erstaunt, notierte sich den Namen säuberlich auf ihrem Notizblock und schien zu überlegen, ob sie sich verhört hatte und alles vielleicht ganz anders war. Außerdem war sie nicht der Typ für schnelle Reaktionen.

Frau Althoff war bewegungslos sitzen geblieben. Mattes versuchte ihrem stahlharten, auf ihn gerichteten Blick auszuweichen. Er tat so, als müsse er dringend seine Papiere ordnen, gab dann aber auf und sah sie an. Der Strahl, der aus ihren Augen in seine traf, war vernichtend. Er versuchte emotionslos zurückzugucken, wusste aber, dass er keine Chance hatte. Niemand konnte so vernichtend blicken wie Gisela Althoff.

Leise sagte sie, während sie ihn weiterhin unverwandt anstarrte: »Das ist nicht Ihr Ernst.«

»Doch.«

Seine Stimme klang kläglicher, als er es vorhatte. Er räusperte sich. »Der Name hat mit Hunden zu tun und mit …«

Kleine Schweißperlen suchten Ausgänge in der Haut und erschienen auf seiner Stirn. Mist. Er war doch der Chef.

»Mit Hunden und mit stylisch, äh, mit Stil«, versuchte er es erneut. Was war nur los? Ihr Blick zwang ihn in die Knie.

Tina beobachtete interessiert, wie er unsicher wurde.

»Sehen Sie mal«, versuchte er es mit einer Erklärung. »Wir wollen ja nicht mehr ein Provinz-Blatt für den Hundeverein machen, sondern ein modernes, stylisches Produkt. Es muss cool sein und es muss … es wird …«

Er brach ab, denn Frau Althoff stand auf und ging zur Tür. Sie drehte sich noch einmal um, warf ihm einen langen Blick zu und sagte: »Vergessen Sie's!«

Hinter ihr schlug die Tür zu.

Er guckte Tina an, die ihn anlächelte und piepste: »Also, ich find's cool.« Dann trat Stille ein. Mit knappen Worten erklärte Mattes die Konferenz für beendet und sah zu, wie Nadine und Tina das Büro verließen. Er blieb alleine zurück. Nebenan hörte er Schubladen auf- und zugehen. Es waren Geräusche, als ob

Frau Althoff die Schränke leer räumte. Siedendheiß überkam ihn die Erkenntnis, dass sie ging. Sie packte ihre Sachen. Trotz seiner stummen Zusicherung, dass Mucki bleiben konnte, verließ sie das sinkende Schiff. Mit anderen Worten: Noch bevor die Doggy-Style in See stach, ging der Steuermann von Bord.

Zur ersten Erleichterung, ihrem Blick und ihrer Macht nicht mehr ausgeliefert zu sein, kam die Panik. Ohne die Althoff war hier gar nichts zu machen. Bis er eine neue, einigermaßen fähige Sekretärin gefunden und die sich eingearbeitet hatte, war das Magazin am Ende. Sein Job hörte auf, ehe er richtig begonnen hatte. Er hatte das Ding vor die Wand gefahren, ehe er eine einzige neue Ausgabe veröffentlicht hatte. Ein kurzes Klopfen an der Tür schreckte ihn hoch. Ohne eine Antwort abzuwarten, kam Frau Althoff herein. Wenn sie anklopft, sieht es schlecht aus, dachte er und sah ihrer Kündigung ergeben entgegen.

»›doggies live‹«, sagte sie, als sie vor ihm stand. Wie vor den Kopf geschlagen starrte er sie an.

»Was?« Er hatte die Worte »Ich gehe« erwartet, aber sie hatte irgendetwas anderes gesagt.

»›doggies live‹«, wiederholte sie. »Wie wär' das?«

Er sah sie an und wusste, dass er gerade nicht intelligenter aussah als Tina, wenn ihr das Fax-Gerät erklärt wurde.

Sie legte ihm einen Zettel vor. »Ich habe aufgeschrieben, was mir kurzfristig einfiel, aber ›doggies live‹ kommt mir am besten vor. Sehen Sie es mal durch.«

Sie nickte ihm zu und verließ das Zimmer. Zögernd griff er nach dem Zettel und begann zu lesen. Sie hatte recht. »doggies live«. Das war's.

In der Nacht träumte Mattes von einem zähnefletschenden Arco, der unter der Küchenbank seinen Knochen verteidigte, aber vor ihm kniete nicht Tante Thea, sondern die Althoff auf dem Boden und stocherte mit einem Besen unter der Bank herum. »Sauhund! Ich krieg dich!«, rief sie, und plötzlich lag nicht mehr Arco unter der Bank, sondern er selber, und die Althoff fletschte vor ihm aggressiv die Zähne und stach mit dem Besenstiel auf ihn ein, während hinter ihr Tina an einem Kopierer stand und blitzschnell zimmerhohe Stapel von Kopien aufschichtete. Wild um sich schlagend wachte er auf und fühlte sich so zerschlagen, dass er nicht mehr weiterschlafen konnte. Wann hatte er das letzte Mal so intensiv geträumt? Er konnte sich nicht erinnern. Das Schlimmste war, dass er das Gesicht der Althoff mit ihren gefletschten Zähnen nicht aus dem Kopf bekam. Er versuchte darüber zu lachen, aber die Frau machte ihm Angst. Er konnte sie nicht einordnen, sie blieb undurchschaubar, und er wusste nicht, ob sie auf seiner Seite stand oder eine eiskalte Feindin war. Er überlegte, ob er, wo er jetzt schon wach war, in die Redaktion fahren und zum ersten Mal seinen Generalschlüssel ausprobieren sollte. Vielleicht würde er beim Stöbern irgendwelche Unterlagen finden, die ihm Aufklärung über mysteriöse Dinge bieten konnten. Vermutlich würde er aber nur vor Stapeln von Kopien stehen, die ihm nichts, aber auch wirklich gar nichts sagten. Außerdem würde er dann Berrys Frauchen, oder Beatrice, wie sie ja seit gestern hieß, verpassen. Das gab den Ausschlag. Er würde erst nach der Hunderunde im Park zur Redaktion fahren. Wenn die Althoff ein doppeltes Spiel spielte, würde sie irgendwann einen Fehler machen. Er musste nur warten.

Obwohl er genau zur richtigen Zeit im Park ankam, waren weder Berry noch Beatrice zu sehen. Mattes trödelte ein bisschen mit Mina herum, die gegen einen etwas längeren Spaziergang gar nichts einzuwenden hatte und ihren sonst so geliebten Berry gewissenlos gegen andere Hundefreunde tauschte.

Hunde sollen doch ihren Menschen so ähnlich sein, erinnerte sich Mattes. Blödsinn, so opportunistisch bin ich nun auch wieder nicht.

Als von Beatrice immer noch nichts zu sehen war, gab er es auf. War das das Ende? Gab es ein Ende, bevor etwas angefangen hatte? Vielleicht war sie mit ihrem Freund unterwegs, konnte ja sein. Den Gedanken fand Mattes überhaupt nicht gut, und er beeilte sich, in die Redaktion zu kommen. Bloß nicht auf blöde Gedanken kommen. Wie tief war er eigentlich gesunken, wenn er in Zeitlupe durch den Park schlich, nur weil eine Frau mit dem zweifelsohne attraktivsten Hintern des Stadtparks ihm ihren Vornamen genannt hatte? Er duzte doch selber schnell und ziemlich hemmungslos und sah das nicht als besondere Auszeichnung an. Abschalten, abschalten, abschalten, murmelte er vor sich hin, um seinem Gehirn zu suggerieren, dass es für ihn wichtigere Sachen gab und er sich nur auf das Magazin konzentrieren wollte.

Mann, warum war sie nicht da gewesen? Hatte sie nicht gestern gesagt »bis morgen«?

Abschalten!!

Kaum hatte er die Redaktion betreten, warf sein Gehirn von alleine alle Gedanken an Beatrice Wagner in einen hinteren Abstellraum. In der Ecke neben dem Kopierer stand eine heulende Tina, und die Althoff stand vor ihr und machte ihr halblaut, aber sehr nachdrücklich heftige Vorhaltungen. »Wie kannst du nur!«, hörte er sie aufgebracht zischen, und Tina schluchzte, während ihre Tränen schwarze Wimperntuschestreifen über die Wangen zogen. Anscheinend heulte sie schon etwas länger. Als sie Mattes erblickte, erschrak sie und versteckte etwas hinter ihrem Rücken. Mit ängstlichem Blick sah sie ihn an, als er auf sie zukam. Frau Althoff drehte sich um. Sie hatte rote Flecken im Gesicht und sah aus, als hätte sie sich aufgeregt, sprach jetzt aber wieder mit ihrer geschäftsmäßig distanzierten Stimme: »Guten Morgen, Herr Reuter. Wir haben ein kleines Problem, das aber sofort behoben sein wird.«

Kleines Problem?, dachte er. Da wird irgendetwas mit ihren Spionagesachen schiefgelaufen sein. Hat Tina nicht so gespurt, wie Don Althoff es gerne gehabt hätte?

»Was ist los?«, fragte er im Tonfall eines Polizeikommissars und wollte sich diesmal nicht abschütteln lassen. Vor allem wollte er wissen, was Tina hinter ihrem Rücken versteckte.

»Nichts ist los«, flüsterte die und begann wieder zu heulen.

Wer weiß, was die Althoff ihr angedroht hatte, wenn sie reden würde. Die arme Kleine! Mit sanfter Stimme sagte Mattes: »Tina, zeig mir, was du in den Händen hast!«

Sie blickte ihn mit rot geweinten Augen an, und er sah die verschmierte Wimperntusche in ihrem Gesicht und hoffte, er müsste sie nicht tröstend in den Arm nehmen, weil das Zeug seine Jacke total verdrecken würde. Bekam man das beim Waschen raus? Egal, wie schrecklich ihr Schicksal war, in den Arm nehmen nach Möglichkeit nicht, dachte er.

»Ich hab nichts«, schluchzte sie und hielt die Arme weiterhin krampfhaft nach hinten. Frau Althoff sah ihn an und sagte ruhig: »Wir regeln das schon«, aber damit ließ er sich nicht abspeisen. Er war ganz nah dran, das fühlte er.

Die Althoff ignorierend sagte er eindringlich: »Ich will dir doch nur helfen, Tina«, und war mehr als nur leicht überrascht, als von ihr nur ein abweisendes: »Näää!« kam.

Neben sich hörte er die Althoff seufzen. Ruhig befahl sie: »Tina, zeig deine Hände!«

Tina sah sie entsetzt an, schluchzte auf und nahm langsam ihre Arme nach vorne, während neue Tränenbäche die letzten Wimperntuschereste lösten. Verwirrt starrte Mattes auf ihre Hände, die eindeutig leer waren. Nach der ersten Verwunderung – er hatte fest mit geheimen Dokumenten gerechnet – bemerkte er, dass die Finger rot und geschwollen aussahen. Zwischen den Fingeransätzen gab es dunkelrote Stellen. Folter? Hallo? Wieso dachte er jetzt an Folter? War er völlig übergeschnappt? Die Althoff war vielleicht in irgendwelche Sachen verstrickt, aber sie folterte keine Praktikantinnen. Jedenfalls nicht so, dass sie dabei Spuren hinterließ.

»Sie hat Haare gefärbt«, erklärte Frau Althoff. »Und sie reagiert allergisch auf die chemischen Substanzen. Das ist der Grund, warum sie die Ausbildung im Friseursalon nicht weiterführen konnte.«

Tina schluchzte: »Die Yasmin ist schuld, die wollte unbedingt, und ich hab gesagt, da krieg ich voll Plack, und sie sagt, is ja nur wenig, und ich hab gedacht, is ja nur für Strähnen und nicht für alles, und da hab ich das gestern gemacht.«

Sie heulte los und war kaum noch zu verstehen: »Die is voll blöd, die Yasmin.«

Frau Althoff wandte sich an sie und sagte eindringlich: »Du darfst das nie mehr machen, Tina, hörst du? Auch nicht, wenn es nur wenig ist. Du siehst ja, was dabei rauskommt. Darum bist du doch hier, damit du nicht mehr mit Färbemitteln arbeiten musst.«

Tina wischte sich mit beiden Händen durch das Gesicht und verteilte die Tusche damit bis zu den Ohren. Dankbar sah sie Frau Althoff an.

»Die Yasmin ist voll die Tussi. Ich sach der beim nächsten Mal, sie soll sich ihre abgefuckten Strähnchen selber reintun.«

»Wasch dir dein Gesicht und dann gehst du zum Arzt, damit du etwas zum Einreiben bekommst«, befahl Frau Althoff, und Tina nickte und verschwand im Toilettenraum.

Mattes fühlte sich wie vor eine Wand gelaufen. Das Hochgefühl mit kriminalkommissarischer Autorität und höchstem Kombinationstalent alle Arten von undurchschaubaren Situationen auflösen zu können war verschwunden. Der Fall hatte sich von alleine und in eine ganz andere Richtung geklärt. Blieben nur die geheimnisvollen Kopien.

Beiläufig fragte er: »Was kopiert Tina hier eigentlich immer?«

»Alte Rechnungen, Briefe und was wir so in den Ordnern haben«, zählte Frau Althoff auf, als ob das als Begründung ausreichen könnte.

Mattes bohrte nach: »Warum?«

Sie sah ihn an: »Sie haben es immer noch nicht begriffen, fürchte ich.«

Er konnte nur hoffen, dass er nicht so blöd aussah, wie er sich fühlte. Was sollte er begreifen? Die Tür des Toilettenraumes klappte auf, und Tina kam auf den Flur. Sie hatte sich gewaschen, Wimperntusche und Kajalstift kräftig nachgelegt, und sah jetzt verheult und dick geschminkt aus.

»Es is volle Kanne am Jucken«, erklärte sie und blickte angewidert auf ihre Hände. »Die Yasmin kann mich mal. Soll sie ihre Haare doch selber verfärben.«

Frau Althoff sagte: »Nach dem Arzt kommst du wieder her!«

Tina nickte verständnisvoll, zog die Nase hoch und sagte brav: »Is ja noch voll viel zu tun heute.« Sie griff nach ihrer Tasche und verschwand durch die Eingangstür.

Er blickte ihr verwundert hinterher. »Was hat sie voll viel zu tun?«, fragte er entgeistert. »Zwei Liter Kaffee kochen und fünf Meter Kopien stapeln?«

»Sie hat die wichtige Aufgabe übernommen, alle Rechnungen doppelt zu kopieren und die ersten Kopien alphabetisch nach den Straßennamen zu ordnen«, sagte Frau Althoff so langsam und deutlich, wie sie es vermutlich auch einem geistig schwerfälligen Menschen erklären würde. Jemandem wie ihm.

Er schluckte und fragte zögernd: »Sind die nicht schon irgendwie geordnet? Namen von A bis Z zum Beispiel?«

Frau Althoff nickte: »Allerdings.«

Mattes sah sie fast verzweifelt an und fragte: »Und dann?«

»Dann ordnet sie die zweiten Kopien nach der Höhe des Endpreises. Angefangen von der kleinsten Summe bis zur größten.«

Mattes holte tief Luft. »Gut«, sagte er bedächtig. »Bis hierhin habe ich es verstanden. Es bleibt nur eine Frage: Warum??«

Frau Althoff begann zu lächeln, und er merkte, dass sie Spaß an der Situation hatte. Stellte er sich wirklich so blöd an?

»Wir brauchen neben der alphabetischen Namensordnung unbedingt auch alphabetisch abgelegte Straßen und in Reihen geordnete Rechnungszahlen. Da niemand von uns Zeit dafür hat, sind wir alle sehr dankbar, dass unsere Praktikantin diese wichtige Arbeit übernimmt, die sie viele Wochen beschäftigen wird.« Sie fügte leise hinzu: »Es ist immer gut, wenn man gebraucht wird und nicht nur Kaffee kochen muss.« Mattes konnte es kaum glauben. »Das ist eine reine Beschäftigungsmaßnahme für Tina?«, fragte er, musste das bestätigende Nicken aber gar nicht sehen. Die Althoff hatte sich ein langwieriges Ordnungssystem ausgedacht, um einer blöden Praktikantin das Gefühl zu geben, gebraucht zu werden. Das hätte er ihr nie zugetraut.

Sie erklärte lächelnd: »Wir haben sie hier, bis das Arbeitsamt ihr eine Umschulung vermitteln kann. Das kann Monate dauern. Bis dahin habe ich ihr beigebracht, wie man diszipliniert mit wichtigen Unterlagen arbeitet, und sie hat ein Gefühl für Zahlen bekommen. Rechnen ist nämlich nicht ihre Stärke.« Sie blickte ihn an: »Man muss doch was tun für die jungen Leute und sie ein wenig unterstützen, wenn sie selbständig werden sollen.«

»So eine soziale Ader hätte ich Frau Mahlzahn gar nicht zugetraut«, rutschte es aus ihm heraus.

»Frau wem?« Ihr misstrauischer Blick traf ihn.

»Ach, schon gut«, wehrte er schnell ab und pfiff anerkennend durch die Zähne. »Frau Althoff, ich bin beeindruckt.« Am liebsten hätte er ihr spontan die Hand geschüttelt, aber das wäre zu überschwänglich gewesen. Bei der ging das nicht so einfach. Aber sich ein Beschäftigungssystem auszudenken, von dem der Betroffene nicht merkte, dass es völlig sinnlos ist – da musste man erst mal drauf kommen! Er stockte. Was war mit ihm? Gab es Arbeiten, die er für sinnvoll hielt, die aber vielleicht eine reine Beschäftigungsmaßnahme der Althoff waren? Nein. Oder?

Nadine kam schlecht gelaunt den Flur entlang. Dafür, dass sie wenig Emotionen zeigte und fast immer einen neutralen Gesichtsausdruck hatte, musste sie sogar sehr schlecht gelaunt sein.

»Was ist los?«, fragte Mattes.

»Außentermin«, brummte sie.

Mattes wunderte sich: »Das ist doch kein Problem für dich, oder?«

Sie ließ sich auf einen Stuhl fallen und erklärte: »Mit Peter!«

Für Mattes erklärte das gar nichts, was Nadine auffiel.

»Peter muss heute Fotos machen, und darum müssen wir zusammen fahren, aber er qualmt die ganze Zeit. Nach jedem Termin muss ich duschen und komplett neue Sachen anziehen, um nicht penetrant zu stinken«, sagte sie sauer und setzte mit abgrundtiefer Verachtung hinterher: »Ich hasse Termine, bei denen er Fotos macht!«

»Könnt ihr nicht getrennt fahren?«, schlug Mattes vor.

»Heute nicht«, sagte sie. »Mein Auto ist in der Werkstatt, und er muss mich mitnehmen. Sonst fahre ich immer allein und bezahl sogar den Sprit selber, nur um nicht in seiner Nikotinkiste mitfahren zu müssen. Mir wird ja schon schlecht, wenn ich einsteige.«

»Der kann die Zigarette auf so einer Fahrt doch mal weglassen«, sagte Mattes und hörte Nadine bitter auflachen. »Der macht ja nicht mal ein Fenster auf! Und wenn ich meins aufmachen will, sperrt er die elektrischen Fensterheber und lacht. Der hat einen totalen Knall!«

Mattes griff in seine Hosentasche und angelte den Autoschlüssel heraus.

»Wenn Peter offensichtlich eine Allergie gegen Sauerstoff hat, dann fahr mit meinem Auto.«

Ihre Miene hellte sich schlagartig auf: »Echt?«

Er nickte, und sie sah aus, als ob sie ihm um den Hals fallen wollte. Dann grinste sie aber nur, griff nach dem Schlüssel und ging mit schnellen Schritten den Flur entlang. Vor Peter Plattlers Büro klopfte sie fest an die Tür und rief triumphierend: »Vergiss es! Ich fahr selber!«, warf Mattes einen lachenden

Blick zu und verschwand in ihrem Zimmer. Manchmal war die Lösung eines Problems ganz einfach, dachte Mattes.

Nachdem Mattes in einem Kopiershop »Blitzschnell-fertig-und-geliefert«-Visitenkarten bestellt hatte, die neben dem neuen Magazin-Namen ›doggies live‹ ihn als Chefredakteur auswiesen, verbrachte er den Nachmittag weitgehend ungestört mit Schreiben. Nadine und Peter waren kurz nacheinander aufgebrochen, und wie immer hatte Mucki laut gekläfft, bis sie nicht mehr zu hören waren. Die Althoff war in ihrem Zimmer verschwunden und arbeitete wahrscheinlich neue Pläne zur sinnlosen Beschäftigung der Mitarbeiter aus, und Tina war von ihrem Arzttermin noch nicht zurückgekehrt. Mattes liebte diese ruhigen Phasen, in denen er konzentriert arbeiten konnte, ohne dass alle Augenblicke jemand über den Flur lief, der Kopierer dröhnte oder das Telefon klingelte. Nach einigen Stunden lagen drei Artikel fertig geschrieben auf seinem Schreibtisch, und er musste nur noch mit Peter über das passende Layout reden. Wo blieb der denn? Mattes reckte sich, stand auf und lief über den Flur, um sich einen neuen Kaffee zu holen.

Im Vorbeigehen sah er, dass Frau Althoff an ihrem Schreibtisch saß und Listen durchsah, in die sie an einigen Stellen etwas eintrug. Nein, er würde sich keine Gedanken mehr machen, was das sein könnte und für welche dubiose Gegenseite sie arbeitete. Selbst wenn sie eine Agentin war, war ihm das egal. Sollte sie doch spionieren, Listen fälschen oder Millionen auf ihr eigenes Konto abzweigen, wie sie wollte. Er hielt sich da raus. Sie griff nebenbei in eine Schublade und warf Mucki einen Hundekeks zu, damit er das Kläffen aufhörte. Mattes blieb an der Tür stehen, schüttelte den Kopf und kommentierte: »Kein Wunder, dass er so ein Theater macht, wenn er dafür immer einen Keks bekommt. Sie sollten den nur geben, wenn er ruhig ist.«

Vorwurfsvoll sah sie ihn an: »Sie können das gar nicht beurteilen. Das ist ja kein normaler Hund, er ist sehr intelligent und übersensibel. Für ihn ist es schwer, in so einer turbulenten Umgebung zu leben.«

»Turbulent?«, lachte Mattes. »Gerade heute ist es doch ganz friedlich.«

»Dieser Wechsel zwischen laut und leise macht ihm ebenfalls schwer zu schaffen«, versicherte sie und schien es selber zu glauben.

Mattes wechselte das Thema: »Ist Tina noch nicht zurück?«

»Sie hat vorhin angerufen, dass es noch länger dauert, und ich habe ihr freigegeben. Für heute würde es sich nicht mehr lohnen.«

»K bis L hätte sie vielleicht geschafft«, wandte Mattes ein und lachte wissend.

Frau Althoff ignorierte die Bemerkung ungerührt. »Die Druckerei hat angerufen und sich von mir noch einmal bestätigen lassen, dass die nächste Abgabe erst in drei Wochen vorgesehen ist und wir auf eine monatliche Ausgabe umgestellt haben. Heute wäre nämlich die Abgabe für das Wochenmagazin gewesen.«

»Gab es Probleme?«, fragte Mattes schnell.

»Nein, aber sie vermissen immer noch die offizielle Anweisung der Verlagsseite. Ich habe gesagt, dass es in Hamburg ja immer etwas länger dauert, und das schien sie zu überzeugen. Aber sie werden da in den nächsten Tagen mal selber anrufen müssen.«

»Danke, dass Sie das unterstützen«, sagte Mattes.

Sie sah ihn an: »Ich hänge mit drin, ob ich will oder nicht. Wenn es schiefgeht, sind wir alle draußen.«

»Es wird nicht schiefgehen«, versprach Mattes und war in diesem Moment fest davon überzeugt. Frau Althoff lächelte skeptisch und antwortete nicht.

Mattes sah auf die Uhr. »Wo bleiben denn eigentlich Nadine und Peter?«

»Die sind noch bei dem Außentermin.«

»Immer noch? Die sind doch schon vor Stunden gefahren?«

Er überlegte, wie lange sie schon weg waren. Fünf Stunden? Sechs? Es war jedenfalls ungewöhnlich lang.

»Bis Stuttgart dauert es seine Zeit«, sagte Frau Althoff.

»Stuttgart?«, fragte Mattes überrascht, und in seinem Kopf überschlug er Stunden und Kilometer bei der Berechnung, wann Nadine, und damit sein Auto, wieder zurück sein würde.

Frau Althoff sah ihn fragend an: »Ich dachte, Sie wüssten Bescheid. Es geht um das Frühjahrsrennen der Schlittenhund-Vereine, und die beiden treffen sich mit verschiedenen Gesprächspartnern und dem Veranstalter. Vor 22 Uhr werden sie nicht wieder da sein.« Sie guckte amüsiert: »Herr Plattler hat gestern bestimmt eine Stunde lang telefonieren müssen, um jemanden für den Abend als Ersatz für seine ...«, ein kurzes Zögern, dann hatte sie eine harmlose Bezeichnung gefunden: »... Musikkappelle zu bekommen. Er hätte am liebsten das Telefon an die Wand geworfen! So ist das Leben, habe ich ihm gesagt, und er hat sich fast an seiner Zigarette verschluckt.« Sie lachte leise in Erinnerung an diesen Moment.

»So richtig leid tut er Ihnen nicht«, stellte Mattes fest.

Sie guckte ihn kopfschüttelnd an: »Warum denn? Er ist ja nicht der Einzige, der heute lange arbeiten muss. Nadine ist ebenfalls in Stuttgart, und Sie werden in der Redaktion warten müssen, bis Ihr Auto wieder zurück ist. Es sei denn«, fügte sie schnell hinzu, »Sie nehmen ein Taxi.«

Er spürte einen Hauch von Schadenfreude in ihrer Stimme.

Jetzt bloß nicht falsch reagieren, dachte er und sagte lässig: »Frau Althoff, als Chefredakteur kann ich es mir nicht leisten, an Feierabend zu denken. Aber gehen Sie ruhig. Ich werde noch an einigen Artikeln arbeiten und die Ruhe in der Redaktion genießen.«

Er warf Mucki beim Wort »Ruhe« einen provozierenden Blick zu, der diesen sofort wieder zu leisem Knurren brachte und auch von Frau Althoff verstanden wurde.

Sie stand auf, packte ihre Sachen zusammen und sagte: »Dann wollen wir Sie mal nicht stören. Komm, Muckilein, Mami geht nach Hause.«

Mattes fiel fast vom Stuhl. Mami? Er räusperte sich und dann platzte es aus ihm heraus: »Seien Sie sich sicher, dass DAS nicht mal bei IHNEN möglich ist!« Frau Althoff guckte fragend, und er erklärte mit gespielt verwunderter Miene: »Na, dass Sie die Mutter von Mucki sind. Ich meine, die Mami.« In die folgende Stille hinein sagte sie sehr distanziert: »Er ist quasi adoptiert«, nahm hoheitsvoll ihre Tasche unter den Arm und verließ, dicht gefolgt von ihrem Sohn, das Büro.

Mattes blieb alleine zurück und rechnete aus, dass er noch mindestens vier Stunden mit dem Schreiben weiterer Artikel verbringen konnte, ehe Nadine und sein Auto wieder in der Redaktion ankamen. Ach, war gar nicht so schlecht. Er ließ die Bürotüre auf, damit Mina sich beschäftigen und in aller Ruhe den nur noch schwach beleuchteten Flur komplett auf Gerüche untersuchen konnte, und setzte sich mit einem frischen Kaffee an seinen Schreibtisch. Endlich hatte er die Möglichkeit, etwas zu machen, wonach es ihn schon seit Tagen verlangte. Er lehnte sich entspannt in seinem Chefsessel zurück, legte die Füße auf den Tisch und blickte sich zufrieden in seinem Büro um. Es fühlte sich gut an, der Chefredakteur zu sein, und er fühlte sich in dieser Redaktion fast wie zuhause. Und ohne dass er es erklären konnte, war er plötzlich froh, in einer so kleinen Klitsche gelandet zu sein. Die Mitarbeiter waren zwar alle mehr oder weniger bekloppt, aber nett und engagiert. Bei der ZEIT wäre er jetzt vielleicht einer der vielen Ressortleiter, jederzeit ersetzbar und mit vielen ehrgeizigen, potentiellen Nachfolgern im Rücken, die nur auf ein Zeichen der Schwäche warteten, um an ihm vorbei auf den Chefsessel zu gelangen. Es lief alles richtig. Er stellte die Tasse auf den Tisch, nahm die Füße herunter und zog die Tastatur des Computers zu sich. Das Magazin sollte einschlagen wie eine Bombe, und dazu brauchte es gut geschriebene Artikel. Er hatte einige Stunden vor sich, in einer abendlich ruhigen Redaktion, in der nur das Klappern der Tasten und das Schnüffeln seines Hundes zu hören sein würden.

Das Leben war großartig.

Sein Handy klingelte ihn aus seinen Gedanken: »Alex hier, was machst du?«

»Ich arbeite.«

Er hörte Alex lachen. »Du arbeitest? Um diese Zeit? Wohl bekloppt geworden!«

Im Hintergrund rief eine Frauenstimme etwas Unverständliches.

Alex gab es weiter: »Manuela lässt dich grüßen. Wir sitzen gerade bei einem tollen Italiener und finden, du solltest vorbeikommen.«

»Ich kann echt nicht«, bedauerte Mattes und erklärte: »Ich warte noch auf mein Auto und schreibe an einem Artikel.«

»Schade«, sagte Alex und fügte hinzu: »Wir dachten, du lädst uns ein und wir kommen billiger weg.«

»Blödmann«, erwiderte Mattes grinsend.

Tröstend sagte Alex: »Du kannst uns ja beim nächsten Mal einladen. Dann haben wir heute eben nur zu zweit Spaß, während du dich aufopferst, um die Nächte durchzuarbeiten. Irgendwer muss es ja tun, während wir gemütlich rumsitzen, lecker Wein trinken und das beste Saltimbocca der Stadt essen.« Er senkte seine Stimme, bis sie fast ein Flüstern war: »Du musst unbedingt mal mitkommen! Hier läuft die schärfste Bedienung der Stadt rum, die wird dir gefallen. Ein Wahnsinns-Weib!«

Mattes hörte ein dumpfes Geräusch und dann Alex gequetschte Stimme, die lachend rief: »Manuela würgt mich, ich muss aufhören!«

Mattes lächelte ein bisschen wehmütig, als er auflegte.

Mit Alex war er normalerweise alleine unterwegs, aber er mochte es auch, wenn ab und zu Manuela dabei war. Sie war Alex' Jugendliebe, und die beiden hatten recht früh geheiratet. Gegen Mattes Willen, denn er fand damals, dass Alex erst mal was vom Leben sehen sollte, ehe er sich an eine Frau band. Es war dabei egal, dass Mattes Manuela sympathisch und witzig fand, es ging ums Prinzip. Aber an Alex waren alle seine Argumente abgeprallt.

»Die ist es. Was soll ich länger suchen?«, hatte der einfach entgegnet und schien trotz aller anders lautenden Prophezeiungen, die Mattes auch in den Jahren danach immer wieder mitleidig von sich gegeben hatte, tatsächlich immer noch glücklich zu sein. Die beiden ergänzten sich und erstaunlicherweise hatte Manuela auch nie ein Problem damit, wenn Alex sich zwei- oder auch dreimal in der Woche mit Mattes traf. Im Gegenteil, sie förderte das und ging manchmal sogar mit, wenn sie gerade Lust dazu hatte. Mattes zog sie dann auf und redete von »Wachpersonal, das den Ehemann nicht alleine ausgehen lassen kann«, aber er musste dabei aufpassen, dass Manuela nicht mit einer treffenden Bemerkung konterte.

Die Zeit, mit den beiden gemeinsam beim Italiener zu sitzen, würde wiederkommen. Momentan waren andere Sachen wichtiger.

Er setzte sich wieder an seinen Artikel und arbeitete konzentriert, bis er gegen 23 Uhr die Eingangstür klappen hörte und Mina schwanzwedelnd auf Nadine zulief. Sie sah müde, aber zufrieden aus.

»Ich glaube, es ist richtig gut geworden«, sagte sie. »Das war eine tolle Veranstaltung, und die sind alle sehr engagiert. Eine kanadische Fahrerin war auch da, und die wird im nächsten Monat eine Tour durch Alaska machen. Wir haben sie gleich mitinterviewt, das gibt eine super Geschichte. Ich glaube, Peter hat sensationelle Fotos gemacht. Der wollte auch gleich nach Hause fahren, um sie auf seinen Computer zu spielen.« Sie lächelte Mattes zu: »Und danke, dass ich dein Auto haben konnte.«

»Ich fahr dich nach Hause«, sagte Mattes und fügte hinzu, »Danke, dass ihr euch so engagiert.«

»Weißt du was«, sagte Nadine und strich sich eine widerspenstige Haarsträhne aus dem Gesicht, »es macht Spaß, mal etwas Neues auszuprobieren.«

Weil er am Vorabend erst nach Mitternacht in seiner Wohnung angekommen war und nicht sofort einschlafen konnte, fiel ihm das frühe Aufstehen am nächsten Morgen schwer. Aber es reizte ihn, pünktlich mit Mina im Park zu sein. Vielleicht waren Beatrice und Berry heute wieder da. Aber schon wieder war auf dem üblichen Rundweg nichts von den beiden zu sehen. Und er hatte nicht mal ihre Telefonnummer. Stattdessen trafen sie Lucy, einen durchgeknallten Jack Russel, dessen Herrchen Schulterprobleme hatte, weil Spaziergänge nur mit einem immer wieder geworfenen Ball möglich waren.

»Ich wollte unbedingt einen aktiven Hund haben«, erklärte Lucy's Herrchen mit müder Stimme, während Lucy aufgeregt fiepend vor ihm auf und ab sprang, bis er den Ball weit wegschleuderte und sie wie ein Blitz hinterherrannte, »aber die ist ja nicht totzukriegen.«

Und schon war Lucy wieder da, legte den Ball ab und sprang nervig fiepend vor ihm hoch, in freudiger Erwartung, dass er ihn erneut wegwarf. Mina, die merkte, dass Lucy sich weder für sie noch für einen anderen Hund interessierte und nur für das Wiederholen weggeschleuderter Bälle lebte, ignorierte den kleinen Hund völlig.

Der Mann sah Mattes erschöpft an: »Mein nächster Hund wird so was wie Ihrer. Was Gemütliches, das einfach in der Ecke liegen will und ein bisschen blöd ist.«

Mattes dachte, nicht richtig zu hören. Was war das denn für ein Idiot? Mina ein bisschen blöd? Der hyperaktive Hund war blöd, aber doch nicht seine Mina! Er wollte gerade etwas erwidern, da fiel ihm Tante Thea ein. Die hatte genauso reagiert, wenn jemand Arco als gefährlich bezeichnet hatte.

»Arco gefährlich?«, stieß sie dann beleidigt aus. »Du hast sie ja wohl nicht alle!«, und es bestand höchste Gefahr, sofort ein lebenslanges Hausverbot ausgesprochen zu bekommen. Und wer Tante Gerlindes unerzogenen Hund als unerzogen bezeichnete, bekam von ihr fast eine gepfeffert, so empört war sie darüber.

Mattes sah Lucy hinterher, die gerade wieder hinter dem Ball herjagte, als müsse sie einen Preis dafür gewinnen, und verkniff sich einen Kommentar. Er dachte: Mami Althoff mit ihrem Prinzchen. Und ich reagiere gerade wie Papi Reuter. Wir alle stellen uns schützend vor unsere Hunde, wenn andere sie kritisieren. Warum ist Mina nicht nur ein Hund, sondern gehört für mich zur Familie? Das ist für Außenstehende, die keinen Hund besitzen, nicht nachvollziehbar. Wäre ein interessantes Thema für das Magazin.

Ihm fiel Tante Gerlinde ein. Für einen guten Witz gab sie alles. Lieber einen Freund verlieren als eine Pointe. Sogar Mattes war einmal Opfer ihrer überschäumenden Fröhlichkeit und ihres krassen Humorverständnisses geworden. Er hatte im Französischunterricht gestört und von Lehrer Döll als Strafarbeit die Aufgabe bekommen, bis zum nächsten Tag 250 Mal die ausgeschriebene Zahl 97 in sein Heft zu schreiben. Dieter Döll war ein wahrer Psychoterrorist. Als Dreizehnjähriger war sich Mattes sicher, dass dieser Döll ausschließlich Lehrer geworden war, um hilflose Untergebene tyrannisieren zu können. Einmal musste Mattes sich vor der ganzen Klasse auf den Tisch stellen und lauthals »Sur le pont d'Avignon« singen. Was gibt es Erniedrigenderes für einen Pubertierenden, als sich vor der gesamten Klasse, inklusive der angebeteten französischen Austauschschülerin Stephanie Guillebault, derart vorführen zu lassen? Mattes hasste den Französischsadisten in diesem Moment mehr als alles, was er jemals hätte hassen können. Allerdings milderte sich der Hass, als ihn nach der Stunde die französische, unerreichbare Schönheit auf dem Schulhof mit den Worten »Isch mag deine Schtimme und isch mag deine süße Accent« in Empfang nahm. Immerhin der einzige Moment, in dem sie Mattes beachtete.

Im Gegensatz zur süßen Stephanie waren französische Zahlen der Horror. Mattes Theorie war, dass Dieter Döll höchstpersönlich dieses perfide Zahlensystem entwickelt haben musste. Blöd genug, dass sich die Franzosen auf die Döll'sche Zahlenlehre einließen, aber noch blöder, wenn man sie schreiben musste. 250 Mal »quatre-vingt-dix-sept« bedeutete, dass er zu spät zum Fußballtraining kommen würde. Als er das jammernd Tante Gerlinde erzählte, bei der er auf dem Heimweg vorbeikam, war sie gleich Feuer und Flamme. »Das mache ich für dich, und du gehst zum Training«, ordnete sie an und ließ sich sein Französischheft geben. Seinen Einwand, dass der Lehrer seine Schrift kennen würde, wischte sie weg: »Ach was. Ich mach das täuschend echt. Kannst dein Heft nach dem Training abholen!«

Glücklich war Mattes davongeeilt, ohne auch nur einen weiteren Gedanken an französische Zahlen zu verschwenden. Auf dem Rückweg hatte er Tante Gerlinde überschwänglich gedankt, das Heft in seinen Ranzen gestopft, eine Limo bekommen und war abgezischt.

Erst am nächsten Tag holte ihn die Realität im Französischunterricht ein. Dieter Döll fragte zu Beginn der Stunde nach der angeordneten Strafarbeit. Zielstrebig griff Mattes nach dem Heft und brachte es zum Lehrerpult. Der Lehrer schlug es auf und starrte einige Sekunden auf die beschriebenen Seiten, während sein Kopf langsam dunkelrot anschwoll. Um Himmels willen, was war los? Warum stand Dölls Kopf kurz vor der Detonation? Hatte er die falsche Schrift erkannt? War Tante Gerlinde des Französischen vielleicht gar nicht mächtig? Der Französischlehrer klappte das Heft zu, und einen Augenblick lang dachte Mattes, er würde es ihm um die Ohren schlagen. Stattdessen knallte er es auf das Lehrerpult und brüllte ihn zusammen. Es war schrecklich. Und das Schlimmste war, dass er keine Ahnung hatte, warum dieses Unglück über ihn hereinbrach. Am Ende wurde ihm das Heft in die Hand gedrückt und er mit dem Hinweis, dass ein Brief an seine Eltern folgen würde, auf seinen Platz geschickt. Minutenlang traute er sich nicht, die Seiten aufzuschlagen, um nachzusehen, was den Wutanfall ausgelöst hatte.

»Was ist denn los?«, flüsterte Alex, der neben ihm saß. Wenn er das nur wüsste!

Als der Unterricht weiterlief, ging er endlich mit dem Finger zwischen die Seiten, hob sie vorsichtig ein Stück an und starrte auf Tante Gerlindes Werk. In der ersten Reihe stand sauber und vorbildlich »quatre-vingt-dix-sept«, und zwar in täuschend echter, quasi originaler Mattes-Reuter-Schrift. Darunter 249 Mal, über sechs Seiten gehend, jeweils zwei schmale Striche als Wiederholungszeichen. Dass es kein Zufall war oder von Tante Gerlinde unwissentlich falsch gemacht worden war, merkte er, als er auf dem Rückweg von der Schule bei ihr vorbeiging.

»Na? Strafarbeit gezeigt?«, lachte sie vergnügt und schlug sich auf die Schenkel. »Da habt ihr Augen gemacht, was?« Sie empfand es als gelungenen Streich, über den sie herzlich und ohne jede Spur eines schlechten Gewissens lachen konnte. Mattes wusste seitdem, dass ihm seine Familie immer helfen würde, dass er aber ganz genau darauf achten musste, ob ihn diese Hilfe nicht noch viel weiter in die Scheiße ritt. Blind verlassen konnte er sich auf niemanden.

Aber Tante Gerlindes Scherze trafen nicht nur Mattes. Noch schlimmer traf es ihren zukünftigen Schwiegersohn, den sie mit selbst gebranntem Schnaps im Partykeller abfüllte, dann wartete, bis er auf der Gartenbank vor dem Haus eingeschlafen war, um anschließend die Polizei zu rufen. Die weckte den vermeintlichen Landstreicher und Trunkenbold, der natürlich mit schwerer Zunge behauptete, dass er quasi schon zur Familie gehöre. Glaubhaft beteuerte Tante Gerlinde: »Den kenne ich nicht« und bat die Beamten, den Typen aus ihrem Vorgarten zu entsorgen und mitzunehmen. Als er von den Polizisten ins Auto verfrachtet worden und mit ihnen weggefahren war, hatte sie sich sofort ans Telefon gehängt und triumphierend, unterbrochen von dröhnenden Lachanfällen, vom neuesten Coup erzählt. Und es war nicht so, dass sie ihren angehenden Schwiegersohn nicht mochte, im Gegenteil. Sie wollte ihn nur schon mal dran gewöhnen, wie es in ihrer Nähe ablief.

Genau bei dieser Tante Gerlinde lebte der unerzogene

Snoopy. Mattes hatte immer den Eindruck gehabt, dass seine zupackende, laute und mit beiden Beinen auf der Erde stehende Tante den Hund eher zufällig bekommen hatte und er ihr nicht sehr am Herzen lag. Er war da, aber irgendwann würde er von einem seiner Ausflüge nicht mehr zurückkommen und sie würde sich einen neuen Hund anschaffen. Tante Gerlinde würde so etwas leicht nehmen, weil sie emotional nicht an Snoopy hing, dachte er lange. Hauptsache, ihr Leben war laut und lustig. Doch dann war Mattes eines Tages ganz nah dabei, als sie alles riskierte, um ihren Hund zu retten.

Er war damals zwölf und verbrachte gerade ein paar Ferientage auf dem Binnenschiff von Onkel Herbert, der neben seiner Frau fast wortkarg wirkte, ihre temperamentvolle Art aber sehr schätzte. Wenn es ihm zu viel wurde, sagte er das mit klaren Worten, und erstaunlicherweise hörte Tante Gerlinde dann auf ihn. Zusammen mit Gerlinde war natürlich auch der Hund an Bord. Bei einem Anlegemanöver wollte sie, wie schon so oft, einfach mit einem großen Schritt vom Schiff auf die Hafenmauer gelangen. Onkel Herberts Matrose hatte die Reibhölzer, die zum Schutz des Schiffes an den Rand gehängt wurden, schon ausgelegt, aber auf die für den Übergang vorgesehene kleine Brücke zu warten dauerte Tante Gerlinde zu lange. Unter dem einen Arm ihre Handtasche, in der sich 500 Mark befanden, die sie zur Bank bringen wollte, unter dem anderen ihren Hund, machte sie einen Schritt auf die Hafenmauer zu, als in diesem Moment der Wellengang eines vorüberfahrenden Schiffes ihr eigenes Schiff ein kleines Stück abtrieb. Es hielt mit fest gestrafften Tauen, aber Tante Gerlinde blieb nun, mit einem Fuß auf dem Schiff, mit dem anderen schon an Land, schwankend und instabil in der Mitte stehen. Unter ihr eine große Lücke, in der die Rheinwellen bedrohlich platschten. Plötzlich löste sich ihre Tasche und fiel ins Wasser.

500 Mark. Das war enorm viel Geld! Mattes sah, wie die dicke Tante Gerlinde sich sofort bückte, um die Tasche aus dem Wasser zu fischen, da fiel ihr aus dem anderen Arm Snoopy heraus. Blitzschnell beugte sie sich noch weiter herunter, um anstatt nach der Tasche nach dem Hund zu greifen, verlor dabei das Gleichgewicht und hing mit dem Kopf nach unten im Spalt zwischen Boot und Hafenmauer fest. Es sah lustig aus, war aber hochgefährlich. Mattes stockte der Atem. Er wusste, wenn das Schiff jetzt durch weitere Wellen zurück an die Hafenmauer gedrängt wurde, würde Tante Gerlinde, die fest in der Lücke steckte und weder vor noch zurück kam, unwiderruflich zerquetscht werden. Er rannte zu den hochgestreckten Beinen, umklammerte sie fest und brüllte nach seinem Onkel Herbert. Nach gefühlten Stunden, die vermutlich nur Sekunden waren, kam Herbert angerannt und zog seine Frau mitsamt dem Hund, den sie fest am Halsband gegriffen hatte, aus der Gefahrenzone. Noch während sie schwer atmend auf dem Schiffsdeck lag, wurde Mattes bewusst, dass sie ihren Hund sehr lieben musste, denn sie hatte für den kleinen, ungezogenen Straßenmix ihr Leben riskiert. Nicht einmal die Tatsache, dass sie selbst in Lebensgefahr schwebte, hatte sie auch nur eine Sekunde ernsthaft darüber nachdenken lassen, den Hund seinem Schicksal zu überlassen. Er war ihr sogar wichtiger gewesen als die Handtasche mit den 500 Mark. Die schwamm jetzt irgendwo den Rhein entlang und blieb verschwunden. Tante Gerlinde war glücklich, dass sie Snoopy gerettet hatte, und Mattes hörte sie auch später niemals sagen, dass sie lieber nach der Tasche hätte greifen sollen.

Wie wichtig Hunde für jemanden sein können, hatte er damals gelernt, und es musste sich ja nicht jeder gleich kopfüber zwischen Schiffswand und Hafenmauer hängen, um dies zu zeigen. Für Nicht-Hundebesitzer war das oft nicht zu verstehen. Seine Mutter hatte den Vorfall damals entsetzt mit »Was? 500 Mark sind weg?« kommentiert und konnte nicht fassen, dass Gerlinde sich wegen des Hundes überhaupt in so eine Gefahr gebracht hatte.

Mattes sah weit hinten auf der Wiese immer noch die kleine Lucy hinter dem Ball herrennen und grinste. Was die Halter nicht alles für ihre Hunde taten. Aber er wusste, dass auch er stundenlang Bälle werfen würde, wenn seine Mina das für das schönste Spiel auf der Welt halten würde. Zum Glück tat sie das nicht. Obwohl er eigentlich wegen Beatrice in den Park gegangen war und jetzt von ihr nicht die geringste Spur zu sehen war, fühlte er sich wohl und glücklich bei dem Gedanken an Mina und die innige Beziehung, die sie verband. Als er nach der Parkrunde zuhause ankam, standen Robin und Meike vor dem Haus und sahen zu, wie Astrid das Auto aus der Garage fuhr. Anscheinend wollte sie die beiden Kinder zur Schule bringen. Robin schaute ihn freudig an: »Hey, Mattes, gehen wir mal wieder zusammen ins Kino?«

»Ja, klar«, sagte Mattes, aber Astrid, die gerade ausstieg und den Kofferraum öffnete, erklärte ihrem Sohn spitz: »Mattes ist momentan mit anderen Sachen beschäftigt. Der kommt erst nachts nach Hause.«

Ach, sie hatte mitbekommen, dass er gestern so spät aus der Redaktion gekommen war.

Tadelnd blickte sie Mattes an: »Es wird immer später bei dir. Du kannst mir nicht erzählen, dass du so lange arbeitest.«

»Das geht dich überhaupt nichts an«, grinste Mattes. Bestimmt vermutete sie immer noch eine Freundin, nachdem er unvorsichtigerweise vom Schreibtisch der Althoff aus angerufen hatte. Aber sollte sie doch denken, was sie wollte.

»Demnächst übernachtest du noch bei ihr«, prophezeite

Astrid, die sich auf der richtigen Fährte fühlte, siegessicher und knallte den Kofferraum zu.

»Könnte passieren«, gab Mattes zu. »Weißt du, sie ist manchmal ziemlich anstrengend und verlangt viel.«

»Geschieht dir recht. Hoffentlich zeigt sie dir, wo es langgeht! Du brauchst mal jemanden, der richtig Druck macht«, lachte Astrid zufrieden.

»Mit Druck liegst du gar nicht so schlecht«, sagte Mattes, dem einfiel, dass er noch bei der Druckerei anrufen musste, um das Monatsmagazin zu bestätigen. Die durften dort gar nicht erst misstrauisch werden, weil der Verlag sich nicht meldete.

Astrid war ins Auto eingestiegen und trieb mit ungeduldigen Handbewegungen ihre Tochter an, die betont langsam auf der Beifahrerseite einstieg und dabei motzte: »Es wird Zeit, dass ich selber Auto fahren kann und nicht mehr von dir abhängig bin.« Astrid schoss zurück: »Du musst nur eine halbe Stunde früher aufstehen, dann bekommst du den Bus und musst nicht mit mir fahren. Glaub ja nicht, du darfst später mal mein Auto benutzen.«

»Ja, ja, ja«, leierte Meike, schob die Unterlippe beleidigt vor und starrte stumm aus dem Seitenfenster.

Mattes klopfte an die Scheibe, hinter der Robin saß. »Wir gehen nächste Woche ins Kino«, versprach er. »Such dir einen Film aus, und wir machen einen Männerabend.«

Robin strahlte ihn an. Astrid mahnte sofort: »Einen Kinderfilm, Robin! Nicht, dass Mattes dich wieder in einen Actionfilm schmuggelt.«

»Natürlich!«, beteuerten Mattes und Robin fast gleichzeitig und guckten wie die Unschuldslämmer.

Meike kurbelte das Seitenfenster herunter. »Mattes«, flötete sie, »gehst du auch mal mit mir und meinen Freundinnen ins Kino?«

»Das kann ich doch auch machen!«, warf Astrid ein. Meike sah Mattes an, verdrehte genervt die Augen und betonte: »Ich meine ohne meine Mutter.«

Mattes grinste: »Klar, machen wir!«, und ihm ging durch den Kopf, dass selbst hochkomplizierte Hunde nicht so kompliziert wie sechzehnjährige Mädchen waren.

In der Redaktion saß Nadine schon am Bericht über die Schlittenhunde, und das Geklapper ihrer Tasten drang ununterbrochen in den Flur. Tina stand mit dünnen, weißen Baumwollhandschuhen am Kopierer. Sie blickte Mattes verzweifelt an: »Das geht nich. Ich kann die Blätter gar nich anfassen mit so Handschuhen. Der Arzt ist voll am spinnen.« Vergeblich versuchte sie das oberste Blatt zu fassen und rief ungeduldig: »Menno, die Scheißhandschuhe sind voll der letzte Kack!«

Frau Althoff erschien aus ihrem Büro und mahnte: »Tina, bitte nicht diese Ausdrucksweise!«

»Frau Althoff«, jammerte sie, »ich kann mit den Dingern nicht kopieren. Kann das nicht heute ein anderer machen?«

Frau Althoff warf Mattes einen Blick zu, auf den der sofort abwehrend die Hände hob und sagte: »Also ich nicht!«

»Das wäre nicht mein Vorschlag gewesen, Herr Reuter«, stellte sie klar und entschied: »Tina, du räumst heute die Ordner im Regal um. Ich erkläre dir, in welcher Reihenfolge ich sie brauche. Es ist dringend, darum ist es gar nicht schlecht, dass wir das heute vorziehen können.« Mit vollkommen ernster Miene ging sie an Mattes vorbei und bewegte kurz ein Augenlid. Hatte sie ihm gerade zugezwinkert oder war ihr etwas ins Auge geflogen? Er traute sich nicht, darüber eine Entscheidung zu treffen, zog es im Zweifelsfall aber vor, dass das Zwinkern einem Fremdkörper im Auge galt. Eine zu vertrauliche Althoff war ihm unheimlich.

Der Verantwortliche in der Druckerei war nach dem Telefongespräch, das Mattes mit ihm führte, nicht völlig beruhigt, wollte aber zunächst abwarten und schloss nicht aus, dass im Verlag mal wieder Mist gebaut worden war. Er notierte die doppelte Seitenanzahl und dass sowohl Papier als auch Bindung geändert werden sollten.

»Es wird das Exklusiv-Premium-Magazin des Verlages«, hatte Mattes ihn zugequatscht, »und es darf in der Produktion deutlich mehr als vorher kosten.«

»Was ist denn bei denen los? Sonst sparen die doch, wo sie können«, wunderte sich der Mann von der Druckerei.

»Diesmal nicht«, sagte Mattes und wurde vertraulich: »Es hat noch höchste Geheimhaltungsstufe, darum reden Sie bitte nicht im ganzen Betrieb darüber, aber das Magazin wird den Markt sprengen!«

»Das heißt, Sie brauchen auch eine höhere Auflage als bisher?«, fragte der Mann.

Oh, an die Auflagenhöhe hatte Mattes nicht gedacht, aber natürlich war die bei einem Regionalmagazin nicht besonders hoch. Entrüstet fragte er: »Haben die beim Verlag etwa auch noch nichts zur Auflage gesagt? Denen werde ich was erzählen! Da läuft ja nichts glatt.«

»Typisch!«, bestätigte der Mann und fragte: »Soll ich anrufen und nachfragen?«

»Nein, nein«, wehrte Mattes sofort ab. Das fehlte noch! »Wir hatten uns für die doppelte Auflagenhöhe entschieden«, erklärte er kurz entschlossen.

Der Mann am anderen Ende des Telefons wirkte nicht zufrieden: »Das reicht doch nicht. Können die Herren im Verlag nicht mal überlegen? Die können so was Großes nicht unter 20 000 starten. Ich würde sogar behaupten, dass es 30 000 sein müssen.«

Mattes entschied spontan: »Das habe ich auch gesagt. Und wissen Sie was? Ich bin der bevollmächtigte Leiter des Projektes, und ich gebe 30 000 in Auftrag. Ach was, 40 000. Wenn, dann wollen wir es ja richtig machen.«

Er lachte mitreißend, obwohl sich seine Magengrube empfindlich zusammenzog. Was machte er da gerade?

»Sie sind endlich mal jemand, der Entscheidungen treffen kann«, lobte der Mann von der Druckerei. Mattes hatte das Gefühl, in einem überhitzten Zimmer zu sitzen, als er sein Gegenüber fragen hörte: »Kann ich das schriftlich haben? Nur, damit es kein Missverständnis gibt?«

»Aber natürlich«, sagte Mattes souverän. »Frau Althoff wird es Ihnen rüberfaxen.«

Er legte den Hörer auf und blieb still sitzen. Wenn es auf der Welt jemanden gab, der freiwillig immer weiter in den Sumpf lief, dann war er es. Sein ganzes Leben lang hatte er gepokert und immer wieder Gewinne eingefahren, aber die Einsätze waren niedrig gewesen und er merkte es kaum, wenn er mal verlor. Jetzt gab es zum ersten Mal einen Einsatz, der eindeutig zu hoch für ihn war. Im Laufe des Tages würde in der Druckerei ein Fax ankommen, auf dem er sich dafür verantwortlich zeigte, dass der Verlag einen enormen Geldbetrag in eine Magazinentwicklung steckte, die gar nicht erwünscht war.

40 000 statt 5 000 Exemplare.

Das war mehr als volles Risiko.

Das war Wahnsinn.

Mit einem tiefen Luftzug setzte sich Mattes aufrecht hin und wählte die Nummer von Frau Althoff. Wenn er jetzt nicht souverän klang, würde sie sich einfach weigern.

»Bitte schicken Sie heute noch ein Fax mit folgenden Eckdaten an die Druckerei: Seitenanzahl 48, vierfarbig, Hochglanz,

Papierdicke 170 Gramm, Auflagenhöhe 40 000. Mein Name und meine Durchwahl drunter.«

»Sie sind komplett durchgedreht!«, sagte sie entsetzt.

»Wie immer Chefsache, Frau Althoff, ich weiß, was ich tue«, gab er als Antwort und legte auf.

Sein Blick fiel auf Mina, die den Kopf auf ihre Pfoten gelegt hatte und ihn von unten herauf ansah. Durfte man Hunde mit in den Knast nehmen, wenn man wegen Betrugs einige Jahre absitzen musste? Wahrscheinlich eher nicht, wegen der blanken Angst der Justiz, dass der Hund einen Fluchttunnel graben könnte.

Muckis Gekläffe im Flur riss ihn aus den Gedanken. Er hörte Peter Plattler durch den Flur schlurfen und verärgert »Ruhe, sonst bring ich dich kochfertig zum Chinesen!« rufen. Eine unverständliche, aber eindeutig empörte Bemerkung von Frau Althoff folgte. Die Vorstellung von »Mucki süß-sauer« als Nummer 52 auf der Speisekarte amüsierte Mattes. Was ließ sie ihren Hund denn frei im Flur laufen, wenn sie doch wusste, dass der nur nervte? Und warum war Peter eigentlich erst jetzt in die Redaktion gekommen? Ohne Außentermine begann die Arbeitszeit immer noch um neun Uhr. Es wurde Zeit, dass er sich um die Disziplin in der Redaktion kümmerte. Fast gleichzeitig mit Nadine kam Mattes an Peters Zimmer an, das wegen seiner gerade erst erfolgten Ankunft ungewohnt rauchfrei war, aber trotzdem stark nach Nikotin roch.

»Hast du die Fotos?«, fragte Nadine ungeduldig und nahm damit die Frage vorweg, die auch Mattes als zweites gestellt hätte. Seine erste Frage wäre die nach dem Grund der späten Ankunft gewesen, aber die hielt er vorerst zurück, denn Peter murrte schlecht gelaunt: »Geht's auch etwas langsamer? Ich bin gerade erst aus dem Bett raus«, und startete seinen Computer.

Seit Mattes die Fotos von Saskia Hoffmann im Café gesehen hatte, glaubte er fest an das Talent seines Grafikers als Fotograf. Als die ersten Bilder der gestrigen Hundeschlitten-Veranstaltung auf dem Bildschirm erschienen, strahlte er zufrieden. Phantastisch! Wenn der Text von Nadine ebenso gut war, würde das mindestens eine Vier-Seiten-Story ergeben. Vielleicht konnten sie sie sogar auf fünf ausweiten und zwei der Fotos groß auf eine Doppelseite bringen.

»Großartig!«, sagte Mattes anerkennend und beschloss, nicht auf den späten Arbeitsbeginn einzugehen. Das kam ihm plötzlich gar nicht mehr so wichtig vor. Er klopfte Peter auf die Schulter: »Mach mir mal eine Vorauswahl für vier bis fünf Seiten«, und nickte Nadine zu, die lächelnd auf den Bildschirm guckte: »Das gibt ein sensationelles Heft!«

Der Tag verging rasend schnell, und Mattes schaffte es nur knapp, zwischendurch mit Mina eine Runde nach draußen zu gehen. Als ein Bote kam und ihm ein kleines Päckchen vorbeibrachte, schnitt er behutsam das Klebeband auf und holte eine der neuen Visitenkarten heraus. ›Mattes Reuter, Chefredakteur, doggies live‹. Er lehnte sich in seinem dunklen Chefsessel zurück, hielt die kleine Karte vor sich hin, las sie immer wieder durch und lächelte. Hier stand es schwarz auf weiß, er war Chefredakteur. Es war zwar ein bisschen albern, dass er von einer kleinen Visitenkarte so gerührt wurde, zumal er sie ja selber in Auftrag gegeben hatte, aber es ließ sich nicht leugnen.

»Eine kleine Karte für die Menschheit, ein großer Augenblick für mich«, flüsterte er und steckte sie sorgfältig in seine Brieftasche.

›doggies live‹ musste einfach ein Erfolg werden. Er hatte keine Ahnung, was er machen sollte, wenn das Projekt scheitern würde. Es war nicht tröstlich, dass er sich die Gedanken um seine berufliche Zukunft erst nach Absitzen einer vermutlich langen Haftstrafe machen müsste.

48 völlig neu zu konzipierende Magazinseiten verlangten extrem viel Vorarbeit, und Mattes, der auf keinen Fall ein übliches Heft, sondern wenn, dann eine aufsehenerregende Neuheit auf den Markt bringen wollte und sich andernfalls beim Rundgang im Gefängnishof sah, hängte sich voll rein. Es waren nur noch gute zwei Wochen Zeit bis zum Druckbeginn, und da musste jeder maximalen Einsatz zeigen. Als wie an fast jedem Nachmittag gegen 17 Uhr die Tür von Peter Plattlers Büro zugedrückt wurde und Mattes ihn mit klimpernden Autoschlüsseln den Flur entlanggehen hörte, sprang er auf.

»Was ist los?«, hielt er ihn auf. »Ein Außentermin?«

Peter guckte ihn verwundert an: »Nee, Feierabend.«

Gerade heute? Er war viel zu spät gekommen und wollte jetzt schon wieder gehen?

Mattes reagierte sauer: »Ich hab nichts davon gehört, dass du jetzt eine Beamten-Halbtagsstelle hast.«

»17 Uhr ist Schluss!«, brummte Peter und ging weiter.

»Bisher war das vielleicht so, aber das kannst du vergessen! Wir haben noch unglaublich viel zu tun, bis das Magazin steht, da kann sich keiner auf einen 17-Uhr-Feierabend berufen!«, erklärte Mattes verärgert.

Peter drehte sich um: »Mir ist egal, ob ich für ›Hasso und Fina‹ arbeite oder für ›doggies live‹. Ich verbringe meine Zeit hier bis 17 Uhr und dann gehe ich nach Hause. Fang nicht damit an, dass wir ab jetzt länger arbeiten sollen! Ich hab auch noch andere Sachen, die mir wichtig sind. Wenn ein Magazin mit 48 Seiten nicht zu schaffen ist, machen wir eben eins mit 24.«

Nadine und Frau Althoff unterbrachen ihr Gespräch an der Kaffeemaschine und hörten zu.

Mattes lehnte sich genervt an die Wand und strich sich die Haare aus der Stirn. Dann erklärte er nachdrücklich: »Hört mal, wir haben ein riesengroßes Projekt vor uns, und wenn wir das nicht in drei Wochen am Start haben, können wir die Redaktionsräume auch gleich in die Luft sprengen. Dann seid ihr nämlich alle unwiderruflich draußen, und ich werde froh sein, wenn ich eine Stunde am Tag im Hof im Kreis laufen darf. Wenn's nicht anders geht, werden wir ab jetzt Tag und Nacht durcharbeiten.«

Er sah sie flehend an: »Es geht nur um die nächsten drei Wochen. Wenn das Ding einmal läuft, haben wir alle Freiheiten. Aber jetzt kommt es auf jeden an, keiner darf sich rausnehmen, sonst bekommen wir es nicht gebacken.«

In Frau Althoffs Büro regte sich Mucki lautstark über den Lärm im Flur auf. Peter Plattler stöhnte genervt und steckte mit grimmiger Miene den Autoschlüssel in seine Hosentasche.

»O. k.«, knurrte er, »aber unter einer Bedingung.«

»Die wäre?«

»Der Kläffer bleibt zu Hause!«

»Abgelehnt«, sagte Frau Althoff und sah ihn herausfordernd an.

Nadine mischte sich ein: »Komm schon, Peter! Nur drei Wochen.«

Peter starrte sie sauer an und knurrte dann extrem schlecht gelaunt: »Drei Wochen und keinen Tag länger!«

Unter den Blicken der Kollegen drehte er sich um, ging zu seinem Büro und knallte die Tür zu.

Puh! Ein hart erkämpfter Sieg, dachte Mattes und lächelte die beiden anderen erschöpft an. Vermutlich trauten sich Nadine und Frau Althoff jetzt nicht mehr nach Hause, ehe er das

Signal dazu gab. Egal. Heute würden sie alle bis spät in den Abend arbeiten. Zum Erholen gab es ab morgen das Wochenende, aber auch da sollte er in Anbetracht der noch ausstehenden Arbeiten einige Aufgaben verteilen. Was spräche dagegen, dass Peter weitere Fotos vorbereitete und Nadine Artikel schrieb oder Anzeigenkunden ansprach? Er selber würde ja auch über seinen Texten hängen. Er machte das alles ja nicht für sich, sondern für das gesamte Team. Schon während er darüber nachdachte, wusste er, dass das gesamte Team ihn mit Freude in eine Jauchegrube werfen und anschließend geteert und gefedert aus dem Hinterhof jagen würde, wenn er Wochenendarbeit vorschlagen würde. Aber sie würden schon erkennen, was er ihnen Gutes getan hatte, sobald das Magazin erfolgreich an die Spitze schoss. In drei Wochen war es so weit.

Die Gesellschaft auf dem Flur löste sich still auf, und Mattes begab sich an seinen Schreibtisch. Er genoss das Gefühl, ein Vorbild für die gesamte Mannschaft zu sein, ein Chef, der keinen Augenblick lang auf die Uhr blickte, der keine Sonderstellung einnahm und zum Feierabend erst gedrängt werden musste. So hatte er sich das in den ganzen Jahren immer vorgestellt: ein Team, das gemeinsam auf ein Ziel hinarbeitet und das alle privaten Interessen zurückstellt, wenn das Projekt es erfordert. So wie jetzt. Unglaublich, wie er die Mitarbeiter immer wieder motivieren konnte. Die Gene für eine leitende Position hatte er eben immer schon gehabt.

Mattes setzte sich wieder vor seinen Computer und recherchierte weiter über Sportarten, die zusammen mit Hund betrieben werden konnten und die bei richtiger Anwendung zur Gewichtsreduktion verhelfen konnten.

Als er im Internet einige mögliche Experten dazu gefunden und ihre Kontaktadressen notiert hatte, fiel sein Blick auf die Uhr. Es war schon nach 18 Uhr. In der Redaktion herrschte konzentrierte Arbeitsstille, und Mattes horchte versonnen auf das leise Klappern von Nadines Tastatur. Sie waren alle dran und zogen mit. Großartig. Sogar Tina sortierte mit ihren behandschuhten Händen immer noch Ordner im Regal um.

Plötzlich fuhr er hoch. Es war Freitag! Um 19 Uhr wartete Alex im Tennisclub auf ihn. Scheiße, das war jetzt mehr als ungünstig, nachdem er eben den dicken Chef markiert hatte. Sollte er Alex absagen? Nein, Alex war wichtig, die Stunde war ein fest abgesprochener Termin, und er hatte sie schon in der letzten Woche vorzeitig abgebrochen. Mist! Schnell fuhr er seinen Computer runter, rief Mina und verließ das Zimmer.

»Frau Althoff, ich muss dringend weg«, rief er durch die geschlossene Tür und nuschelte schwer verständlich etwas von einem Geschäftstermin, in der Hoffnung, dass sie nicht nachfragen würde. Jetzt schnell weg, ehe jemand reagieren konnte.

Er war fast am Ausgang, da hörte er, dass eine Bürotüre mit Schwung geöffnet wurde und Peter mit wütender Ironie auf den Flur rief: »Es kommt auf jeden an! Keiner darf sich rausnehmen!«

Das waren eindeutig seine eigenen Worte gewesen. Mattes tat so, als würde er sie nicht hören.

Alex saß in der Tennishalle und las Zeitung. Er blickte hoch: »Sieben Minuten zu spät. Seit du ernsthaft arbeitest, wirst du unzuverlässig.«

Schnaufend ließ sich Mattes neben ihn fallen. »Als Chef ist man morgens der Erste und abends der Letzte.«

Alex sah ihn spöttisch an: »Aber du doch nicht!«

Er folgte Mattes Blick, der konzentriert den beiden spielenden Frauen auf dem Nachbarfeld zusah.

»Ist die Linke nicht die Frankenfelder?«, fragte Mattes halblaut.

Alex nickte verwundert: »Ja, aber die ist doch locker fünfzehn Jahre älter als du und außerdem verheiratet.«

Er bekam einen Ellbogenstoß in die Seite, und Mattes sagte: »Aber ich hab sie mal mit einem Hund gesehen, und ihr Mann ist im Vorstand eines dicken Autokonzerns.«

»Ja, und?«

»Wart's ab! Wenn die aufhören zu spielen, quatsch ich sie an.«

Alex guckte verständnislos: »Mattes, ehrlich, ich versteh ja, dass du zurzeit massiv sexuell unterversorgt bist, aber so schlimm kann's doch gar nicht sein! Ist noch alles klar bei dir?«

Mattes griff nach seinem Schläger: »Komm, wir spielen eine Runde und ich zeig dir, wie klar ich bin!«

Den ersten Satz verlor Mattes knapp, weil er unkonzentriert blieb und immer wieder einen Blick auf das Nachbarfeld warf, um den dortigen Aufbruch nicht zu verpassen.

»Was ist los mit dir?«, rief Alex, der den sonst üblichen Kampfgeist vermisste.

Mattes schlug einen Ball an ihm vorbei ins Aus und antwortete: »Ich kann nicht mehr abschalten. Es dreht sich alles um das Magazin.«

Alex grinste: »So kenne ich dich gar nicht. Abschalten war immer deine Stärke. Wenn du etwas immer und überall konntest, dann abschalten.«

Mattes zog einen neuen Ball aus seiner Tasche und schlug ihn blitzschnell auf Alex, der gerade noch ausweichen konnte.

»Ey, sie gehen!«, informierte ihn Alex in diesem Moment halblaut und deutete auf das Nachbarfeld. Die beiden Frauen hatten ihre Schläger unter den Armen und gingen nebeneinander vom Feld, leise miteinander redend. Mattes trat gegen einen Tennisball, der vor ihm lag und schoss ihn flach vor die Füße der Frauen.

»Oh, sorry, der ist von mir!«, rief er sofort laut und eilte an dem erstaunt guckenden Alex vorbei auf sie zu.

»Du wirst doch jetzt nicht ernsthaft dieses alte Schlachtschiff entern wollen?«, raunte Alex ihm angewidert hinterher.

Freudig und überrascht sah Mattes Frau Frankenfelder an und lächelte charmant: »Ach, guten Abend. Was macht Ihr Hund?«

»Dorca geht es gut«, lächelte sie und konnte nicht verbergen, dass sie keine Ahnung hatte, wer vor ihr stand.

Mattes half ihr aus der Verlegenheit: »Ich bin Mattes Reuter, Chefredakteur, und ich hatte schon oft mit Ihrem Mann zu tun.«

Er kannte ihren Mann überhaupt nicht, aber die Wahrscheinlichkeit, dass der mit ihr über alle seine Geschäftspartner sprach und Namen nannte, war gering.

»Angenehm«, lächelte sie erleichtert und reichte ihm die Hand. »Und Sie kennen auch Dorca?«

»Ja, die ist mir gleich aufgefallen. Wissen Sie, ich habe einen Blick dafür. Seit Monaten arbeite ich mit einem Team an ›doggies live‹, einem ganz neuen, innovativen Hundemagazin für den hochklassigen Bereich, und da fallen mir solche Prachtexemplare wie Ihre Dorca natürlich sofort ins Auge.«

Frau Frankenfelder lächelte geschmeichelt, während sich Mattes fieberhaft zu erinnern versuchte, was für eine Hunderasse Dorca war. Er hatte sie doch mal im Park gesehen. Jetzt ein Kompliment über den Hund, und die Sache wäre geritzt. Leider erinnerte er sich nur noch, dass er Frau Frankenfelder mit einem eher großen Hund gesehen hatte. Ein Windhund? Nein, kräftiger. Vielleicht ein Podenco aus dem Tierschutz?

»Sie machen ein Hundemagazin?«, fragte Frau Frankenfelder interessiert. Sie hatte angebissen.

Mattes bestätigte: »Ja, es kommt in zwei Wochen raus. Ich saß heute den ganzen Tag in Verhandlungen um die Werbeseiten. Die großen Firmen sind ganz wild darauf, denn es ist jetzt schon sicher, dass das Magazin voll durchstarten wird.«

»Ach, da haben Sie meinen Mann sicher heute auch getroffen«, stellte sie zufrieden fest.

Mattes tat verwundert: »Nein. Ich bin, ehrlich gesagt, etwas erstaunt, dass ausgerechnet der Konzern Ihres Mannes nicht mit uns in Verbindung getreten ist. Die Konditionen für die Werbeseiten sind phantastisch, und da Ihr Mann so hundebegeistert ist, hatte ich fest damit gerechnet, dass er interessiert wäre.«

Frau Frankenfelder sah enttäuscht aus. Mattes guckte betroffen. Dann sagte er: »Wegen Dorca würde ich gerne Ihnen den Vorzug geben, aber die Verhandlungen um die letzten Werbeseiten laufen schon. Das müsste jetzt schnell gehen, damit ich da noch was drehen kann. Es wäre ja auch sehr schön, wenn wir mal ein Foto von Ihrer Dorca im Magazin bringen könnten. Sie ist ja wirklich ein außergewöhnlich hübscher und intelligenter Hund.«

»Mein Mann wird Sie anrufen«, sagte Frau Frankenfelder geschmeichelt.

Mattes reichte ihr seine Visitenkarte: »Ich freu mich drauf.«

Als er lässig auf sein Spielfeld zurückkam, packte Alex gerade seine Sachen ein.

»Ist sowieso gleich Schluss«, erklärte er und nickte anerkennend: »Wenn du was durchziehst, dann richtig. Komm, lass uns noch was trinken, ehe wir fahren! So viel Zeit hast du doch, oder triffst du dich mit den Damen noch zum Abendessen, um deine Werbeseiten zu verkaufen?«

»Nicht nötig«, gab Mattes zurück, »glaub mir, das läuft jetzt von alleine.«

Alex atmete erleichtert auf: »Ich hatte ernsthaft die Befürchtung, dass das Single-Leben bei dir sehr bizarre Auswirkungen angenommen hat.«

Um Punkt 11 Uhr am nächsten Morgen saß Astrid, wie jeden Samstag, mit einer Zeitschrift und einer Tasse Kaffee auf der Terrasse und genoss die spärlichen Sonnenstrahlen. Vor ihr stand ein kleines Schälchen auf dem Tisch, in das sie ab und zu griff und sich einen Keks herausnahm, um ihn zu knabbern. Mattes setzte sich wortlos dazu, lehnte sich entspannt in einem Sessel zurück und schloss die Augen. Wunderbar. Wenn nur nicht das ununterbrochene Kaugeräusch seiner Schwester die entspannte Atmosphäre stören würde.

»Wieso isst du eigentlich Kekse zum Frühstück? Ich dachte, du wolltest abnehmen?«, fragte Mattes mit geschlossenen Augen.

Das Kaugeräusch hörte auf, aber eine Antwort blieb aus. Blinzelnd sah er zu seiner Schwester hinüber, die ihn schuldbewusst anstarrte.

Er richtete sich auf: »Du kannst von mir aus Kekse essen, so viel du willst«, beruhigte er sie, da fiel sein Blick auf das Schälchen. Komisch, die sahen fast so aus wie Minas Hundekekse. Wenn er nicht genau wüsste, dass ... aber wusste er genau? Misstrauisch beugte er sich nach vorne, da schnappte sich Astrid das Schälchen, zog es an das andere Ende des Tisches und hielt ihre Hände darüber.

»Du isst doch wohl keine Hundekekse?«, fragte Mattes überrascht.

»Die haben ganz wenig Kalorien, nur 25 auf 100 Gramm,

und es ist sehr viel Getreide drin«, beteuerte Astrid hastig und setzte hinterher: »Und eigentlich schmecken die gar nicht so schlecht. Also für die wenigen Kalorien, die sie nur haben.«

Sie brach ab und rückte das Schälchen seufzend zurück in die Tischmitte.

»Und darum futterst du der armen Mina das Essen weg?«, fragte Mattes in vorwurfsvollem Ton.

Astrid fuhr hoch: »Tu ich ja gar nicht. Ich hab mir die Packung selber gekauft.«

Es war ihr sichtlich unangenehm, und sie entschuldigte sich: »Es war erst ein Versehen. Ich hatte den ganzen Tag noch nichts gegessen, und da lag plötzlich ein Keks vor mir. Und erst als ich ihn gegessen hatte, habe ich überlegt, wo der herkam. Als mir klar wurde, dass es Minas Hundekeks war, wurde mir zuerst übel, aber dann ging mir nur durch den Kopf, dass der erstaunlich gut geschmeckt hatte. Und er ist mit Vollkorn gebacken und hat die Vitamine A, C, E plus Eisen. Steht alles auf der Packung. Wusstest du, dass Hunde solche Spitzenprodukte fressen?«

Mattes bekam einen Lachanfall. »Ich fasse es nicht! Meine Schwester Astrid ernährt sich von Hundekeksen. Wenn das deine Klienten wüssten!«

»Um Himmels willen!«, rief Astrid. »Bei meinen Seminaren nehme ich mir doch immer diese Kekse mit, weil sie so wenige Kalorien haben, und manchmal muss ich sie in der Kaffeepause höflicherweise anbieten und rumgehen lassen.«

Mattes sah sie erwartungsvoll an.

Sie versicherte: »Es hat sich noch nie einer beschwert. Im Gegenteil! Ich soll die immer wieder mitbringen und manche fragen, wo es die gibt. Ich sag dann immer, dass mein Bruder sie aus Frankreich mitbringt und dass sie eine bretonische Spezialität sind.«

»Mein Gott, ist das krank«, stöhnte Mattes.

Kleinlaut gab Astrid zu: »Mama mag sie auch sehr gerne«, und beschwor ihn: »Aber sag es ihr nicht! Wenn du das machst, hack ich dich in kleine Würfel!«

In diesem Moment klingelte Mattes Handy. Er griff danach und begab sich mit schnellen Schritten in den Garten, außer Hörweite seiner Schwester.

Eine Männerstimme meldete sich: »Frankenfelder hier.«

Oh, da hatte seine Frau aber gedrängt.

»Schön, dass Sie anrufen«, sagte Mattes freundlich, aber ein wenig distanziert. Ganz cool bleiben. Bloß nicht erkennen lassen, dass er ein gutes Geschäft witterte.

Herr Frankenfelder dachte das anscheinend ebenfalls.

»Ein Geschäftspartner hat mir von Werbemöglichkeiten in Ihrem neuen Magazin erzählt.. Das könnte für unsere Firma interessant sein. Leider habe ich erst jetzt davon erfahren.«

Ah, ein Geschäftspartner, dachte Mattes und grinste. Junge, es war deine Frau!

»Wir sind fast ausgebucht, Herr Frankenfelder«, sagte er. »Aber ich könnte da womöglich noch etwas schieben. Wenn ich mir das so spontan überlege, ein langfristiger Vertrag mit Ihrer Firma würde ganz gut ins Konzept des Magazins passen. Wir möchten hochwertige Partner haben, die unserem Niveau entsprechen.«

»Nun, das müsste zu machen sein«, sagte Herr Frankenfelder schnell, und Mattes antwortete ruhig: »Dann werde ich gleich am Montag unsere Frau Berger zu Ihnen schicken, die mit Ihnen über die Konditionen reden kann. Sie müssen sich nur bitte schnell entscheiden, denn Ihre Konkurrenz hat schon so gut wie unterschrieben.«

»Ich werde sehen, was sich machen lässt«, sagte Herr Frankenfelder geschäftsmäßig. Dann wurde seine Stimme vertraulicher: »Ich habe gehört, Sie kennen auch Dorca und meine Frau?«

Es fiel Mattes sofort auf, dass er den Hund vor seiner Frau genannt hatte, und er musste sich zusammenreißen, sich das Lachen nicht anhören zu lassen.

»Ja, Ihre Frau kenne ich aus dem Tennisclub, wir sehen uns da öfter, und Dorca habe ich schon häufig im Park getroffen. Die ist wirklich außergewöhnlich hübsch.«

Jetzt hörte sich die Stimme des Anrufers fast schon aufgeregt an: »Ja, das ist sie. Ist es vielleicht möglich, dass Sie ein Foto von ihr im Magazin abdrucken?« Schnell fügte er mit ernster Stimme hinzu: »Also von Dorca, nicht von meiner Frau.«

Als Mattes zustimmte, lachte er aufgedreht und versprach: »Ich glaube, wir kommen ins Geschäft, Herr Reuter. Schicken Sie Ihre Frau Bergner, oder wie sie heißt, gleich Montag früh zu mir!«

Mattes warf siegesbewusst eine Faust in die Höhe und sagte währenddessen mit ruhiger Chefstimme ins Telefon: »Ich bin zuversichtlich, dass wir uns einig werden.«

Erst als die Telefonverbindung mit einem Klicken das Ende anzeigte, stieß er einen halblauten Schrei aus und sprang kurz in die Luft. Hey! Das war ein Superkunde! Wenn er den im Boot hatte, würden sich andere vom gleichen Kaliber um die Werbeplätze streiten. Er sollte sofort auch mal bei Astrid nachfragen, welcher ihrer Kunden einen Hund hatte.

Kurz entschlossen eilte er zur Terrasse zurück, die aber leer war. Nur die Hundekekse lagen im Schälchen auf dem Tisch. Leise klopfte er an die geschlossene Glastür zum Wohnzimmer. Astrid öffnete etwas gehetzt und drehte sich sofort wieder um: »Ich hab fast meinen Termin vergessen. Ein Seminar mit acht Teilnehmern zum Thema ›Time-Management und Stress-Abbau‹. Ich bin total spät dran.«

Während sie im Schrank nach passenden Schuhen suchte, fragte er: »Sind unter deinen Kunden auch zufällig Hundebesitzer?«

Ihr Gesicht tauchte wieder vor ihm auf, und sie fragte misstrauisch: »Ja, leider. Warum?«

»Nur so.«

»Ach, Mattes, hör auf, du machst niemals was nur so.«

»Ich hab gedacht, ich könnte ein paar Freunde für Mina finden und so ganz nebenbei vielleicht mal in irgendeiner Firma einen Job bekommen. Ich mein, wenn die dich als Beraterin kennen und ich dein Bruder bin und einen netten Hund hab und sie mich darüber zufällig kennenlernen, könnte das meine Möglichkeiten für einen Job durchaus erhöhen.«

Astrid zog auf einem Bein balancierend nacheinander die Schuhe an und hüpfte dabei, verzweifelt das Gleichgewicht haltend, durch den Flur.

»Ich habe nur erfolgreiche Klienten, die ich noch erfolgreicher mache. Was sollen die mit jemandem wie dir?«

»Na, hör mal!« Mattes war empört: »Wenn ich erst mal drin bin, werde ich denen schon zeigen, was ich kann.«

Mit schnellen Schritten lief Astrid bis zum Badezimmer, kehrte zurück und trug vor dem Wandspiegel im Flur mit hastigen Bewegungen Wimperntusche auf.

»Soll ich denen sagen, dass mein Bruder über Königshäuser berichten kann, kleine Lokalmeldungen schreibt, 'nen verfressenen, unerzogenen Hund hat, ihm die Freundin abgehauen ist und er ansonsten rumhängt?«, fragte sie und setzte schnell hinterher: »Ach, und Pizza ausfährt, das hatte ich vergessen.«

Gehetzt brachte sie ihre Schminkutensilien zurück ins Bad.

Mattes rief über den Flur: »Ich will nur wissen, wer Hunde hat, den Rest mache ich alleine.«

Astrid kam über den Flur, nahm eine Jacke aus der Garderobe und streifte sie über: »Nur, wenn du meinen Namen rauslässt und erst sagst, dass du mein Bruder bist, wenn du bei einem von ihnen erfolgreiche Arbeit geleistet hast.«

»Versprochen!«, rief Mattes ihr hinterher und sah, wie sie die Tür hinter sich zufallen ließ.

Nun stand er allein in ihrem Flur. Vor sich sah er durch die offene Tür ins Esszimmer und auf den Tisch, den sie für die vermutlich noch schlafende Familie gedeckt hatte. Frühstück konnte nicht schaden. Mattes griff nach der Zeitung, die noch ungelesen auf der Treppe lag, begab sich ins Esszimmer und goss sich Kaffee aus der Isolierkanne in eine der bereitgestellten Tassen. Astrid dachte wirklich an alles. Was die für Godehard und ihre beiden Kinder machte, war phantastisch. So ein fertig gedeckter Tisch fehlte ihm in seiner Wohnung. Genüsslich strich er Butter auf eine Brötchenhälfte und köpfte ein Ei, das er unter einer kleinen, silbernen Warmhaltehaube gefunden hatte. Wenn er rechtzeitig, sobald er aus dem oberen Stockwerk erste Geräusche hörte, die Spuren verwischte, würde niemand seinen Besuch bemerken. Der Gedanke an Godehards verwunderten, fragenden Gesichtsausdruck, weil es an diesem Morgen kein Ei für ihn gab, gefiel ihm.

Als er etwas später leise die Wohnung verließ, hatte er sogar ein frisches Gedeck aufgelegt, und der Tisch wirkte, bis auf die Lücken im Lebensmittelbereich, völlig unberührt. Darin war er besser als Harras. Er lachte bei dem Gedanken. Harras war der Schäferhund seiner Nachbarn gewesen, der zwar laut und einschüchternd bellte, wenn sich jemand dem Grundstück näherte, dann aber freundlich zum Kraulen aufforderte, wenn man es nah an ihn heran geschafft hatte. Ein liebenswürdiges Wesen, das nur auf Entfernung den abgerichteten Wachhund spielte.

An einem Sonntag vor vielen Jahren gab es einmal lautes

Geschrei in der Küche, und Frau Majowski lief anschließend schimpfend durch den Garten. Aufgeregt schilderte sie, dass Harras soeben den für den Ofen bereitliegenden Braten vom Tisch geklaut hatte, was besonders tragisch war, weil für das Mittagessen Besuch erwartet wurde. Hilfsbereit war Mattes sofort über den Zaun geklettert, um zusammen mit den anderen nach dem Hund zu suchen, der seit der Tat verschwunden war und vermutlich gerade irgendwo das große Fleischstück verschlang. Die Nachbarstochter fand Harras nach intensiver Suche im Elternschlafzimmer und rief laut nach der Familie. Sofort strömten alle herbei. Harras lag gut versteckt unter dem großen Doppelbett, dessen geraffte Überdecke den Blick auf ihn verdeckt hatte, zwischen den Vorderpfoten lag der unberührte Braten.

Zu Mattes Überraschung griff Frau Majowski einfach unter das Bett und zog das Fleisch hervor. Das war völlig anders als bei Tante Thea und Arco, denn Harras machte keine Anstalten, seine Beute zu verteidigen. Dabei war die doch Spitzenklasse und viel besser als ein alter Knochen. Die Majowskis begutachteten den Braten sorgfältig, drehten ihn nach allen Seiten und stellten fest, dass der Hund sich nicht getraut hatte hineinzubeißen, sondern ihn nur gründlich abgeleckt hatte. Harras kam mit gesenktem Kopf und eingeklemmtem Schwanz unter dem Bett hervor und blickte schuldbewusst nach oben.

Frau Majowski sagte empört: »Pfui, Harras!«, und gab ihrer Tochter die Anweisung: »Wasch das Fleisch ab und leg es in den Ofen. Wird schon keiner merken.«

Dass der Braten dann noch gegessen und sogar mit unschuldigem Blick dem Besuch angeboten wurde, fand Mattes damals wie heute empörend. Dass Frau Majowski keine Sekunde gezögert hatte, dem Hund das Fleisch einfach unter der Nase wegzunehmen, hatte ihn fasziniert. Was machte sie so sicher, dass Harras sie nicht anfallen würde? Es sprach immer mehr dafür, dass Tante Thea bei Arco irgendetwas Grundsätzliches falsch machte.

Das Wochenende verging mit dem Schreiben von Texten, nur die Spaziergänge mit Mina waren die einzige Abwechslung. Am Sonntagnachmittag brachte ihm Astrid ein Stück selbstgebackenen Kuchen vorbei und legte eine Liste dazu: »Hier, das sind Klienten, die einen Hund haben. Vermutlich habe ich noch mehr, aber ich weiß es nicht immer. Obwohl ich schon oft gedacht habe, dass ich das in vielen Fällen am Typ erkennen kann. Genauso wie ich dir sagen kann, welche Frau eine Katze hat. Das sieht man einfach.«

Mattes griff nach der Liste: »Wenn du beim ersten Blick auf einen Menschen nicht nur sagen kannst, ob der einen Hund oder eine Katze hat, sondern auch durch gezieltes Schnüffeln am Hintern des Menschen die Rasse des jeweiligen Haustieres erkennen kannst, wirst du berühmt. Es gibt da eine Fernsehshow, in der man mit solch überflüssigen Leistungen auftreten kann.«

Astrid schnaubte durch die Nase: »Glaub mir, ich erkenne Hundehalter am Geruch! Spätestens wenn ich in ihrem Auto sitze.«

Er sah die Namen durch und grinste Astrid zu: »Danke für die Liste. Ich hoffe, der Kuchen hat einwandfreie Zutaten, die nicht in der Tierfutterabteilung zu bekommen sind?«

»Natürlich«, versicherte Astrid und verdrehte die Augen. Dann wurde sie ernst: »Wenn du bei den Leuten meinen Namen nennst, bring ich dich um!«

»Wenn du mich umbringst, erbst du Mina und bist Hundebesitzerin. Das sollte dich von diesem Plan abbringen.«

»Tut es!«, bestätigte Astrid lachend. »Es reicht, wenn ich

mich morgen um sie kümmern muss. Und ihr seid wirklich abends wieder aus Hamburg zurück?«

»ICH bin zurück«, korrigierte Mattes, »nicht wir. Auch wenn du es nicht glauben willst, ich fahre tatsächlich alleine.«

Astrids Augen leuchteten auf: »Ich hab's! Sie wohnt in Hamburg! Dass ich da nicht früher drauf gekommen bin!« Triumphierend guckte sie ihn an: »Versuch niemals, deine große Schwester hinters Licht zu führen! Ich finde alles heraus!«

»Das befürchte ich auch«, gab Mattes zu. Astrid drehte sich beim Rausgehen noch einmal um: »Du wolltest mit Robin ins Kino gehen«, erinnerte sie ihn mit leiser Stimme. »Versprich ihm nicht solche Sachen, wenn du sie nicht halten kannst.«

Mattes seufzte schuldbewusst. »Es geht gerade wirklich nicht. Aber in drei Wochen habe ich Zeit, dann unternehme ich einen ganzen Tag lang etwas mit ihm.«

»Enttäusch ihn nicht!«

Am Montagnachmittag brachte ihn ein Taxi vom Flughafen in die Redaktion zurück. Der ›Royal Dogs Club‹, der aufwendige Events rund um den Hund veranstaltete, hatte vor Ort nicht mehr sehr eindrucksvoll ausgesehen, und der Vorstand erinnerte Mattes an den Vorstand eines Hunde-Drill-Vereins. Ihm fehlte der erkennbare Spaß an der Sache, und nach seinem Gefühl wollten sich eher einige Menschen profilieren und sahen die Hunde nur als Mittel dazu.

»Den Bericht streichen wir komplett«, entschied er, als er wieder in der Redaktion war, und beauftrage Nadine, nach einem ähnlichen Thema zu suchen.

Er rief bei Astrid an, um sich nach Mina zu erkundigen, die er morgens in seiner Wohnung gelassen hatte.

»Ich muss meine Wohnung ausräuchern lassen, denn dein

Hund hat nicht nur tonnenweise Fell verloren, sondern auch Flöhe in meinen Teppich gesetzt!«

»Wieso soll die plötzlich Flöhe haben? Gestern habe ich noch nichts davon bemerkt«, sagte Mattes verwundert.

Astrid war sauer: »Kannst du dir beim nächsten Mal bitte einen Nackthund zulegen? Du müsstest mal gucken, wie es hier aussieht! Und dabei war der Hund keine halbe Stunde in der Wohnung. Überall büschelweise Haare und dann auch noch Flöhe auf dem Teppich. Grauenhaft! Ich hab den Kindern gesagt, sie sollen nach der Schule bei ihren Freunden bleiben, und Godehard arbeitet heute so lange in der Firma, bis das ganze Ungeziefer beseitigt ist.«

»Springen die Flöhe?«, fragte Mattes nach.

»Meinst du, ich leg mich jetzt auf den Teppich und guck zu, wie die hopsen?«, fragte Astrid fassungslos.

Mattes versuchte sie zu beruhigen: »Ich glaube, das sind irgendwelche Samen, die sich Mina beim Spazierengehen eingefangen hat. Warst du mit ihr im Wald?«

»Ja, aber da hab ich nichts von Samen gesehen.«

Mattes schüttelte den Kopf: »Los, nimm dir deinen Staubsauger und saug einfach alles weg! Das sind niemals Flöhe! Und die drei Haare von Mina wirst du auch überleben.«

»Drei?«, rief Astrid aufgebracht. »Wenn ich die zwei Wochen lang sammle, kann ich mir einen Pullover davon stricken!«

Mattes grinste: »Du weißt, dass du damit im Regen wie nasser Hund riechst?«

Astrid schnaubte heftig und legte auf.

O.k., den beiden ging es gut, das war beruhigend.

Noch nie waren ihm die Tage so kurz vorgekommen. Aber wenn er ehrlich war, hatte er auch noch niemals in seinem Leben so viel gearbeitet. Es war nie nötig gewesen. Als Finder hatte er sich niemals bemüht, selber etwas zu erreichen, denn alles war ihm zugefallen. Gut, es waren dann nicht die spektakulären, ihm wichtigen Dinge gewesen, die bei seinen Wünschen ganz oben auf der Liste standen, aber es reichte, um ihm das Gefühl zu geben, auf dem richtigen Weg zu sein. Diesmal war ihm klar, dass er nicht drei Wochen lang warten durfte, dass ihm gute Artikel und ein fertiges Magazin vor die Füße fielen, diesmal musste er sein Finderglück ein wenig anschubsen. Ein wenig anschubsen hieß, dass er inzwischen fast ununterbrochen daran arbeitete.

Ärgerlich war nur, dass Peter Plattler auch nach dem Gespräch über die neuen Arbeitszeiten immer noch gerne am Nachmittag die Redaktion verließ, auch wenn Mattes demonstrativ bis in den Abend weiterarbeitete und Peter morgens die vorbereiteten Artikel auf seinem Schreibtisch vorfand.

Als er ihn darauf ansprach, reagierte Peter unwillig und behauptete, zuhause mehr als genug für das Scheißmagazin zu arbeiten. Tatsächlich hatte er jeden Tag fertige Seiten mit Texten und Bildern, die er Mattes zur Ansicht auf den Tisch legte, aber Mattes war sicher, dass er das in kurzer Zeit zusammenbaute und sich dann mit anderen Sachen beschäftigte.

Wie sonst war es zu erklären, dass sich schon wieder zwei neue Plakate der Suizeed-Gruppe an der Wand befanden.

Am Abend nach einem dieser übervollen Tage rief Mattes bei Alex an, um das gemeinsame Laufen am nächsten Morgen abzusagen. »Ich krieg das nicht gebacken. Um kurz nach neun habe ich schon einen Termin mit einem Sportmediziner, der die Expertentipps für den Sport mit Hunden macht, und ich schaffe es vorher gerade mal, mit Mina um die Ecke zu gehen. Du glaubst nicht, wie viel Arbeit ich gerade habe.«

Alex reagierte gewohnt klar: »Jetzt stell dich mal nicht so an! Erst jahrelang das Gejammer, dass du Chefredakteur werden willst, jetzt bist du es endlich und heulst, dass du zu viel arbeiten musst. Der Preis für beruflichen Erfolg ist eben körperlicher Abbau. Aber als Karrieretyp wirst du demnächst deinen Personal Trainer haben, der dich um den See jagt und wieder fit macht.«

Mattes lachte: »Als Personal Trainer reichst du mir. Das Blöde ist nur, dass ich DICH jagen muss, damit du ein bisschen auf Tempo kommst.«

»Nächste Woche werden wir sehen, wer hier wen jagt«, versprach Alex und legte auf.

Bei der kurzen morgendlichen Runde konnte es Mattes auch diesmal nicht unterlassen, im Park vorbeizugehen. Als ihm Berry schwanzwedelnd vor die Füße lief, war er erleichtert und grinste Beatrice, die über einen Seitenweg mit wippenden, langen Haaren auf ihn zukam, freudig zu. Sollte er cool tun oder offensiv rangehen?

Er entschied sich spontan für ein ehrliches: »Hallo, ich hab dich letzte Woche vermisst«, und erkannte an ihrem freudigen Lächeln, dass es ihr gefiel.

»Wir hatten Bücherlieferungen, und da musste ich früher im Laden sein.« Sie sah ihn aufmerksam an: »Du siehst müde aus. Was macht das Schreiben?«

»Es ist viel zu tun«, sagte er und überlegte, ob er ihr von dem Hundemagazin erzählen sollte. Aber in Anbetracht der schwebenden Entwicklungen und der extrem kleinen Redaktion kam ihm das falsch vor. Vielleicht würde er ihr zu gegebener Zeit eines der fertigen Hefte mitbringen.

»Ich muss leider sofort wieder gehen«, sagte er und ärgerte sich, dass der blöde Sportmediziner auf einen so frühen Termin bestanden hatte. Aber er war froh, dass er überhaupt jemanden gefunden hatte, der bereit war, für ein noch unbekanntes Hundemagazin als Experte aufzutreten. Noch fünf Nummern weiter, und die Sportmediziner würden sich darum reißen, im Heft erwähnt zu werden.

»Schade, dass wir uns immer nur so kurz sehen«, sagte er spontan und lenkte schnell auf die Hunde ab. »Mina und Berry würden bestimmt gerne mal länger zusammen über die Wiese toben. Sollen wir uns vielleicht mal treffen und zusammen spazieren gehen?«

Jetzt würde er ziemlich sicher erfahren, ob Beatrice Wagner einen Mann an ihrer Seite hatte oder nicht. Und ob sie sich überhaupt mit ihm treffen wollte.

»Sonntag?«, schlug sie vor. »Da gehe ich mit Berry oft bis zur Mühle, diesem kleinen Ausflugslokal am Weiher. Man kann dort Kaffee trinken, und die Hunde haben viel Platz zum Toben.«

»Um 14 Uhr am Waldparkplatz?«, schlug Mattes vor, und sie nickte sofort. Am liebsten hätte er triumphierend die Faust gereckt, riss sich aber zusammen und grinste nur breit. Wow! Er traf sich am Sonntag mit Beatrice, der netten, hübschen Buchhändlerin, die ohne Zweifel rein optisch nichts von einem langweiligen Bücherwurm hatte, sondern exakt Mattes Vorstellung eines attraktiven Hinguckers entsprach.

Der Sportmediziner kannte sich aus, hielt aber die Kombination von Mensch und Hund beim Sport für nicht erstrebenswert. Das lag vor allem daran, dass er eine Katze hatte und Hunde für plumpe und geistig minderbemittelte Wesen hielt.

Mattes erwähnte ihm gegenüber nicht, dass er schon mehr als eine geistig minderbemittelte Katze gesehen hatte, dass ein leerer Katzenblick aber gerne als geheimnisvoll interpretiert wurde und die fehlende Geistesstärke damit gut überspielt wurde. Leider musste der Sportmediziner auch zugeben, dass eine gemeinsame sportliche Betätigung mit einer Katze so gut wie gar nicht durchzuführen war, da sich diese weder Argumenten noch Befehlen aufgeschlossen zeigte. Dass er als Experte seine Meinung darlegen durfte, auch wenn es für ein Hundemagazin war, schmeichelte ihm aber, und das Ergebnis des Gespräches war für Mattes trotzdem zufriedenstellend. Er wollte keine innige Feindschaft mit diesem Mann, sondern brauchte auf die Schnelle einen Experten, der dem Ganzen die nötige Seriosität verlieh. Und genau den hatte er jetzt gefunden. Nun musste Peter Plattler nur noch einen Fototermin mit ihm ausmachen, für den sie sich als Hintergrund ein Labor in der Sporthochschule ausgesucht hatten. Das sah wissenschaftlich fundiert aus, und wenn der Sportmediziner für das Foto dann anstelle seines etwas verschlissenen Pullis einen weißen Kittel oder ein weißes Hemd mit Krawatte tragen würde, käme er absolut glaubwürdig rüber. Manchmal musste man die Realität etwas verfälschen, damit sie echter wirkte.

Als Mattes zufrieden in die Redaktion kam, eilte ihm Frau Althoff entgegen. Hinter ihr klingelte das Telefon auf dem Schreibtisch, und aus dem Waschraum hallte Muckis Gebell.

»Ich werde noch wahnsinnig«, beschwerte sie sich. »Ständig ruft jemand an und fragt, wo ›Hassos Herrchen – Finas Frauchen‹ bleibt. Heute hätte das neue Heft erscheinen müssen. Die Händler haben keine Ahnung und verweisen die Kunden an uns. Der arme Mucki ist schon ganz durcheinander, und ich musste ihn aus dem Zimmer bringen. Ich glaube, das Telefonklingeln hat eine Frequenz, die er nicht verträgt.«

»Hoffentlich verträgt er die Frequenz der Wasserspülung«, bemerkte Mattes und freute sich über den vernichtenden Blick der Büroleiterin.

Säuerlich bemerkte sie: »Wenn das so weitergeht, werde ich

nicht an den Verträgen für die neuen Werbekunden arbeiten können. Aber die müssen heute raus.«

»Wir setzen Tina ans Telefon«, sagte Mattes.

Frau Althoff lehnte entschieden ab: »Nur über meine Leiche, dass habe ich Ihnen doch bereits gesagt!«

»Dann sehen Sie sich schon mal nach einem schönen Sarg um«, grinste Mattes. »Telefonieren wird sie ja können, und Anrufern sagen, dass ›Hasso und Fina‹ eingestellt wurde und dass es in drei Wochen ein ganz neues Magazin gibt, kann sie auch.«

»Ich würde es nicht riskieren«, sagte Frau Althoff und verzog das Gesicht.

Mattes ging an ihr vorbei und sagte: »Lassen Sie mich mal machen. Wie immer Chefsache. Ich erklär es Tina, und dann übernimmt sie das Telefon, während Sie die Verträge fertig machen.«

Er rief Tina und sagte schwungvoll: »Wir brauchen dich heute mal, um das Telefon zu bedienen. Ist das nicht schön?«

Tina guckte erschrocken und sagte: »Nee, das geht nich!«

»Natürlich geht das. Wer einen Kopierer bedienen darf, kann auch ans Telefon gehen. Frag Frau Althoff!«

»Hab ich ja.«

»Und?«

»Sie hat gesagt, dass ich Telefon nicht darf.«

Mattes stöhnte auf: »Ach, was weiß die denn? Natürlich darfst du das Telefon bedienen. Allerdings nur heute. Ich erkläre dir ganz genau, was du machen sollst. O. k.?«

»Voll cool!«, freute sich die Praktikantin und strahlte ihn an.

Keine zwanzig Minuten später saß Tina stolz an Frau Althoffs Schreibtisch und wartete auf eingehende Anrufe. Mattes hatte sie gründlich vorbereitet und war sicher, dass sie es schaffen würde. Die Althof hatte zwar skeptisch geguckt, sich dann aber mit Mucki in das Nachbarzimmer verzogen, wo sie die Verträge vorbereitete. Nicht ohne vorher halblaut und mit unmissverständlichem Hohn: »Mal wieder Chefsache! Das kann ja nur schiefgehen«, von sich zu geben. Was sollte schiefgehen?, fragte sich Mattes, ließ aber sicherheitshalber seine Bürotür weit auf, um mit einem Ohr mitzuhören, wie Tina sich anstellte. Die machte das sehr gut. Manchmal ein bisschen umständlich, aber welcher Anrufer ging schon davon aus, dass er in der Führungsetage landete, wenn er bei einer Redaktion anrief? Eine kleine Bürokraft am Apparat war in diesem Fall normal. Dass Tina am Ende eines Gespräches »Tschöö mit Ö« in den Hörer krähte, fand er zwar weniger professionell und durchaus verbesserungsbedürftig, aber man durfte sie auch nicht überfordern. Das hatte er insgesamt doch gut geregelt. Die Althoff sollte sich mal nicht so anstellen. Wenn sie weiterhin so mies drauf war, würde er sie vielleicht komplett durch Tina ersetzen. Warum nicht? Er wusste genau, warum nicht, und wenn nicht, wäre es ihm in diesem Moment klar geworden, denn er hörte Tina losprusten: »WIE heißen Sie? Das ist aber echt beschissen, oder? Da hätt' ich meine Eltern voll für gehasst.«

Mattes richtete sich angespannt in seinem Stuhl auf und lauschte konzentriert.

»Nee, das gibt's jetzt nicht mehr. Hasso und Fina sind so wie tot«, hörte er sie sagen und dann schnell ergänzen: »Nee, nich richtig tot. Aber da wird nix mehr gedruckt. Es gibt bald was Neues.« Kurze Pause, dann: »Nee, es gibt nur mich. Alle anderen sind weg.«

Mattes sprang auf, als er sie empört sagen hörte: »Ey, das Brüllen können Sie lassen! Sind Sie voll bescheuert?«, und er rannte über den Flur. Gleichzeitig mit ihm kam Frau Althoff an, die ihm einen stechenden Blick zuwarf. Tina streckte ihnen sauer den Telefonhörer entgegen und maulte: »Irgendso'n Typ mit Steinen, Bergen und Häusern. Der hat voll das Rad ab und brüllt rum!«

»Steinle-Bergerhausen«, flüsterte Frau Althoff erschrocken, nahm Tina den Hörer aus der Hand und richtete sich straff auf.

»Althoff«, meldete sie sich mit erstaunlich ruhiger Stimme, während sie mit einer Hand wedelte, um Tina aus ihrem Büro zu verscheuchen. Mattes sah, wie seine Büroleiterin den Hörer ein Stück von ihrem Ohr weg hielt, und hörte Steinle-Bergerhausen gedämpft brüllen. Ihre Augen sahen Mattes unverwandt und vorwurfsvoll an. Du Idiot!, stand darin, er konnte es genau lesen. Es war nicht das typisch Althoff'sche »SIE Idiot«. Nein, ein riesengroßes, fettes »DU Idiot!«. Zufällig dachte er in diesem Moment: Ich Idiot!, aber er fühlte sich nicht wohl beim Entdecken dieser gemeinsamen Basis.

»Es tut mit leid, Herr Dr. Steinle-Bergerhausen, Herr Reuter ist schon wieder unterwegs«, log Frau Althoff ohne mit der Wimper zu zucken, und es war erstaunlich, wie freundlich sie in das Telefon sprechen konnte, während sie Mattes gleichzeitig böse anguckte.

»Ich habe keine Ahnung, warum Sie nichts davon wissen, es ist doch mit dem Verlag abgesprochen worden«, sagte sie mit überzeugendem Erstaunen und fügte kurze Zeit später hinzu: »Er ist nächste Woche wieder im Büro und da werden wir sicher einen Termin finden.«

Nach einer kurzen Verabschiedung legte sie den Hörer auf, immer noch ohne den Blick von Mattes zu wenden. Er fühlte sich in eine Situation vor über 30 Jahren zurückversetzt, als er heimlich den Spatenstiel von Onkel Herbert komplett mit Honig eingerieben hatte und der mit klebrigen Fingern vor ihm stand und das überhaupt nicht lustig fand. In diesem Augenblick war ihm klar geworden, dass es Erwachsene gab, die in keiner einzigen Zelle ihres Körpers ein Fünkchen Humor hatten. Die Althoff guckte gerade ähnlich wie Onkel Herbert. Mattes fühlte sich kläglich. Nicht nur, dass Tina trotz seiner Einweisung so versagt hatte, auch der drohende Besuch von Steinle-Bergerhausen und die ihm gegenüberstehende stumme und böse guckende Althoff versetzten ihn in einen Zustand der Starre. Als das Telefon hinter ihrem Rücken klingelte, schreckte Frau Althoff hoch und griff rasch nach dem Hörer. Es war wider Erwarten kein zweiter Anruf von Steinle-Bergerhausen. Während sie dem Anrufer kurz und knapp schilderte, warum ›Hassos Herrchen – Finas Frauchen‹ nicht beim Zeitschriftenhändler im Regal lag, verließ Mattes etwas zu schnell, um es noch als würdevoll durchgehen zu lassen, leise ihr Zimmer. Am besten ging er mal eben mit Mina eine Runde raus, um erst mal aus der Gefahrenzone zu kommen. Die Althoff würde den Laden solange schon schmeißen. Und lieber den Laden als irgendwelche Gegenstände in seine Richtung.

Im Flur saß Tina schmollend auf einem Stuhl.

»Ich lass mich doch nicht von so 'nem Steintypen anbrüllen! Da haben Sie mir ja einen voll uncoolen Job gegeben!«

»Ich hatte keine Ahnung, dass der anruft«, entschuldigte sich Mattes.

Tina schnaubte verächtlich durch die Nase.

»Ich mach nur noch, was Frau Althoff sagt. Die lässt mich nicht so bescheuerte Sachen machen. Die ist ab jetzt mein einzigster Chef.«

»Mein einziger«, schlüpfte es Mattes korrigierend heraus.

Tina sah ihn böse an: »Ja, auch IHR einzigster! Frau Althoff ist für alle der allereinzigste Chef.«

Ehe der allereinzigste Chef im Flur erschien und mit ihm

ein Gespräch über das Telefon-Desaster beginnen konnte, war Mattes mit Mina schon auf dem Weg in den Park.

Nur noch elf Tage bis zur Abgabe. Manchmal hatte Mattes das Gefühl, die Arbeit konnte bis dahin gar nicht zu schaffen sein. Er musste seine Artikel für das Magazin nicht nur schreiben, sondern inhaltlich auf die anderen abstimmen, sich für passende Fotos entscheiden und jeden Text mindestens dreimal umarbeiten, weil Peter plötzlich eine zugegebenermaßen bessere Idee für das Layout hatte, die Seitenverteilung sich änderte oder ein anderer Artikel doch eine halbe Seite mehr Platz brauchte. Fertige, ausformulierte Texte zu ändern, damit sie genau ins neue Layout passten, war eine der nervigsten Sachen in seinem Beruf, doch in den Augen des Grafikers waren die Fotos und der optische Eindruck wichtiger als der redaktionelle Teil. Manchmal gab es nicht enden wollende Diskussionen darüber, ob ein Text, den Mattes für äußerst wichtig hielt, komplett gestrichen werden konnte, weil Peter ihn als störend für den optischen Eindruck erachtete. Mitten in einer dieser langwierigen Diskussionen fiel Mattes ein, dass er am Wochenende keine Zeit haben würde, um mit Beatrice durch den Wald zu laufen. Er hatte mit Nadine einen Termin bei einem Tierarztseminar in Hannover ausgemacht, wo es um neuartige Methoden komplizierter Hüftgelenk-Operationen für Hunde gehen würde.

Zum Glück traf er Beatrice am nächsten Morgen noch im Park und konnte rechtzeitig absagen. Sie guckte ein wenig enttäuscht, zeigte zu seiner Erleichterung aber Verständnis. Mit Erstaunen bemerkte er, dass er zum ersten Mal in seinem Leben einen beruflichen Termin aus eigenem Antrieb vor einen privaten stellte. So was kannte er an sich überhaupt nicht. Bisher hatte er immer eine Lösung gefunden, die Arbeit mit ganztägigen Aufenthalten am Badesee und langen Stunden im Straßencafé zu verbinden, wenn ihm danach war. Er konnte sogar ein ganzes Wochenende mit Freunden in Paris verbringen und fest behaupten, dass es gleichzeitig auch ein Arbeitsaufenthalt war. Dass er jetzt die Verabredung mit Beatrice absagte und keinen Augenblick ernsthaft darüber nachdachte, wie er sie mit seinem Termin verbinden könnte, überraschte ihn. Ich bin wie ein Terrier, der sich in etwas verbissen hat und nicht loslassen kann, dachte er. Aber wie ein Terrier finde ich das völlig in Ordnung.

Bevor er danach zur Arbeit fuhr, klingelte er bei Astrid, die ihn vorwurfsvoll ansah.

»Du bist ja nur noch unterwegs. Kennst du mich überhaupt noch?«, schnaubte sie.

»Spinn nicht rum! Wir haben uns erst vor drei Tagen gesehen. Im Moment habe ich einfach viel zu tun.«

Sie verdrehte die Augen: »Tja, deine Freundin müsste man sein, dann hätte man dich jeden Tag in der Nähe.«

Er wusste, dass seine folgende Frage ihre Vermutung noch bestätigen würde.

»Ihr habt doch eine Gästematratze. Kann ich mir die mal ausleihen?«

Astrid grinste breit und sah ihn triumphierend an: »Ach?«

»Stell keine Fragen, sag einfach, ob ich sie haben kann!«

»Ja, kannst du«, lächelte sie süffisant, schob dann aber energisch hinterher: »Aber nicht, dass der Hund da draufliegt!« Sie drohte: »Wenn ich nachher ein einziges Haar von Mina finde, bist du tot.«

»Mina schläft nicht im Bett«, sagte Mattes.

Astrid lachte: »Das sagen doch alle. Und alle haben ihre stinkenden Köter, die vorher durch die Scheiße gelaufen sind, unter der Decke liegen.« Sie schüttelte sich. »Ekelhaft!«

Mattes drängelte: »Ich hab's eilig. Kann ich die Matratze gleich mitnehmen?«

»Sie steht im Gästezimmer neben dem Schrank. Du kannst dir auch eine Decke und ein Kissen mitnehmen, wenn du willst, die liegen in der großen Kommodenschublade.«

Mattes ging an ihr vorbei und sagte liebevoll: »Wenn ich dich nicht hätte.«

»Dann lägst du schon längst in der Gosse«, antwortete sie mit Nachdruck.

Eine Matratze in seinem Büro würde es ihm ermöglichen, in dringenden Fällen bis spät in die Nacht zu arbeiten und anschließend ein paar Stunden zu schlafen. Schön war das nicht, vermutlich aber schon bald notwendig. Sollte Astrid doch weiterhin an eine neue Freundin glauben. Dabei hatte er gerade erst Beatrice absagen müssen. Stichwort absagen, er würde es heute Abend auch nicht zur Tennisstunde schaffen. Er musste mit Peter zu einer Züchterin nach Münster und würde erst spät zurückkommen. Sie züchtete »kleine Münsterländer«. Tolle Idee, eine Hunderasse nach der Region zu benennen, aus der sie stammte. Wenn es die »kleinen Münsterländer« gab, dann sollte es eigentlich auch den »großen Ruhrpottler« und den »mittelgroßen Sachsen-Anhalter« geben. Alex würde am Abend mal wieder alleine auf dem Tennisplatz stehen. Die Gespräche mit ihm und das Eintauchen in seine gewohnte Welt fehlten Mattes. Den nächsten Freitag würde er sich freihalten. Ganz sicher.

In der Redaktion war der Stress nun bei allen deutlich zu spüren. Nadine und Peter waren viele Stunden und manchmal sogar ganze Tage unterwegs, um Fotos zu machen oder für Berichte zu recherchieren. In den Zeiten dazwischen arbeiteten sie an den Artikeln oder sprachen mit Mattes die Aufteilung und das Layout ab. Stundenlang saßen sie zu dritt über Bergen von Fotos und suchten aus, was als Aufmacher genommen werden sollte, ob der Artikel lieber viele kleine oder wenige große Bilder brauchte. Schwarz-weiß oder Farbe? Der Nikotinqualm in Peters Zimmer wurde immer dichter, und die Zigarette im Mundwinkel schien wie festgetackert. Er verließ das Büro nicht mehr am Nachmittag, sondern blieb oft bis in die Abendstunden. Hätte nicht Frau Althoff jeden Abend die fertigen Texte mit nach Hause genommen, um sie dort zu redigieren, wäre Nadine wahnsinnig geworden, wie sie glaubhaft versicherte, denn das hätte sie nicht auch noch geschafft. An manchen Tagen ließ Mattes Mina zuhause und bat Astrid, sich um sie zu kümmern, weil er nach München fliegen musste oder Berlin oder Wien, oder einen ganzen Tag lang mit dem qualmenden Peter über Layoutseiten hing.

»Es ist nur, weil es die Erstausgabe ist«, tröstete er sich und seine Mitarbeiter. »Wir fangen bei null an. Beim nächsten Heft haben wir alle Grundlagen und füllen nur noch die Seiten.«

An einem Vormittag fiel es ihm während eines Telefongespräches mit der Tierhilfe Mallorca siedendheiß ein: Er hatte heute das morgendliche Laufen mit Alex verpasst. Einfach vergessen. Am Telefon erzählte ihm die Frau von den Problemen der Straßenhunde, die auf der Insel auf sich gestellt waren, während ihm das Bild von Alex durch den Kopf ging, der alleine um den See lief. Und er hatte ihn nicht mal angerufen, um abzusagen. Wie weit war es mit ihm gekommen? Das Menschliche ging den Bach runter, weil er nur an das Magazin dachte. Irgendwann würde er ohne Sozialkontakte dastehen, nur noch arbeiten, jede Nacht in der Redaktion auf seiner Matratze schlafen und sich aus Zeitmangel einen Bart wachsen lassen, der ihn quasi zum Riesenschnauzer unter den Chefredakteuren machen würde. Und Alex, sein Kumpel, der immer für ihn da gewesen war, würde alleine um den See laufen und alleine auf dem Tennisplatz stehen. Er musste ihn sofort anrufen! Leider war die Mallorca-Frau nicht ganz so schnell abzuwimmeln. Als er es gerade geschafft hatte, kam Frau Althoff ins Zimmer und sagte: »Sie sind für einige Tage in Zürich.«

»Was?« Mattes sah sie irritiert an.

»Steinle-Bergerhausen vom Verlag wollte hierherkommen, und da er selber ab Freitag auf Geschäftsreise ist, habe ich Sie kurzerhand bis Donnerstag nach Zürich geschickt. Leider verpassen Sie sich damit knapp und Steinle-Bergerhausen musste von seinem Vorhaben absehen. Zumindest vorerst.«

Später kam Peter ins Büro, breitete mehrere große Layoutbögen auf dem Schreibtisch aus und sah mit seinen inzwischen sehr dunklen Augenringen alles andere als fit aus. Mattes vermutete, dass er neben seiner Arbeit auch noch mit der Band unterwegs war. Wahrscheinlich schlief er seit zwei Wochen überhaupt nicht mehr. Peter knurrte kurz angebunden: »Drei Varianten, welche willst du haben?«, und Mattes, der inzwischen wusste, dass das Knurren kein Zeichen schlechter Laune, sondern bei Peter die übliche Art der Kommunikation war, beugte sich mit ihm über die Ausdrucke, um zu entscheiden, was am besten in die neue ›doggies live‹ passen würde. Erst am Abend, als er viel zu spät mit Mina nach einer letzten Runde am Straßenrand nach Hause kam, fiel ihm Alex wieder ein. Den musste er morgen unbedingt anrufen, war sein letzter Gedanke, bevor er ins Bett fiel und sofort einschlief.

Astrid fing ihn schon wieder ab, als er am nächsten Morgen aus der Wohnung kam. Er war spät dran, weil er schon im Internet recherchiert hatte, und jetzt musste er mit den frisch ausgedruckten Informationen zur Redaktion eilen. Sie hatte mit Sicherheit schon länger auf das Geräusch seiner Haustüre gewartet, denn es konnte kein Zufall sein, dass sie so punktgenau aus ihrem Haus kam.

»Ich soll dich von einer Frau Wagner grüßen«, rief sie ihm zu.

Mattes blieb ruckartig stehen.

»Die habe ich getroffen, als ich vorgestern mit Mina im Park gelaufen bin. Ihr Hund heißt Benni.«

»Berry«, korrigierte Mattes, aber Astrid bestand auf Benni. Dass sie immer auf ihrer Meinung beharrte, war neben ihrer ständigen Fürsorge ihr zweiter großer Makel, aber Mattes lächelte heute darüber. Beatrice hatte nach ihm gefragt.

»Ich glaube, sie hat mich für deine Freundin gehalten«, lachte Astrid, und er spürte das schlagartige Herabsinken seiner guten Laune.

»Wieso das denn? Wie kann sie mir so was zutrauen?«

»Na, könnte doch sein«, sagte Astrid, leicht aufgebracht über seine Reaktion.

Das fehlte noch. Er sagte den Termin mit Beatrice ab, und dann hielt sie Astrid für seine Freundin. Nur weil sie mit seinem Hund rumlief.

Astrid kam vertraulich näher: »Keine Sorge. Ich hab ihr gesagt, dass ich deine Schwester bin. Deine jüngere Schwester«, betonte sie und grinste stolz.

Mattes grinste zurück. Astrid war verrückt, wenn sie ernsthaft glaubte, dass nicht jeder sofort sah, dass sie sechs Jahre älter war, aber Gott sei Dank wusste Beatrice jetzt, dass sie kein Paar waren!

Er schaute Astrid erleichtert an und hörte sie sagen: »Wir haben uns unterhalten, und ich hab erzählt, dass du gerade wenig Zeit hast, weil du ständig mit deiner Freundin unterwegs bist. Dass du jetzt sogar schon eine Matratze eingepackt hast, um da zu schlafen, und dass ich darum immer den Hund aufs Auge gedrückt bekomme.«

»Ich könnte dich erwürgen!«, knurrte Mattes und hörte sich an, als würde er es wirklich gleich tun. Stattdessen ließ er Mina ins Auto springen, knallte die Tür zu und fuhr mit aufheulendem Motor los.

»Spinnst du? Was ist denn los?«, brüllte ihm Astrid hinterher.

Mattes war wütend. Wenn Beatrice Wagner jetzt dachte, er hätte eine feste Freundin, war es aus. Er musste die Sache unbedingt richtigstellen, am besten heute noch. Wenn Astrid doch einfach mal ihre Finger aus seinem Leben lassen würde!

Immer noch aufgebracht ging er bei Nadine im Büro vorbei, um zu sehen, wie sie die zwei Artikel zugunsten größerer Fotos gekürzt hatte, dann sah er mit Peter die neuen Seiten durch. Tief durchatmend kam er aus dem verqualmten Zimmer und durchquerte, gefolgt von Mina, den Flur. Durch das Fenster sah er einen Herrn in Anzug und wehendem Mantel durch den Hof laufen und zielstrebig auf die Redaktion zukommen. Wer war das denn? Hatte er sich verirrt?

»Guten Tag«, grüßte Mattes zurückhaltend, als der Herr ohne Zögern die Tür aufdrückte und in den Flur trat. Der Besucher guckte misstrauisch auf Mina und verzog widerwillig das Gesicht.

»Was macht der Hund hier?«, fragte er barsch.

»Was machen Sie hier?«, fragte Mattes sofort zurück. Das ging ja mal gar nicht, dass hier jemand die Anwesenheit von Mina in Frage stellte. Und der benahm sich, als wäre er hier zuhause! Steckte seinen Kopf mit dem grau melierten Bürstenhaarschnitt in den Flur, als wäre es seine Redaktion.

»Dr. Steinle-Bergerhausen«, stellte sich der Mann vor. »Ich möchte mit Frau Althoff sprechen.«

Ach, du Scheiße! Was wollte der denn?

»Die hat Ihnen doch gesagt, dass es momentan nicht geht«, entfuhr es Mattes.

Steinle-Bergerhausen guckte ihn vernichtend an: »Ich weiß, dass Herr Reuter nicht da ist, aber ich kann ebenso gut mit Frau Althoff über die Situation reden.« Er guckte Mattes abschätzig an: »Und wer sind Sie?«

»Marvin Becker, der neue Grafiker«, stellte sich Mattes spontan vor. Lieber mal einen schnellen Identitätswechsel hinlegen und abwarten.

Steinle-Bergerhausen schnaubte unwillig: »Neu, neu, neu. Hier wird gewechselt und getauscht, wie die Herrschaften Lust haben. So nicht!« Er versuchte sich mühsam zu beherrschen und wiederholte mit vor unterdrückter Wut zitternder Stimme: »Sooo nicht!!«, wobei er einen Zeigefinger hob und damit in der Luft herumfuchtelte.

Frau Althoff öffnete ihre Bürotür, und der kläffende Mucki stürzte auf den Besucher zu. Der wich zurück und wedelte wild mit den Händen.

»Weg! Weg mit dir!«, stieß er hektisch aus.

»Mucki!«, rief Frau Althoff vorwurfsvoll und versuchte ihn in ihr Büro zu locken. Aber er entwischte immer wieder und umkreiste den Besucher bellend.

»Nehmen Sie den Hund weg!«, brüllte Steinle-Bergerhausen Frau Althoff an, blickte dann auf Mina, die ruhig neben Mattes stand, und ergänzte laut: »Alle!«

Mattes schickte Mina in sein Büro, in das sie willig trabte, und Frau Althoff schaffte es endlich, ihren Mucki am Halsband zu packen, in den Waschraum zu schleifen und die Tür zu schließen. Dr. Steinle-Bergerhausen wischte sich mit einem Taschentuch durch das Gesicht und war mit den Nerven am Ende.

»Was ist hier los?«, fragte er herrisch, als Frau Althoff wieder vor ihm stand. »Warum wimmelt es hier von Hunden, und warum ist alles neu, ohne dass auch nur ein Personalwechsel mit mir abgesprochen ist?«

Ehe Frau Althoff etwas Falsches sagen konnte, immerhin hatte sie den Chefredakteur offiziell auf Geschäftsreise nach Zürich geschickt, sagte Mattes zu ihr: »Er wusste nicht, dass ich der neue Grafiker bin.«

Sie verstand sofort. Eins musste er ihr lassen: Sie war nicht auf den Kopf gefallen und ließ ihre Gehirnzellen blitzschnell arbeiten.

»Frau Althoff, ich verlange eine Erklärung für das Chaos!«, polterte Steinle-Bergerhausen, und Mattes sah genau vor sich, wie sie ihn gleich zu zweit überwältigen, einen Sack über seinen Kopf ziehen und ihn in einen Kellerraum sperren würden, damit er ›doggies live‹ nicht kurz vor dem Ziel stoppen konnte. Wenn die Althoff mitzog, würden sie es zusammen schaffen. Sie hatte damit sicher viel Erfahrung, und er würde sie bremsen müssen, damit sie den Verlagsmenschen nicht als Paket verschnürt zu ihren sizilianischen Freunden versenden würde. Er blickte sich unauffällig um. Mit was konnte man so einem Typen auf den Kopf hauen? Natürlich stand im ganzen Flur nichts rum, das für einen Einsatz in Frage kam. Kein Baseballschläger, nicht mal eine Weinflasche. Aber er hätte sich denken können, dass die Althoff andere Pläne hatte.

»Kaffee, Herr Dr. Steinle-Bergerhausen?«, flötete sie und bat ihn in freundlichstem Ton in ihr Büro. Die konnte, wenn sie wollte, charmant bis zum Umkippen sein. Die große alte Dame des Burgtheaters, dachte Mattes. Jeder Rolle gewachsen. Er hörte sie säuseln: »Wie schade, dass Herr Reuter nicht da ist. Er freut sich so darauf, Sie kennenzulernen. Und entschuldigen Sie bitte die Anwesenheit der Hunde. Sie sind heute ausnahmsweise zu Recherchezwecken hier. Das Thema ist ›Besseres Arbeitsklima durch Hunde im Büro‹.« Ihr perlendes Lachen beendete den Satz, und Mattes dachte stolz: »Alte Lügnerin. Dir kann man keinen Meter über den Weg trauen.«

Eine halbe Stunde später hörte er am Zufallen der Redaktionstür und dem gedämpften Theater, das Mucki im Waschraum veranstaltete, dass Steinle-Bergerhausen auf dem Rückweg zum Hamburger Verlagshaus sein musste. Mattes eilte zu Frau Althoff.

»Ist er weg? Was haben Sie ihm erzählt?«, drängte er.

»Nur das, was er hören wollte«, antwortete sie.

Er drängte ungeduldig: »Was heißt das?«

»Dass die Verlagsleitung informiert ist, dass alles ein vorläufiger Probezustand ist und dass selbstverständlich bei jeder Änderung vorher um seine Entscheidung gebeten wird. Ohne ihn läuft nichts.«

Mattes hob fragend die Arme: »Aber es läuft alles ohne ihn.«

Frau Althoff lächelte: »Natürlich. Er ist im Verlag für zwei weitere Magazine verantwortlich und erst mal beruhigt. Sobald er von mir die Unterlagen über die Absprachen mit der Verlagsleitung hat, will er weitersehen.«

Mattes sah sie fragend an: »Es ist nichts besprochen, und es gibt keine Unterlagen.«

»Darum gehen die beim Versenden mit der Post ja auch leider verloren. Und dann muss ein Suchantrag bei der Post gestellt werden«, erklärte Frau Althoff geduldig. »Machen Sie sich keine Gedanken, ich zögere das schon bis zum Erscheinen des Magazins raus. Wenn das Heft ein Flopp wird, gebe ich an Sie weiter.«

Zwei Tage später musste Mattes schon wieder die Tennisstunde absagen. »Wir haben am Montag Abgabe«, erklärte er Alex mit müder Stimme. »Ich werde am Samstag in der Redaktion sein, um mit Peter die restlichen Seiten zu schaffen, und muss am Sonntag mit Nadine wegen der Hüft-OP nach Hannover. Es ist ungeheuer knapp.«

»Du begleitest deine Mitarbeiter schon ins Krankenhaus?«, fragte Alex verwirrt.

»Nein, es geht natürlich um einen Artikel. Fakt ist, dass ich nicht Tennis spielen kann.«

»Kein Problem«, sagte Alex. »Ruf an, sobald du wieder Zeit hast!«

»Ich würde so gerne mal wieder mit dir reden, aber ich hab total unterschätzt, was das für eine Arbeit wird«, erklärte Mattes und fühlte sich mies.

»Ich finde es super, wie du das durchziehst«, sagte Alex. »Hey, es ist DEIN Magazin! Tennis spielen können wir noch oft.«

So war Alex. Einfach da, wenn er ihn brauchte und ohne dass er jemals eine Erklärung verlangte, immer auf seiner Seite.

»Danke, Alex«, sagte Mattes und fühlte eine große Verbundenheit zu ihm.

»Jetzt hör mal zu«, forderte Alex. »Du hast dein Leben lang immer viele Sachen begonnen, aber nie etwas richtig durchgezogen.«

»Wie, ich hab nie was durchgezogen? Ich hab ... «

Alex unterbrach ihn: »Alles, was du gemacht hast, waren kurze Projekte, oder es lief von alleine und du bist bequem dabeigeblieben, solange es nicht schwierig wurde. Aber immer, wenn es auf deine Initiative ankam, brach es zusammen. Das war beruflich so und auch bei all deinen Beziehungen.«

»Na, hör mal, ich war fast vier Jahre lang mit Sarah zusammen.«

»Auch da hab ich dir gleich gesagt, dass du sie niemals halten können wirst.«

Mattes fühlte sich plötzlich angegriffen: »Was willst du mir eigentlich sagen?«

Alex Stimme war ganz ruhig: »Es ist großartig, dass dich endlich mal was gepackt hat und du dafür kämpfst. Zum Teufel mit unseren Tennisstunden! Du hast diese eine Chance, und wenn du die sausen lässt, weil du lieber Tennis spielen willst, bist du noch bescheuerter, als ich dachte. Und du kannst mir glauben, ich halte dich für sehr bescheuert.«

Mattes nahm es als Kompliment. »Alex, ich bin echt froh, dass ich dich habe.«

»Quatsch nicht rum, geh an die Arbeit!«, knurrte der mit einem Grinsen in der Stimme und legte auf.

Das Wochenende war, wie erwartet, hart, und Mattes parkte Mina durchgehend bei Astrid, die wenig begeistert war.

»Auf Dauer geht das aber nicht, Mattes. Wenn du keine Zeit für einen Hund hast, schaff ihn ab. Ich räum hinter dem jetzt wieder stundenlang die Bude auf, und du hast ein nettes Wochenende. Ich kann ihn nicht mal den Kindern aufs Auge drücken. Robin ist ständig beim Fußball, und mit Meike hab ich schon Diskussionen genug. Momentan ist es wichtiger, den richtigen Lippenstift zu haben, als die Englischvokabeln zu lernen.« Sie seufzte: »Wo geht's denn diesmal hin?«

»Ich arbeite.«

Sie lachte trocken. »Ach wirklich? Hast du jetzt schon Wochenend-Jobs?« Ihre Stimme bekam plötzlich einen besorgten Unterton: »Du hast doch mal was gelernt, Mattes. Ich kann einfach nicht zusehen, wie du Stück für Stück abrutschst und dich mit wechselnden Jobs durchschlägst. Dazu dann noch eine Freundin, die ja sicher auch ihre Ansprüche stellt. Wenn du die nicht auch noch durchziehen musst. Hat sie eine Arbeit?«

Mattes war müde und genervt. Es reichte. »Ich hab nicht irgendeinen Wochenend-Job, ich stelle gerade ein Magazin auf die Beine und bin Chefredakteur.«

Da. Jetzt war es raus. Und jetzt würde Astrid nach den Details fragen und ihn danach vermutlich beknien, doch lieber irgendeinen Wochenend-Job zu machen, als bei einem Hundemagazin zu arbeiten. Sie guckte ihn bedrückt an und sagte ernst: »Was dir fehlt, ist der Realitätsbezug. Du kommst kaum über die Runden, schlägst dich mit Gelegenheitsjobs durch und faselst vom Chefredakteur. Sieh dem Leben und dem Platz, an dem du stehst, doch mal ins Auge! Werde erwachsen!«

»Ja, mach ich demnächst mal«, grinste Mattes schwach.

Pünktlich am Abgabetag, einem Montagnachmittag, kam ein Kurierfahrer der Druckerei, um die Druckunterlagen abzuholen. Er durchquerte einen Flur, der nach abgestandenem Rauch stank und in dem leere Pizzakartons, angebrochene Getränkeflaschen und ein halb aufgegessener Kuchen wie die Überreste einer Party aussahen, aber ein durchgearbeitetes Wochenende dokumentierten. Den Kuchen hatte Frau Althoff am Sonntag vorbeigebracht und war gleich dageblieben, um die letzten Korrekturen zu lesen. Mattes wankte unrasiert und übernächtigt auf den Boten zu und überreichte ihm breit grinsend und voller Stolz den Karton mit den Unterlagen.

»Fertig!«, flüsterte er glücklich, und der Bote machte, dass er rauskam. Nadine saß blass und müde auf einem Tisch, Tina spielte mit einem Stapel Kopien, und Peter schleppte sich mit schweren Schritten über den Gang und ließ sich neben Nadine auf den Tisch fallen. Frau Althoff brachte eine Flasche Sekt, die Mattes mit einem lauten Knall öffnete, und das Geräusch erinnerte alle daran, dass die Arbeit beendet war. Plötzlich standen sie im Flur und stießen mit unterschiedlich großen Gläsern an, während Mucki wie verrückt bellte. Sie hatten es geschafft. Mattes fühlte sich wie unter Drogen und sagte immer wieder immer lächelnd: »Stell doch mal einer das Tier ab!«, aber niemand hörte darauf. Es war egal. Mattes spürte reines Glück. Und große Müdigkeit. Und völlige Überarbeitung.

»Jetzt ist alles fertig, und wir haben nix mehr zu tun. Cool!«, freute sich Tina.

Mattes tauchte aus seinem Glücks- und Müdigkeitskoma auf und merkte, dass auch einige der Chefzellen wieder erwachten. Er trank den Sekt aus seinem Glas in einem Zug aus und wies auf die kommenden Tage hin: »Das Heftmachen ist vorbei, aber wir müssen uns jetzt darum kümmern, dass das Magazin auch wirklich gekauft wird. Vor allem hier in der Gegend, wo ›Hassos Herrchen – Finas Frauchen‹ seine Leser hatte, müssen alle über das neue Magazin informiert werden. Ab morgen geht's los. Ich hab mir schon was überlegt und muss nur noch was dafür abholen.«

»Was überlegt?«, fragte Nadine misstrauisch.

»Lasst euch überraschen!«, sagte Mattes und gähnte. »Für heute ist Schluss. Wir sehen uns morgen. Wenn's geht, pünktlich um neun!«

Am anderen Morgen traf sich Mattes endlich mal wieder mit Alex zum Laufen. Es tat gut, ihn zu sehen, auch wenn es ihm schwergefallen war, so früh aus dem Bett zu kommen. Er fühlte sich völlig erschöpft.

»Gestern war Abgabe«, keuchte Mattes während des Laufens und stellte verwundert fest, dass es mit seiner Kondition nicht mehr so gut aussah. Der leichte Anstieg hatte ihm vor vier Wochen noch nichts ausgemacht. Lag vermutlich an seiner geistigen und körperlichen Erschöpfung. Er war einfach völlig schlapp, jetzt, wo die redaktionelle Arbeit abgeschlossen war und die Spannung nachgelassen hatte.

»Können wir etwas langsamer laufen?«, bat er Alex, der besser trainiert wirkte als jemals zuvor.

»Das heißt, das Magazin ist fertig?«, fragte Alex nach und drosselte das Tempo.

»Ja. Wir haben das Wochenende durchgemacht, und gestern Nachmittag sind die Unterlagen an die Druckerei gegangen. 48 Seiten ›doggies live‹ mit einem tollen Titelbild. Du ahnst nicht, wie fertig ich bin.«

»Aber dann hast du doch jetzt erst mal Zeit, bis es erscheint«, freute sich Alex.

Mattes lachte kurz auf: »Jetzt müssen wir uns noch hinter die Werbung hängen, die wir total vernachlässigt haben. Wir müssen alles tun, damit sich das Magazin gut verkauft. Wenn die Erstauflage drei Wochen nach Erscheinen immer noch stapelweise in den Läden liegt, werden wir keine zweite Nummer machen können. Dann war's das.« Er blieb schwer atmend stehen: »Boah, ich kann nicht mehr. War der Weg immer so steil?«

Alex blickte auf den kaum merklich ansteigenden Weg und nickte: »Steigung von 80 Prozent. Wird unter Kennern auch Alpenpass genannt. Die meisten Menschen kommen hier ja nur mit einer Kletterausrüstung und einem Bergführer hoch.« Er sah Mattes amüsiert an: »Für meine sportliche Motivation ist es nicht gut, wenn ich mit so einem Schlappi wie dir unterwegs bin, aber ich freue mich jetzt schon auf die nächste Tennisrunde, bei der ich dir dermaßen die Bälle um die Ohren pfeffern werde, dass du um Gnade winseln wirst.«

»Wenn ich könnte, würde ich dich jetzt wie früher auf dem Pausenhof in den Schwitzkasten nehmen, aber es geht gerade nicht«, schnaufte Mattes vor sich hin.

Sein Bedürfnis, den weiteren Tag auf der Couch zu verbringen, war groß, aber trotzdem fuhr Mattes sofort nach einem Sprung unter die Dusche in die Redaktion. Schlappmachen und rumhängen war nicht drin. Im Flur lief er Frau Althoff in die Arme, die ihn mit Neuigkeiten empfing: »Die Redaktion von ›Talk bei Saskia Hoffmann‹ hat eben angefragt, ob Sie am Freitag in die Live-Abendsendung kommen können. Frau Hoffmann hat Sie als Wunschgast für den ›Gast der Woche‹ angegeben.«

Mattes stutzte: »Ja klar, aber warum noch in dieser Woche? Das Magazin ist doch noch gar nicht auf dem Markt.«

Die Althoff guckte ihn erstaunt über seine Blödheit an. »Na, warum wohl? Die Dame ist auf dem Titelbild, und das möchte sie so schnell wie möglich der ganzen Welt mitteilen.«

Das war die Gelegenheit, das Magazin kurz vor der Veröffentlichung einer großen Zuschauergruppe vorzustellen. Eine der Chancen, die sich ihm vor die Füße warf.

»Sagen Sie zu«, nickte er und bemerkte, dass sie arrogant die Augenbrauen nach oben zog und im Umdrehen »Hab ich doch schon gemacht« sagte.

»Sie sollen nicht einfach Entscheidungen treffen, ohne mich zu fragen!«, rief er ihr hinterher.

Sie warf ihm einen mitleidigen Blick zu: »Falls Sie es noch

nicht gemerkt haben, ich entscheide im Vorfeld immer so, wie Sie danach auch selber entschieden hätten.«

Wo sie recht hatte, hatte sie recht. Aber inwieweit konnte sie ihn beeinflussen, so zu entscheiden, wie sie vorher selber schon entschieden hatte? Mattes fasste sich an den Kopf. Er war definitiv zu müde, um heute grundsätzliche Überlegungen über die Althoff und ihre Manipulationen anzustellen.

Bei der täglichen Besprechung packte Mattes einige Zettel aus und gab sie an Peter weiter. »Das werden Handzettel. Alles Wichtige steht drauf, mach sie fertig, lass sie kopieren und zuschneiden. Wir brauchen 10 000.«

Nadine starrte ihn an: »10 000?«

»Jetzt beginnen die Marketingmaßnahmen«, erklärte Mattes. »Wir alle haben bis zum Sonntag die Aufgabe, Handzettel zu verteilen, an jeden, der nicht schnell genug weg ist. Geht in Parks und drückt sie den Hundehaltern in die Hand, klemmt sie unter Autoscheibenwischer, heftet sie an öffentliche Pinwände und gebt sie bei allen Züchtern ab, die im Telefonbuch stehen. Wenn am Montag noch Zettel übrig sind, haben wir was falsch gemacht. Ich will, dass die Leute neugierig werden und dass das Magazin in dieser Gegend weggeht wie frisch gebackene Brötchen. Wenn wir mit der ersten Ausgabe hier gewinnen, wird spätestens die fünfte Ausgabe deutschlandweit laufen.« Er stockte kurz und überlegte: »Die fünfte? Die dritte!«

Peter guckte ihn an: »Du glaubst ja wohl nicht, dass ich auf der Straße stehe und Zettel verteile?«

»Doch«, sagte Mattes. »Wir alle machen das.« Schnell korrigierte er: »Bis auf Frau Althoff, die bleibt in der Redaktion und kümmert sich um die Anrufe.« Aus dem Augenwinkel heraus sah er, dass sie keine Einwände hatte. Die Althoff zu fragen, ob sie Zettel verteilen würde, traute er sich nicht. Lügen, spontane, kreative Ausreden erfinden und ganze Verlage hinters

Licht führen, das war ihr Ding, aber auf der Straße stehen und Werbung machen, das war unter ihrer Würde.

Er sah Peter eindringlich an: »Ich sehe, dass sich deine Begeisterung in sehr engen Grenzen hält, aber wenn wir durch diese Aktion 1000 Hefte mehr verkaufen, sind das 1000 Argumente, warum die Redaktion nicht geschlossen wird. 1000 Argumente, warum du deinen Job behältst.«

Peter Plattler fuhr sich mit beiden Händen durch das Gesicht, seufzte und ließ den Kopf sinken. »O.k.«, gab er auf, »ich mach's.«

»Und damit es nicht so langweilig wird, machen wir am Freitag eine ganz besondere Aktion«, freute sich Mattes. Jetzt bloß nicht zu viel verraten, sonst würden sie am Freitag alle nicht mehr erscheinen. Aus gutem Grund, wie er selber zugeben musste.

»Ich hab Angst«, flüsterte Nadine und sah ihn mit großen Augen an.

Mattes winkte beruhigend ab. »Keine Panik! Es ist lustig, wir bleiben alle ganz anständig, und ich mache selber mit. So schlimm kann's also nicht sein.«

»Was ist es?«, wollte Peter grimmig und mit unverhohlenem Misstrauen wissen.

Mattes hob unschuldig die Hände, wackelte damit herum und grinste breit: »Überraschung!«

Am Abend klingelte er bei Astrid. Sie musste sich noch mal um Mina kümmern, und er fragte sich, wie oft sie das noch tun würde. Als sie öffnete, trat er überrascht einen Schritt zurück, musterte sie von oben bis unten und rief begeistert: »Wow! Hast du abgenommen? Du siehst toll aus!« Er sah kein Gramm Unterschied zur letzten Woche, aber er wusste, dass Astrid mit solchen Sätzen in den »O.k.-ich-helfe-dir-Modus« zu versetzen war.

Sie sah ihn mit zusammengekniffenen Augen misstrauisch an: »Was ist los? Soll ich Mina wieder nehmen oder warum veranstaltest du hier so einen Zirkus?«

»Nee, echt, Astrid, du siehst aus wie höchstens Ende zwanzig. Ich hab dich fast nicht erkannt.«

»Ach, hör auf, Mattes«, seufzte sie. »Ich war heute morgen auf der Waage, und ich kann nur sagen, dass der ganze Eiweiß-Herzfrequenz-Aquajogging-Scheiß nicht wirkt. Ich habe 400 Gramm zugenommen, und ich habe Hunger! Und Meike hat heute knallhart verlangt, dass ich sie zwei Ecken vor der Schule rauslasse, damit die Jungs nicht denken, sie wird von ihrer Oma gebracht.«

Betroffen sah Mattes sie an und legte mitleidig den Arm um sie. »Meike darfst du nicht ernst nehmen«, versuchte er zu vermitteln. »Sie ist in einem schwierigen Alter. Das glaubt doch niemand, dass du ihre Oma bist. Die würden dich doch alle für ihre Schwester halten.«

Astrid lächelte ihm schwach zu. »Tauschen wir Meike gegen Mina?«

Mattes grinste verlegen: »Fangen wir damit an, dass du Mina morgen noch mal nimmst und Meike behältst? Ich weiß, es ist gerade etwas viel, aber das ändert sich bald.«

»Schon wieder Außentermine?«, fragte Astrid. Erstaunlicherweise guckte sie wohlwollend.

»Ich muss ein bisschen rumfahren und kann sie nicht überall mitnehmen«, erklärte er, und da er wusste, dass Astrid immer noch auf eine Freundin tippte, bediente er sie: »Es sind übrigens drei. Ich muss mich endlich mal entscheiden, ob ich die intelligente Architektur-Studentin, das nymphomane Doppel-D-Topmodel oder als Zukunftssicherung die alternde Millionärin nehmen soll. Was meinst du?«

Astrid seufzte: »Du wirst nie erwachsen. Bring Mina morgen früh vorbei. Ich will sowieso joggen gehen, da kann sie mitlaufen. Sie kann es brauchen, sie kommt mir in letzter Zeit etwas mollig vor.«

»Danke«, sagte Mattes und stupste ihr mit dem Finger an die Nase, wie sie es früher bei ihm gemacht hatte. Tröstend sagte er: »Meike wird schon wieder vernünftig werden. Soll ich mal mit ihr reden?«

»Bring du erst mal dein Leben in Ordnung!«, verlangte Astrid. »Dann habe ich schon einen Problemfall weniger.« Sie grinste dabei.

Er hatte seinen Mitarbeitern bewusst nicht vorher gesagt, was an diesem Freitag, den er harmlos »Werbe-Tag« genannt hatte, auf sie zukommen würde, denn ihm war klar, dass er ansonsten alleine dastehen würde. Alleine mit vier putzigen Dalmatinerkostümen. Die weißen Plüschoveralls hatten schwarze Flecken, eine Kapuze mit Ohren, und am Rücken war ein langer, dünner Schwanz befestigt.

»Ich glaub, ich spinne«, sagte Peter und starrte auf die bereitgelegten Hundehüllen.

Mattes bestätigte: »Ja, sehe ich genauso«, und versuchte gar nicht erst, Überzeugungsarbeit zu leisten. Dass die Kostüme NICHT albern waren, davon hätten weder seine Kreativität noch die Althoff'schen Daumenschrauben jemanden mit halbwegs gesundem Menschenverstand überzeugen können. Hier war nur eine schnelle Überrumpelung Erfolg versprechend.

»Rein in die Dalmatiner und los geht's!«, rief er seinen Mitarbeitern zu.

»Moment mal!«, warf Nadine ein. »Da erkennt mich ja jeder, wenn ich so in der Stadt rumlaufe!«

Mattes legte zwei kleine Plastikbehälter auf den Tisch.

»Wir färben natürlich noch die Gesichter weiß und malen

die Nasen schwarz. Wenn, dann richtig. Geht ganz einfach. Kommt Leute, an Karneval macht das hier jeder und hat Spaß!«

Was red ich für einen Scheiß, dacht er. Ich würde so ein Ding selbst zu Karneval niemals anziehen.

Peter griff nach einem Overall und grummelte zynisch: »Das ist wohl auch ›wie immer Chefsache‹.«

Schweigend zogen Nadine und Tina ihre Kostüme über, und Mattes hoffte inständig, dass sie nicht plötzlich zu viel nachdenken würden. Er würde sie nicht zwingen können, in dämlichen Hunde-Overalls durch die Stadt zu laufen. Er knöpfte seinen viel zu großen Overall zu und verrieb die weiße Farbe im Gesicht. Darauf gleich noch einige schwarze Punkte verteilt, und die Tarnung wäre perfekt.

Auf einmal fiel ihm die absolute Stille im Raum auf. Er hob den Kopf und blickte in die Gesichter seiner drei Mitarbeiter, die regungslos im Zimmer standen. Um ihre Körper hingen weite, sackähnliche Dalmatinerkostüme. Die sehen total bescheuert aus, ging es Mattes durch den Kopf. In diesem Moment quietschte Tina los und klappte lachend nach vorne.

»Sie sehen so voll blöd aus!«, japste sie. »So einen blöden Fleckenbär habe ich noch nie in meinem Leben gesehen!«

Nadine und Peter konnten sich nicht mehr halten und lachten auch laut los. Sieh mal an, dachte Mattes. Der festgefahrene, rauchkonservierte Peter kann laut lachen. Das hat er sicher seit Jahrzehnten nicht mehr gemacht. Jetzt aber schnell, ehe sie realisieren, was sie gerade machen.

»Los, los! Hier ist die Farbe. Ihr seht mir noch zu menschlich aus! Und Tina, es sind Dalmatiner. Dalmatiner-Hunde, nicht Dalmatiner-Bären.«

Zu viert saßen sie in Mattes Auto und fuhren in die City. Vier Dalmatiner in einem Auto. Drei davon mit ernsten Mienen, die deutlich aussagten, dass sich dahinter jemand fragte, wie um Himmels willen er in diese Lage gekommen war, während der Hund am Steuer freundlich winkte, wenn Passanten die seltsamen Fahrgäste entdeckten und mit den Fingern auf sie zeigten.

»Wenn jetzt Karneval wäre, würde ich mich besser fühlen«, stellte Nadine fest und zickte Peter an: »Jetzt mach doch mal deine blöde Kippe aus! Ich sterbe gleich.«

Tina sagte: »Es ist oberpeinlich. Aber irgendwie geht's auch voll ab.«

Mattes hielt auf dem Parkdeck eines großen Kaufhauses, drückte jedem einen Packen Werbezettel in die Hand und sagte: »Wir gehen drei Stunden durch die Fußgängerzone und drücken jedem, der sich nicht mit Gewalt zur Wehr setzt, einen Zettel in die Hand. Denkt immer dran: Es erkennt euch keiner, und jedes Magazin, das dadurch am Montag mehr verkauft wird, ist unser Erfolg. Wir haben nur die eine Chance. Um vier Uhr treffen wir uns wieder am Auto.«

»Darf ich das Bein heben, wenn ich mal muss?«, fragte Peter ironisch.

Mattes grinste: »Natürlich. Tu, was du willst. Hauptsache, die Leute werden aufmerksam.«

In einem idiotischen Dalmatinerkostüm in der Fußgängerzone zu stehen war gar nicht so schlimm, wenn man wusste, dass man nicht erkannt wurde. Mit Overall und Schminke fühlte sich Mattes erstaunlich unbefangen. Zuerst ging er nur herum und verteilte seine Werbezettel, aber plötzlich machte ihm die Sache Spaß. Er bellte kleine Kinder an, die das meistens lustig fanden, sprang tapsig wie ein Welpe einer jungen Frau hinterher oder stand einfach herum und schaute mit ernstem Blick Passanten hinterher. Die Werbezettel in seiner Hand wurden schnell weniger. Langsam bildete sich ein weiter Kreis um ihn, und Leute blieben stehen und waren gespannt, was er noch bieten würde. Die halten mich für einen Straßenkünstler, dachte er und grinste. Vor ihm klimperte ein Geldstück auf den Boden. Ein Kind hatte ihm einen Euro vor die Füße geworfen, und die Mutter, die es an der Hand hielt, lächelte ihm bestätigend zu. So einfach war das. Hundekostüm anziehen, Faxen machen und Geld einsammeln. Schnell drückte er dem überraschten Kind einen seiner Zettel in die Hand und bückte sich nach dem Euro. Mitten in der Bewegung erstarrte er. Über den Platz sah er Astrid mit Mina laufen. Hoffentlich bogen sie zur Seite ab und verschwanden in der Seitenstraße. Aber nein, sie drehten ab und kamen in seine Richtung. Offensichtlich wollte Astrid den Platz überqueren und musste dabei an ihm vorbei.

Er drehte sich hastig mit dem Rücken zu ihr. Sie durfte ihn auf keinen Fall erkennen. Langsam und möglichst unauffällig bewegte er sich zur anderen Seite des Platzes, da hörte er hinter sich ihren schrillen Ruf: »Mina! Komm sofort hier her! Miiiinaaa! Scheißköter! Mina, kommst du wohl her!!!«

Fast zur gleichen Zeit fühlte er, wie sich eine Hundnase mit Schwung in seine Kniekehle drückte, und dann sah er Mina schwanzwedelnd und freudig winselnd um ihn herum springen.

»Hau ab!«, kommandierte er zischend. »Mina, aus!«

Astrid kam im Laufschritt auf ihn zu und versuchte hektisch, das Ende von Minas Leine zu erwischen, während diese Gefallen an dem spannenden Spiel fand und immer wieder an Mattes hochsprang. Astrid konnte sie endlich am Halsband greifen und zerrte sie von ihm weg. »Tut mir leid, sie hat sich von der Leine gerissen«, presste sie verlegen heraus. »Der Hund ist total unerzogen, aber so was hat er wirklich noch nie gemacht.« Sie erkundigte sich besorgt: »Haben Sie sich wehgetan oder ist etwas an Ihrem Kostüm kaputtgegangen?«

Mattes zog den Kopf so weit wie möglich in die Kapuze

zurück, drehte sich leicht weg und vermied jeden Augenkontakt. Was machte die denn hier? Natürlich hatte Mina ihn erkannt, und Astrid war nicht blöd. Die würde ihn auch gleich erkennen. Mina jaulte in hohen Tönen und versuchte erneut, ihn anzuspringen, und Astrid hatte Mühe, sie zu halten. »Ich glaube, sie hält Sie für einen Hund«, entschuldigte sie sich und fragte noch mal: »Ist wirklich alles in Ordnung?«

Mattes nickte mit gesenktem Kopf, winkte mit der Hand beruhigend ab und drehte sich weg. Ein Schritt weg, zwei Schritte weg, drei Schritte...

»Moment mal!«, rief Astrid.

Vorbei! Sie hatte ihn erkannt. Hatte er ja gleich gewusst. Sie kam mit der aufgeregt springenden Mina hinter ihm her. »Sie haben ein paar von Ihren Zetteln verloren.«

Er griff hastig danach, und einen kurzen Moment lang trafen sich ihre Augen. Sie stutzte merklich. Schnell senkte er den Blick und drehte sich weg. Hatte sie etwas gemerkt? Schon allein die Reaktion von Mina musste ihr doch verdächtig vorkommen. Ihm wäre sofort klar gewesen, dass ein Hund sich nicht so aufführt, nur weil ein Mensch in einem Hundekostüm steckt. Das wäre jedem Hund vollkommen egal. Aber Astrid zeigte wenig Gespür. Er hörte, wie sie im Weitergehen vorwurfsvoll mit Mina sprach, ihr unterstellte, dass sie dumm wie Stroh und schlimmer als ihr Herrchen sei, und drohte, sie nicht mehr mitzunehmen, wenn sie sich so peinlich verhielt.

Mattes fühlte, wie ihm der Schweiß den Rücken entlanglief. Das wäre beinahe schiefgegangen. Im Hundekostüm, Zettel verteilend in der Fußgängerzone entdeckt zu werden, das hätte er Astrid niemals erklären können. Da würde sie es auf jeden Fall bevorzugen, ihn als Pizzafahrer zu sehen. Nach diesem Schreck war ihm der Spaß vergangen. Er lief an einigen Straßencafés vorbei und legte Zettel in die Speisekarten unbesetzter Tische. Wenn man so etwas mit ruhiger, selbstverständlicher Miene machte, fiel das meistens nicht auf, und bis der Kellner sie entdeckte und entfernte, hatten sie schon viele der Gäste gelesen. Es kam auf jeden Käufer an.

Als er am Auto ankam, stand Peter schon an die Motorhaube gelehnt, hatte die Hundekapuze runtergeklappt und qualmte.

Mattes sah ihn zweifelnd an: »Alle Zettel verteilt oder Abbruch wegen zu großer Entzugserscheinungen nach zwei Stunden ohne Kippe?«

»Du glaubst doch nicht, dass ich ohne Kippe unterwegs war?«, brummte Peter und nickte: »Die Zettel sind alle weg.«

»Dann warst du schneller als ich. Das kann ich kaum glauben«, bohrte Mattes nach.

Peter grinste zufrieden. »Ich habe arbeiten LASSEN. Einfach einer Gruppe Kinder die Dinger in die Hand gedrückt und gesagt, wer als Erster alle verteilt hat, bekommt einen Euro. Die haben keine Viertelstunde gebraucht. Und mich hat es genau einen Euro gekostet.«

Erst eine halbe Stunde nach der vereinbarten Zeit kamen Tina und Nadine zum Auto zurück. Mattes war unruhig: »Leute, ich habe heute Abend den Termin in der Show von Saskia Hoffmann. Wir müssen dringend zurück!«

Tina maulte: »Das war voll anstrengend. Und wir sollten doch erst wiederkommen, wenn alle Zettel weg sind.«

Mattes scheuchte sie ins Auto und stellte richtig: »Die Vorgabe war: alle Zettel bis vier Uhr verteilt zu haben. In fünf Minuten wäre ich gefahren, und dann hättet ihr hierbleiben können mit euren Dalmatinerkostümen.«

»Uah, voll peinlich!«, rief Tina, während Mattes schon aufs Gas trat.

So schnell es im beginnenden Nachmittagsstau möglich war, kurvte Mattes zur Redaktion zurück. Er zwängte sich hastig aus seinem Dalmatiner-Outfit und wusch sich am Waschbecken die Farbreste aus dem Gesicht. In einer halben Stunde sollte er allerspätestens im Fernsehstudio sein, und für die Fahrt brauchte er schon mindestens sechzig Minuten. Er würde zu spät kommen und das bei seinem ersten Auftritt vor einer Kamera. Hoffentlich hatten sie im Studio eine großzügige Wartezeit einkalkuliert. Hektisch rieb er mit dem Handtuch über das Gesicht. Hatte auf den Farben nicht gestanden, dass sie problemlos mit Wasser zu entfernen waren? Wieso saßen überall noch weiße Farbreste? Schnell überlegte er, was er zum Fernsehsender mitnehmen musste. Autoschlüssel. Was noch? Im Flur stand Peter Plattler, noch immer als Dalmatiner verkleidet, und hielt ihm den Andruck des neuen Magazins hin. »Ah, das war's!«, rief Mattes, griff danach und rannte los. Ab zum Auto und auf die Autobahn. Mit quietschenden Reifen bog er eine gute Stunde später auf den Parkplatz des Senders ein und wurde von einer am Eingang ungeduldig wartenden »Hi, Sie sind spät dran, ich bin Kerstin« empfangen und gleich in die Maske gebracht. Beim eiligen Gang durch das Gebäude stellte er eine zunehmende Enttäuschung bei sich fest. Das war eines der berühmten Fernsehstudios? Es sah alles so piefig aus wie in einer Behörde. Linoleumböden, Grünpflanzen in Plastikkübeln voller Hydrokulturkörner und Leute, die über die Gänge eilten und auf den ersten Blick auch bei der Stadtverwaltung hätten arbeiten können. Er hatte Chaos, Künstler und einen Hauch von Hollywood erwartet.

»Kann man bei euch auch einen Personalausweis verlängern lassen?«, fragte er seine Begleitung, die ihn verwirrt anblickte und sich mit offenbar null Komma null Verständnis für seinen Humor erkundigte: »Als Requisite, oder was?«

»Nee, schon gut.«

Sie schob ihn in ein kleines Zimmerchen, in dem eine Maskenbildnerin mit knallroten Strähnchen in den kurzen Haaren einladend auf einen Stuhl vor einer beleuchteten Spiegelfläche zeigte.

»Sie sind die Hundezeitung?«, fragte sie und legte ihm einen Plastikkragen um.

»Kann man so sagen«, bestätigte Mattes und nickte zur gleichen Zeit zustimmend, als eine andere Frau im Hintergrund »Kaffee?« fragte. Die roten Strähnchen leuchteten im Schminklicht, als würden sie gleich explodieren. Die Maskenbildnerin lächelte.

»Ich hab auch einen Hund. Freddy heißt er. Moment, ich hol mal ein Bild.«

Ergeben sah Mattes zu, wie sie in ihrer großen Tasche kramte und ihm dann ein leicht unscharfes Foto präsentierte, auf dem ein langhaariger Hund von schräg hinten fotografiert war, der mit seinem Kopf über einem Napf hing.

»Das ist Freddy«, stellte sie vor und erklärte: »Beim Fressen in der Küche.« Sie starrte verzückt auf das Foto. »Ist das nicht süß, wie er da steht und ihm die Ohren ins Essen hängen?«

Mattes räusperte sich: »Wenn er von vorne so gut aussieht wie von hinten, kann ich Sie nur beglückwünschen. Aber ich muss gleich vor die Kamera, und da würde ich auch gerne gut aussehen. Von vorne und von hinten.«

»Sie sind aber auch spät dran«, tadelte die Maskenbildnerin, lehnte Freddy gegen den Spiegel und strich Mattes die Haare aus dem Gesicht. Plötzlich stutzte sie und betrachtete irritiert seinen Haaransatz:

»Da ist Farbe drin.«

»Ja, ich war verkleidet«, erklärte Mattes und griff nach der großen Tasse mit Kaffee, die ihm von der Seite gereicht wurde. Die Maskenbilderin sah ihn fragend und plötzlich mit deutlicher Distanz an. »Verkleidet?«

Mattes nickte: »Ich bin als Hund herumgelaufen. An der Nase könnten auch noch Reste von Schwarz sein, ich hatte nicht viel Zeit, das Zeug wieder abzuwaschen.«

Im Spiegel konnte Mattes sehen, wie sich beide Frauen einen fragenden Blick zuwarfen.

»Machen Sie das öfter?«, fragte die Maskenbildnerin leicht angewidert und rieb mit einem nassen Schwamm an den Farbresten herum.

Na klar. Eigentlich war er nur Chef eines Hundemagazins geworden, weil er eine Vorliebe für Sexspiele in Hundekostümen hatte. Für wie krank hielt sie ihn eigentlich? Jetzt musste er gut aufpassen, sonst schickten sie ihn gleich weiter zu ›Britt am Nachmittag‹. An ihrem Blick konnte er erkennen, dass sie ihn mit spitzen Fingern aus der Schublade der netten Leute geholt hatte und jetzt in die der Psychopathen steckte.

Ehe er antworten konnte, und er war sich nicht mal sicher, ob er antworten wollte, kam Saskia Hoffmann in den Raum geeilt. Sie war wieder dick geschminkt und damit für ihn auf Anhieb zu erkennen. Sie lächelte: »Da sind Sie ja. Ich freu mich, dass es noch geklappt hat. In einer Viertelstunde sind Sie schon dran. Das ist alles sicher nicht neu für Sie. Bei Fernsehinterviews waren Sie schon, oder?«

»Klar«, log Mattes und lächelte selbstbewusst. Er hatte überhaupt keine Ahnung, was erwartet wurde und worauf er achten musste. Wäre es vielleicht besser, das offen zuzugeben?

»Haben Sie ein Magazin dabei?«, fragte sie drängend und lächelte erleichtert, als er nickte.

»Darf ich mal sehen?«

Er reichte es ihr und erklärte: »Es ist nur ein Andruck, aber es sieht aus wie das spätere Magazin. Soll ich es beim Interview dabeihaben?«

Sie sah mit Stolz auf ihr Titelbild und war sichtlich erfreut.

»Ich bitte darum!«, antwortete sie schnell. »Zeigen Sie es gerne in die Kamera, wenn wir darüber sprechen.«

Er grinste. Frau Althoff hatte recht. Sakia Hoffmann war auf dem Titelbild, und das war der Grund, warum er Gast in ihrer Sendung war.

Während die Maskenbildnerin ihm mit einem Schwämmchen eine noch etwas gesündere Gesichtsfarbe gab, erklärte Saskia Hoffmann, dass sie ihn als Chefredakteur des neuen Magazins vorstellen und ein wenig darüber befragen würde.

»Nur drei, vier ganz unpersönliche Fragen, warum Sie das machen, wer die Zielgruppe ist und ab wann es im Geschäft liegen wird. Sie halten das Magazin hoch und erzählen was dazu. Gleich nach Ihnen kommt der Einspieler über den…« Sie wurde von einem Mann unterbrochen, der ins Zimmer kam und Mattes direkt ansprach: »Wir haben Drei Vierzig. Kamera Eins ist für die Anmod, dann kurze Begrüßung in die Zwei. Wir schneiden bei den Fragen auf die Totale, alles wie gehabt.«

Wie gehabt?, dachte Mattes, nickte souverän und schluckte. Saskia Hoffmann sprang auf, drückte ihm das Magazin in die Hand, rief: »Ups, ich muss los. Carolin bringt Sie gleich ins Studio«, und verschwand mit dem Mann im Flur.

»Fertig«, sagte die Maskenbildnerin, nachdem sie zuvor vergeblich versucht hatte, seine Haare in Form zu bringen, riss den Plastikragen auf und drehte seinen Stuhl zur Seite. Das bedeutete wohl, dass er aufstehen sollte. Wer zum Teufel war Carolin?

»Sie können den Kaffee nach nebenan mitnehmen«, sagte die Maskenbildnerin, während sie sich an eine gerade eintretende Frau wandte: »Ach, die Gartentipp-Agatha, setz dich schon mal!«

Mattes griff nach dem Kaffee und wechselte den Raum. War

nebenan schon das Studio und würde es beim Eintreten eine Live-Schaltung geben? Wenn er sich doch nur etwas genauer mit dem Ablauf in einem Fernsehstudio auskennen würde.

Der Raum nebenan war eindeutig nicht das Studio, sondern ein Warteraum, der an den Vorraum einer Arztpraxis erinnerte. Gepolsterte Kunstlederstühle mit Chrombeinen und ein Kunstledersofa von Ikea standen auf dem pflegeleichten Behördenteppichboden. In einer Ecke waren mehrere Leute in ein Fachgespräch vertieft, das sich bei genauerem Hinhören, und Mattes konnte in dem kleinen Raum einfach nicht weghören, als üblicher Firmenklatsch herausstellte. In Fernsehstudios ging es also zu wie in jeder anderen Firma auch. Hin und wieder guckte jemand in den Raum hinein, nickte kurz und verschwand sofort wieder. Auf einem Monitor in der Ecke konnte er die laufende Sendung verfolgen, und er bemühte sich gerade, das aktuelle Gesprächsthema zu erfassen, da steckte eine sehr aufgestylte junge Frau den Kopf ins Zimmer und forderte ihn knapp auf, ihr zu folgen. O.k. Jetzt musste er sich nur ganz souverän verhalten und alles um ihn herum genau beobachten, dann würde er schon mitbekommen, was verlangt war.

»Sind Sie Carolin?«, fragte er, als er ihr folgte, während sie in klappernden High Heels über den Flur lief.

»Ja«, bestätigte sie und blickte sich mit arrogantem Gesichtsausdruck fragend um, als ob sie eine weitere Frage erwarten würde. Als keine kam, zuckte sie mit den Schultern und schritt weiter. Die findet mich total uninteressant, dachte Mattes und versuchte das witzig zu finden. Er fand es aber ziemlich blöd. Warum behandelte sie ihn so herablassend? Die war ja gerade mal knapp über zwanzig und vermutlich eine kleine Praktikantin. Und er war der Leiter einer Redaktion! Wusste sie das nicht? Solange sie auch noch in diesem Tempo vor ihm herlief, kriegte sie nicht mal mit, wie souverän und lässig er hinter ihr herging. Jede Faser ein Chef. Ob sie ihn nicht doch zu Britt brachte? Hier kommt unser nächster Gast zum Thema »Perverse in Hundekostümen«.

An einer Tür hielt sie, drehte sie sich kurz um, sagte: »Hier rein!«, lächelte geschäftsmäßig emotionslos und ging klappernd weiter. Völlig unbeeindruckt von ihm. Hätte sie Robbie Williams ebenfalls so behandelt? Nein, den hätte sie vermutlich charmant, mit überbordender Begeisterung und echter Sorge um sein Wohlergehen bis ins Studio hineinbegleitet. Blöde Kuh. Es ging ja nicht mal um ihn privat, aber wenn er es nicht mal schaffte, die Aufmerksamkeit einer kleinen Praktikantin zu erlangen, wie wollte er dann bei einem Millionenpublikum Eindruck machen?

Er öffnete vorsichtig die Tür, und auf einmal ging alles ganz schnell. Die Regieassistentin blickte auf eine Liste, hakte etwas ab und sagte in den Raum hinein: »In vier Minuten ist er dran«, der Regisseur rief von der anderen Seite: »Ist das der Hundetyp und hat er die Zeitung dabei?«, woraufhin sie auf seine Hand blickte, in der er das Magazin hielt, und bestätigte: »Ja, alles da.« Ohne Vorwarnung bekam er von einem jungen Mädchen die Nase und die Stirn abgepudert, gleichzeitig wurde ihm ein kleines Mikrofon an den Halsausschnitt geklemmt, und eine Hand, von der er hoffte, dass sie weiblich war, griff von hinten unter sein Hemd und zog ein Kabel an seinem Rücken entlang. Irgendjemand stopfte ihm einen Sender in die hintere Hosentasche, und die Dame, die ihn vorher gepudert hatte, versuchte jetzt seine Haare zu ordnen. Durch eine Glasscheibe konnte er ins Studio blicken, in dem Saskia Hoffmann gerade lächelnd in eine Kamera sprach. Im Studio verteilt standen eine Menge von Leuten, die anscheinend alle wichtig waren. Auf einmal wurde die Studiotür geöffnet, er bekam einen leichten Schlag auf die Schulter, hörte ein geflüstertes »Los geht's!« und wurde ins Studio gedrängt. War er jetzt schon auf Sendung? Live geschaltet auf jeden Fernseher? Dann sollte er lieber lächeln und nicht so blöd fragend gucken. Saskia Hoffmann ging ihm hastig entgegen und begrüßte ihn halblaut, was ihn vermuten ließ, dass die Szene nicht auf die Bildschirme ging. Vermutlich war Werbepause, und die Zuschauer vor den Fernsehern bekamen von den Vorzügen eines Geschirrspülmittels erzählt. Die Regieassistentin griff hektisch an seinen Ärmel und bugsierte ihn zu einem Sessel, während eine Maskenbildnerin an Saskia Hoffmanns Haaren zippelte und die neu erschaffene Lebendigkeit mit Haarspray fixierte. »Zwanzig!«, rief eine laute Stimme, die Moderatorin lief zu dem neben ihm stehenden Sessel, jemand kam, zupfte an ihren Blusenärmeln, um die Falten zu vermindern, sprang weg, und Saskia Hoffmann bekam ein strahlendes Lächeln, blickte gut gelaunt in eine der Kameras, die plötzlich ein rotes Licht über dem Objektiv hatte, und es ging los.

»Ein neues Magazin sitzt in den Startlöchern, um die Welt der Hundefans zu erobern. Es heißt ›doggies live‹, und ich habe heute den Chefredakteur Mattes Reuter zu Gast«, begrüßte ihn Saskia Hoffmann und wandte ihm ihr Gesicht zu. Eine Kamera wurde in Kopfhöhe vor ihnen vorbeigerollt, und Mattes wusste nicht, ob er zur Moderatorin oder auf die rollende Kamera blicken sollte. Gerade als er sich für die rollende Kamera entschieden hatte, ging dort das rote Licht aus und an der Kamera rechts von ihm an. Neben sich hörte er Saskia Hoffmann sagen: »Warum gerade Hunde?« Ja, warum eigentlich? Was für eine blöde Frage. Wenn es die Tennisclub-Zeitung gewesen wäre, wäre es eben die geworden. Souverän bleiben!

Mattes grinste verlegen: »Wenn es die Tennisclub-Zeitung gewesen wäre, wäre es eben die geworden.« Scheiße! So ging's ja gar nicht.

Die Moderatorin lachte herzlich und zeigte eine Reihe perfekter Zähne. »Ich sehe schon, das Heft wird humorvoll, das ist ja auch wichtig. Haben Hundehalter Humor, Herr Reuter?«

Jetzt nichts Falsches sagen. »Ja, Hundehalter haben Humor. Und den brauchen im Park auch die Jogger.«

Wieder lachte Saskia Hoffmann. Sie war schnell zufriedenzustellen, wenn eine Kamera lief, das machte es ein wenig einfacher. Trotzdem spürte er im ganzen Körper Stress. Er musste gut rüberkommen, sonst würde das Magazin nicht verkauft werden.

»Ich habe gehört, Sie haben uns das neue ›doggies live‹ schon mitgebracht, auch wenn es erst am Montag erscheinen wird.«

Oh, das Heft! Das hatte er in dem Chaos, als er die Hand unter seinem Hemd spürte und gleichzeitig an seinen Haaren gezupft wurde, auf einem Stuhl abgelegt. Er sah sie entschuldigend an und bemerkte, dass ihr Blick groß wurde. Aus den Augenwinkeln registrierte er, dass die starren, gelangweilt herumstehenden Personen am Studiorand plötzlich in Bewegung kamen. Die Regieassistentin gab wild wedelnd Handzeichen, die er nicht deuten konnte, die Saskia Hoffmann aber verstand. Sie lächelte in die Kamera, allerdings bemerkte Mattes sofort, dass sie nicht mehr so natürlich fröhlich wirkte, und sagte: »Ich höre gerade, dass das Heft noch nicht da ist, aber ich hoffe, dass es gleich nachgereicht wird.« Vor ihnen wuselten aufgeschreckte Mitarbeiter herum, hinter der Scheibe sah er den Regisseur gestikulieren, und seltsamerweise fiel plötzlich alle Anspannung von ihm ab. Es war nicht seine Aufgabe, für einen reibungslosen Ablauf der Sendung zu sorgen. Die Verantwortung hatten die anderen übernommen, und wenn Saskia Hoffmann ihr Titelbild noch in die Kamera halten wollte, mussten sie sich beeilen. Er wandte sich an sie und konnte auf einmal entspannt lächeln: »Wir können uns in der Zwischenzeit ja über den Inhalt des Magazins unterhalten!« Sie wirkte aus dem Konzept gebracht und nickte verwirrt. Mattes suchte kurz nach der Kamera mit dem Rotlicht, stand auf und ging langsam darauf zu. So etwas hatte er immer schon mal machen wollen, und er dachte dabei kurz an seine Mutter, die ihm seit Jahren in den Ohren lag, dass er vor eine Kamera gehöre. Wenn sie ihn jetzt sehen könnte! Obwohl – besser nicht.

»Es geht natürlich um Hunde. Aber auch um ihre Halter. Wie schön es zusammen ist, was man miteinander erleben kann und wo es Probleme gibt.«

Er zwinkerte locker in die Kamera, und das war nicht mal gespielt, denn er fühlte sich wirklich wohl. Moderator beim ›Aktuellen Sportstudio‹, das wär wirklich kein schlechter Beruf gewesen. Lässig ging er weiter auf die Kamera zu. »Unter uns: Wenn Sie einen Hund haben, sagen Sie da nicht auch oft: ›Eigentlich ist er ganz lieb, aber …‹ Und um dieses ›Eigentlich-Aber‹ geht es uns.«

Der Kameramann, der nicht damit gerechnet hatte, dass in dieser Sendung jemand auf ihn zugehen würde, wich hektisch immer weiter nach hinten aus, und seine Kabelhilfe hatte Mühe, die verschlungen liegenden Kabel rechtzeitig aus dem Weg zu räumen. Eine andere Kabelhilfe sprang dazu und half mit. Links winkte die Assistentin weit ausholend und verzweifelt, rechts trugen die vorher arbeitslos herumstehenden Leute eilig ein kleines Tischchen und einige Stühle zur Seite, bevor der immer weiter zurückfahrende Kameramann dagegenknallen würde. Wie die auf einmal springen können, dachte Mattes und genoss die Situation. Langsam und immer mit Blick in die Kamera näherte er sich in einem weiten Halbkreis wieder seinem freien Stuhl, erwähnte die von Mina R., einer anerkannten Hunde-Expertin, geleitete »Ich hätt' da mal 'ne Frage«-Rubrik und dass es im Magazin alles gäbe, nur keine Berichte über Hundeplätze mit Trainergebrüll. Er setzte sich hin, lächelte charmant der Moderatorin zu, die sichtlich erleichtert war, dass er wieder neben ihr saß, und sagte: »Im Magazin gibt es einen Bericht über sehr exklusives Hundezubehör. Sie haben doch auch einen Hund. Wäre das was für Sie?« Das war ihr Stichwort, und das Magazin hatte ihr inzwischen auch jemand gereicht. Saskia Hoffmann hob es hoch, und die vorbeifahrende Kamera, die jetzt wieder das Rotlicht hatte, hielt an und zoomte darauf zu. Hinten an der Wand stand die andere Kamera, und ihr rot angelaufener und nur gestisch fluchender Kameramann schien überhaupt nicht begeistert zu sein, sie jetzt wieder nach vorne rollen zu müssen. Die Kameraassistentin machte ruhige Handbewegungen von oben nach unten, die sogar Mattes verstand: Unbedingt sitzen bleiben!, hießen die. Aus der Regiekabine winkte ungeduldig der Regisseur, der die nach hinten gedrängte Kamera schnellstmöglich wieder auf ihrer alten Position haben wollte.

Mattes war gut gelaunt. War ganz schön hier. Vor allem, wenn man als Gast der Sendung machen konnte, was man wollte. Die würden ihn nicht einfach kommentarlos aus dem Bild laufen lassen. Neben ihm hielt die Moderatorin weiterhin das Magazin hoch und redete in die Kamera, und daneben hielt eine Frau ein Schild mit 1:00 hoch, was er als restliche Sendezeit für seinen Besuch deutete.

»Das ist das neue Magazin«, sagte Saskia Hoffmann gerade und schien vor Stolz fast zu platzen. Sie wirkte gerührt, und ihre Stimme hörte sich weich an, als sie sagte. »Das Foto habe ich eben auch zum ersten Mal gesehen. Ich bin überrascht, wie stimmungsvoll es geworden ist. Es ist von einem richtig berühmten Fotografen gemacht worden, der gerade aus New

York kam. Wie heißt er noch mal?« Fragend wandte sie sich an Mattes.

»Pieter Plättler«, sagte der lässig und sprach den Namen amerikanisch aus. Da würden sich die Zuschauer jetzt die Finger wundgoogeln und nichts finden. Die Assistentin winkte schon wieder hektisch, und Saskia Hoffmann verabschiedete ihn mit strahlendem Gesicht und herzlichem Lächeln. Sie wandte sich an die Kamera: »Wenn Sie Fragen zum Umgang mit Ihrem Hund haben, schreiben Sie uns, wir leiten alle Anfragen an die Expertin bei ›doggies live‹ weiter.« Schnell kündigte sie einen Filmbericht über die Neueröffnung eines Stralsunder Luxushotels an, lächelte starr und wartete, bis das Rotlicht erlosch.

Sofort kam Leben in die Bude. »Drei Minuten!«, rief eine Stimme laut, die Regieassistentin eilte auf Mattes zu, um ihn aus dem Studio zu bringen, und Saskia Hoffmann rief: »Hat doch gut geklappt. Danke, dass Sie da waren. Das Titelbild ist wunderschön geworden.« Die Maskenbildnerin eilte mit gezücktem Puderpinsel auf sie zu, und von der Seite rempelte ihn der rotgesichtige Kameramann an und zischte ihm im Vorbeigehen »Arschloch!« zu. Mattes lachte auf und rief ihm gut gelaunt zu: »Das war ja mal eine Kamerafahrt!«

Der Regisseur hatte die Hemdärmel hochgekrempelt und sah verschwitzt aus.

»Machen Sie das immer so, wenn Sie in einem Studio sind?«

»Aufstehen und rumlaufen?«, fragte Mattes und nickte sofort: »Ja, in den Staaten ist das üblich, da habe ich mir das angewöhnt. Hat es Sie überfordert?«

»Nein, das nicht«, sagte der Regisseur schnell und guckte dabei hart. »In Deutschland sollten Sie das aber nur machen, wenn es angekündigt wurde. Wir haben hier unsere Ablaufpläne, die eingehalten werden müssen.«

»Bisher hatte noch kein deutscher Sender Probleme mit mir«, erklärte Mattes treuherzig und blieb damit vollkommen bei der Wahrheit. Die Kameraassistentin schob ihn schnell vor die Tür, wo Carolin schon auf ihn wartete.

Ihr Blick war nun deutlich aufgeschlossener, wenn nicht zu sagen hochinteressiert. »Fertig?«, strahlte sie ihn an. »Dann bringe ich Sie in die Garderobe zurück.« Kaum waren sie drei Schritte gegangen, strahlte sie ihn gewinnend an: »Sie sind Chefredakteur? Ich mag Hunde übrigens total gerne. Vielleicht hol ich mir bald einen.« Ihre High Heels klapperten wieder über den Linoleumboden. »Wenn Sie mal jemanden für Fotos in Ihrem Heft brauchen, ich mache das öfter. Ich kann Ihnen meine Setkarten schicken. Am besten gebe ich Ihnen mein Kärtchen gleich mit, dann können Sie anrufen, wenn Sie mich brauchen.« Sie reichte ihm eine Visitenkarte, die sie die ganze Zeit in der Hand gehalten haben musste, und guckte ihm tief und sehr intensiv in die Augen. Gleich bietet sie mir an, mit ihr essen zu gehen, dachte Mattes fasziniert und erschrocken zugleich. Oder mehr. Himmel, was war geschehen? Dass er Chefredakteur war, brachte sie auf einmal dazu, sich an ihn ranzuwerfen. Einmal im Fernsehen und sofort hatte er die Hammerfrauen an den Fersen. Nicht übel.

»Ich habe in der nächsten Woche zwei freie Tage, da kann ich doch einfach mal bei Ihnen vorbeikommen«, hörte er Carolin sagen. »Dann bringe ich meine Fotos mit, und wir beide können vielleicht ...«, sie machte eine kunstvolle Pause, blickte ihm wieder tief in die Augen und gurrte: » ... eine Kleinigkeit essen gehen.« Dabei strahlte sie ihn so intensiv an, dass er fast Mühe hatte, sich ihre vorher so arrogante Art ins Gedächtnis zu rufen. Er lächelte ihr zu. »Am besten wenden Sie sich mit allem an Pieter Plättler, der ist unser Fotograf. Allerdings ist es schwer, ihn zu erreichen, denn er ist natürlich immer unterwegs. New York, Tokio,

Paris. Aber ich gebe Ihnen einen Tipp: Gehen Sie zu einem Suizeed-Konzert, da treffen Sie ihn bestimmt.« Ihre Augen blitzten, und Mattes konnte ihr Gehirn rattern sehen. Sie witterte ihre Chance. Ein Titelbild-Fotograf war für Karrieresprünge nicht schlechter als ein Chefredakteur, und Mattes sah Peter Plattler vor sich. Die Vorstellung, dass diese »Bitte-bitte-bitte-entdecke-mich-Tussi« sich schmachtend vor Pieter Plättler hockte, und dieser an nichts anderes denken konnte als an seine nächste selbst gedrehte Zigarette, ließ ihn innerlich vor Lachen erbeben.

Er holte seine Jacke aus der Garderobe und begab sich zum Ausgang. Diesmal alleine, denn er war pünktlich bis zur Sendung geleitet worden, hatte seinen Auftritt gehabt und damit war seine Aufgabe erfüllt. Noch auf dem Gang wurde er von einer aufgeregten Frau angesprochen, die gerade aus einem der Büros kam: »Wir haben schon über 200 Anrufe und E-Mails bekommen.«

»Ach ja?«, sagte Mattes zögernd. Warum sollte ein Sender keine Anrufe und E-Mails bekommen?

»In der letzten Viertelstunde, nur wegen Ihnen und dem neuen Magazin!«, stieß die Frau heftig aus, als sie merkte, dass ihn die Angaben nicht beeindruckten.

»Wegen mir?«

»Ja, wir drehen hier gleich durch! Wir sitzen schon zu viert an den Telefonen und kommen kaum hinterher.«

»Sind 200 Anrufe und E-Mails viel?«, fragte Mattes verwundert.

Sie starrte ihn ungläubig an: »Viel? Das ist unglaublich. Sie sind doch gerade erst auf Sendung gewesen. Solche Reaktionen hatten wir das letzte Mal, als Dieter Bohlen hier blöde Sprüche über Frauen abgelassen hat. Die meisten wollen wissen, wo sie das Hundemagazin bekommen können. Und vier haben über Ihre Frisur gemeckert.«

»Das werden noch mehr«, tröstete Mattes und sah ihr nach, wie sie eilig in das nächste Büro lief. Schien nicht schlecht anzulaufen. 200 Anfragen wegen des Magazins. Und das in den ersten 15 Minuten. Er konnte das alles kaum fassen. Solch eine Resonanz hatte er sich in den kühnsten Träumen nicht ausgemalt. Die schienen alle begeistert von dem neuen Magazin und seiner überzeugenden Art zu sein.

Aufgekratzt fuhr er nach Hause. Das zufriedene Lächeln war nicht aus dem Gesicht zu bekommen. Er hatte mit seinem Fernsehdebüt einen Treffer gelandet und alles andere war ihm momentan völlig egal. Völlig egal – bei diesem Gedanken musste er breit grinsen, denn er dachte an einen Winterabend vor vielen Jahren, an dem sich im Haus von Tante Thea Unglaubliches abgespielt hatte. Es war in der Vorweihnachtszeit, in der sie traditionell Plätzchen backte. Tagelang war sie damit beschäftigt, verschiedene Teige zu kneten, sie auszurollen und mit kleinen Metallformen Kekse in den unterschiedlichsten Formen und Größen auszustechen. Blech für Blech wurde in den Ofen geschoben, und es roch im ganzen Haus nach Plätzchen. Aber Tante Thea backte, im Gegensatz zu den anderen Hausfrauen des Viertels, keine Plätzchen für ihre Familie, sondern für Tiere. Sie war vermutlich die legitime Erfinderin des tierischen Weihnachtsgebäckes und beglückte damit Arco, die Hunde ihrer Freundinnen, streunende Katzen, ihren Wellensittich Jokki und alle Vögel, die zur Winterfütterung auf ihren Balkon kamen. Gegen Ende ihres Backwahns konnte es passieren, dass alle gut verschließbaren Dosen und die zum Verschenken vorbereiteten Zellophantütchen voll waren und die Reste von Mehl, Eiern und Nüssen zu nachlässig ausgestochenen Keksen für Onkel Günther und die Jungen verarbeitet wurden und somit den Weg ins Wohnzimmer fanden. Es war nicht so, dass Tante Thea spezielle Rezepte hatte, die auf die Bedürfnisse der Tiere zugeschnitten waren, nein, für sie gehörten in die richtig guten Plätzchen viel Butter und vor allem viel Zucker. Und man konnte nicht behaupten, dass ihre Plätzchen von den Beschenkten mäkelig angesehen und verschmäht wurden. Was alleine Arco in den Wochen vor Weihnachten verschlang, reichte, um seinen Kalorienbedarf bis in den Mai zu decken.

Tante Gerlinde, die sich bei jedem Besuch über das ignorante Verhalten Onkel Günthers aufregte, der ihr höchstens grunzend zunickte und sich dann wieder dem Fernsehprogramm widmete, war selber ein Ausbund an Lebendigkeit. Von der wollte sie ihrem Schwager etwas abgeben. Ein wenig beschwingter auf der Couch zu sitzen könnte ihm nicht schaden, dachte sie, griff heimlich in ihren Haschvorrat, den sie bei ihren Schiffstouren nach Holland immer wieder auffüllte, denn ein kleiner Joint machte ihr lustiges Leben manchmal noch etwas bunter, und schmuggelte eine ordentliche Portion des Zeugs in Tante Theas Plätzchenteig. Sie ging davon aus, dass so kurz vor Weihnachten endlich die Familienkekse dran waren, aber Tante Thea hatte noch Platz in den Hundedosen und dachte gar nicht daran, für die menschlichen Zweibeiner zu backen. Ahnungslos stach sie kleine Sterne aus dem Teig, drückte in jeden Keks eine Haselnuss – Arcos Lieblingsvariante – und schob die Bleche in den Ofen. Ebenfalls ahnungslos fuhr Tante Gerlinde nach Hause und lachte sich ins Fäustchen. Völlig ahnungslos fraß Arco am gleichen Abend eine Handvoll sternenförmiger Nussplätzchen.

Mattes hörte von den Folgen, als Tante Thea am nächsten Morgen aufgelöst mit seiner Mutter telefonierte. Arco lag in ihrer Küche, hatte Mühe, seinen Kopf zu heben, und reagierte kaum noch. Er war vergiftet worden, vermutete Tante Thea und weinte vor Kummer. Es war ihr allerdings ein Rätsel, wo er das

Gift gefressen haben könnte, und obwohl er so kraftlos herumlag, stellte er sich doch hin und wieder mühsam auf die Beine und torkelte zu seinem Wassernapf.

»Er hat noch Lebenswillen«, schluchzte Tante Thea, »aber er läuft, als könnte er seine Beine nicht mehr sortieren. Seine Nerven sind angegriffen.«

Mattes warf sich sofort auf sein Fahrrad und sprintete zu Tante Thea. Tatsächlich, Arco lag im Sterben. Wie sonst war es zu erklären, dass er beim Klingeln nicht bellend zur Türe gestürzt kam und auch sonst kein Interesse an seinem Besuch zeigte. Es war ihm alles völlig egal. »Sieh mal!«, schluchzte Tante Thea, warf Arco einen Fleischknochen vor die Schnauze, ging dann zu ihm hin und hob ihn einfach wieder auf. Es war unglaublich. Nur seine Lieblingskekse, die sternförmigen mit den Haselnüssen, fraß er noch, wenn er zwischendurch wach war. Tante Thea weinte viel und verwöhnte ihren Liebling in seinen letzten Stunden.

Zwei Tage später lebte Arco immer noch. Tante Thea hatte herausgefunden, dass sein matter Zustand an den Plätzchen lag. »Die Haselnüsse sind nicht in Ordnung. Da muss bei der Lagerung etwas schiefgegangen sein, die sind verdorben«, sagte sie.

»Seit Arco keine Nussplätzchen mehr bekommt, geht es ihm jeden Tag besser«, und sie fügte glücklich hinzu, »Er macht wieder richtig Theater, der Sauhund, wenn er einen Knochen hat.«

Tante Gerlinde bekam einen Lachanfall, als sie davon hörte, und bedauerte zutiefst, dass die restlichen Plätzchen im Müll gelandet waren, ehe sie Onkel Günther erreicht hatten. Tante Thea hielt Gerlindes Erklärung jedoch für eine ihrer typischen Übertreibungen und schwor darauf, dass die Haselnüsse verdorben gewesen waren.

Als Mattes später mit immer noch anhaltendem Triumphgefühl in seine Wohnung kam, begrüßte ihn Mina freudig. Astrid hatte sie in seine Wohnung zurückgebracht und einen Zettel auf den Tisch gelegt. »Dein Hund ist blöd!!!« Drei Ausrufezeichen, das bedeutete, dass sie extrem aufgebracht war. Astrid sprach zwar gerne mit Ausrufezeichen, verwendete sie bei schriftlichen Mitteilungen aber nur, wenn es äußerst dringend und angesichts einer katastrophennahen Situation unverzichtbar war. »Hast du ihr was kaputtgemacht?«, fragte Mattes Mina und kraulte sie liebevoll hinter den Ohren. Er lachte plötzlich: »Du hast mich heute auf der Straße erkannt und fast verraten. Deine dicke Nase ist viel besser als die von der dummen Astrid.« Er wusste genau, dass Mina nicht verstand, wovon er redete, aber wenn sie ihn so verständnisvoll ansah, konnte er einfach nicht anders. »Kluges Mädchen«, lobte er. »Du verstehst kein Wort, aber du bist trotzdem ein ganz kluges Mädchen.« Warum zum Teufel verfiel er in eine Art Babysprache mit viel zu hoher Stimme? Astrid hatte vermutlich recht. Hundehalter hatten alle einen Knall.

Als er schon im Bett lag, schreckte er plötzlich hoch. Was war, wenn Astrid die Sendung gesehen hatte? Sie guckte sonst nie um diese Zeit Fernsehen, aber wie es der Zufall wollte, hatte sie vielleicht eingeschaltet und ihn mit dem neuen Magazin herumwedeln sehen. Mein Bruder, der Chefredakteur eines Hundemagazins. Sie würde wahnsinnig werden. Aber dass sie bei seiner Rückkehr nicht wie ein kurz vor der Explosion stehender Vulkan vor seiner Haustüre auf ihn gewartet hatte, zeigte, dass sie mit hoher Wahrscheinlichkeit kein Fernsehen geguckt hatte. Ansonsten hätte unter »Dein Hund ist blöd!!!« mit drei Ausrufezeichen zumindest noch »Und du auch!!!!!« mit fünf Ausrufezeichen gestanden. Bei so was war Astrid verlässlich.

Im Gegensatz zum vorangegangenen Abend wartete Astrid am Morgen ganz offensichtlich auf ihn, denn als er aus der Tür trat, eilte sie gleich auf ihn zu.

»Mattes, es ist wirklich total peinlich«, begann sie aufgebracht. Sie hatte die Sendung also doch gesehen. Was für ein blöder Zufall.

»Hör mal, Astrid«, begann er, aber sie unterbrach ihn sofort und schien wirklich sauer zu sein: »Man traut sich nicht mehr unter die Leute. Es ist nicht nur peinlich, es ist entwürdigend. Ich habe einen Ruf zu verlieren, und wenn meine Kunden das mitbekommen, hat das unter Umständen Auswirkungen auf meinen beruflichen Erfolg.«

Jetzt zickte sie rum, weil er öffentlich als Chef eines Hundemagazins in Erscheinung getreten war. Da gab es doch sicher Schlimmeres. Außerdem war es nicht irgendein Hundemagazin, es war ›doggies live‹.

Ärgerlich schoss er zurück: »Nun mach mal halblang! Du kannst dir deinen Bruder nicht so backen, wie er dir in deinen Kram passt. Warte doch erst mal ab, Hunde sind ein starkes Thema!«

Sie schnaubte: »Hör mir auf mit Hunden! Jeder Scheißhundebesitzer erzählt mir, wie intelligent sein Vieh ist, dabei sind die Köter alle so blöd, dass es nicht zu fassen ist. Weißt du, was deine Mina gemacht hat? Einen Mann im Dalmatiner-Kostüm für einen Hund gehalten! Ja, da guckst du blöd, aber es stimmt. Gestern in der Fußgängerzone. Ich dachte, ich sterbe.« Ihre Stimme überschlug sich fast vor Empörung. »Ich habe sie kaum von dem armen Mann wegbekommen, weil sie einfach nicht kapiert hat, dass es kein Hund ist. Ich kann nur hoffen, dass mich keiner meiner Kunden gesehen hat.« Sie verdrehte genervt die Augen, und Mattes amtete auf. Sie hatte anscheinend doch kein Fernsehen geguckt, sonst wären Mina und die Szene in der Fußgängerzone jetzt völlig vergessen.

Mit ernstem Gesichtsausdruck sagte er: »Dann war es ja ein Glück, dass der Mann nicht als Kaninchen verkleidet war, sonst hätte sie ihn gefressen.«

Astrid blitze ihn böse an: »Deine Witze kannst du dir sparen! Ich nehme deinen minderbemittelten Hund jedenfalls nicht mehr mit in die Stadt. Dass sich Hunde und ihre Besitzer ähneln, ist mit jetzt jedenfalls klar. Mina ist blöd, faul und gefräßig. Und wenn sie könnte, würde sie noch schlechte Witze reißen!« Astrid drehte sich um und stapfte ins Haus zurück, wo sie die Tür heftig hinter sich zuzog.

Kaum saß er in der Redaktion an seinem Schreibtisch, besuchte ihn seine private Assistentin Althoff und hatte einen großen Block in der Hand, auf dem Notizen in einer für ihn unleserlichen Kurzschrift standen. Sie informierte ihn über den aktuellen Stand der Dinge. »Ihren Besuch im Fernsehstudio können Sie als Erfolg werten. Über Nacht ist unser Fax-Gerät heiß gelaufen, und die E-Mails habe ich noch nicht alle sichten können. Die Redaktion von Saskia Hoffmann hat alles weitergeleitet, das bis gestern Abend noch bei ihnen im Studio eingetroffen ist. Es sind sehr viele Fragen an unsere ...«, sie räusperte sich und sagte distanziert: »... Expertin Mina R. Außerdem gibt es eine Anfrage von der BILD nach Ihrer Antwort zum Thema ›Kampfhund ja oder nein‹, und von einer Dame aus dem Fernsehstudio, in dem Sie gestern waren, kam die

Bitte um den Kontakt zu Piet Plättler, einem amerikanischen Fotografen. Kann es sein, dass damit unser Herr Plattler gemeint ist?«

Mattes grinste: »Ja, die junge Dame interessiert sich für Herrn Plattler. Leider nur in seiner Eigenschaft als Star-Fotograf. Der BILD antworte ich ein klares: ›Kommt drauf an‹, und die Fragen an Mina können Sie mir alle auf den Schreibtisch legen.«

»Herr Plattler und Frau Berger sind heute unterwegs, um weitere Handzettel zu verteilen«, informierte ihn Frau Althoff und verließ sein Büro.

»Prima«, freute sich Mattes. Er blätterte die Zettel mit den Fragen an Mina R. durch, um sich einen ersten Überblick zu beschaffen, las sich aber schnell fest. Neben völlig nebensächlichen Sachen und vielen witzigen Vorkommnissen gab es eine Reihe von wirklich schwierigen Situationen. Der Border Collie, der die Kinder im Garten nicht mehr spielen ließ und in einer Ecke zusammentrieb, oder der Schnauzer, der das Essen vom Tisch holte und die Halterin biss, wenn sie ihn daran hindern wollte. Die Antwort zu »Ich hätt' da mal 'ne Frage …« konnte in vielen Fällen nicht kurz und schnell »Ich hätt da mal 'ne Antwort« sein, wenn sie seriös und nicht nur oberflächlich sein sollten. »Da wirst du viel Zeit brauchen, Mina«, stellte Mattes fest und begann die Zettel auf verschiedene Stapel zu sortieren. Sein Handy klingelte.

»Ja?«

»Guten Morgen, Herr Reuter. Ich bin Barbara, die Managerin von Melanie Berkle, und wir möchten uns gerne das nächste Titelbild auf Ihrem Magazin zusichern lassen.«

»Melanie Berkle?«, fragte Mattes verwundert und kramte in seinem Kopf, wo er diesen Namen schon gehört hatte.

»›Küsse in Afrika oder geh, wohin du willst‹«, sagte die

weibliche Stimme am anderen Ende. Oh je, dachte Mattes, da hat aber einer eine ganz gewaltige Schraube locker.

»Tut mir leid«, sagte er und die Frau am anderen Ende, die merkte, dass bei ihm nichts ankam, sang vor: »Küsse in Afrikaaaaaa, unter den Sternen, shalala.«

In Mattes' Hirn gab es erste Anzeichen des Erkennens. Das war irgendein schrottiger Schlager, den er mal vernommen hatte, als er nicht schnell genug das Radio umschalten konnte.

Die Stimme sagte: »Im letzten Jahr Platz 3 in den deutschen Charts. Und momentan ganz aktuell in allen Radiostationen...« Wieder sang sie los, diesmal im Mitklatschrhythmus: »Geh, wohin du willst, aber mit mir, mein Schatz. Denn für dich und mich...«

Mit gequältem Gesichtsausdruck unterbrach Mattes: »Sagen Sie mal, ist das völkerrechtlich in Ordnung, dass Sie mir so was am frühen Morgen ins Ohr singen?« Melanie Berkle war ein Schlagersternchen, jetzt erinnerte er sich.

Die Frau am anderen Ende lachte: »Tut mir leid, ich bin ja nicht Melanie, die kann das besser. Wir haben gestern Ihr Magazin in der Talkshow von Saskia Hoffmann gesehen und da ist ja die Saskia auf dem Titelbild. Saskia und Melanie sind beste Freundinnen, und Saskia hat uns Ihre Handynummer gegeben, denn wir möchten Melanie auf dem nächsten Titelbild haben.«

Oh, das erste Magazin noch nicht am Kiosk und schon die Anwärter für das nächste Titelbild am Telefon. Aber Melanie Berkle? Fürs nächste Heft hatte er sich dann doch eher die Prominentenklasse von Veronica Ferres vorgestellt. Realistisch bleiben, ermahnte er sich. Vielleicht sind wir in drei Wochen froh, wenn wir überhaupt jemanden haben, also ganz diplomatisch vorgehen!

Vorsichtig antwortete er: »Es sind schon mehrere Titel-Anwärter im Gespräch. Es käme darauf an, ob wir aus Melanie Berkle und ihrem Hund ein Titelthema machen können.«

»Melanie hat keinen Hund.«

Mattes lehnte sich überrascht zurück: »Was will sie dann auf einem Hundemagazin?«

»Sie will ja nicht über Hunde reden, sondern ihre CD verkaufen, da reicht es, wenn sie vorne auf dem Titel ist und drinnen was über sie steht. Wenn es hilft, kann sie sich ja einen Hund ausleihen«, erklärte die Frau geduldig.

Mattes lachte auf: »Ausgeliehene Hunde kommen nicht auf den Titel. Aber ich mach ihr einen Vorschlag: Sie kann ein Lied über Hunde singen, und wenn das auf allen Sendern läuft, dann können wir eventuell über einen kleinen Artikel reden. Aber nur, wenn es wirklich gut ist.«

»Das geht nicht«, reagierte die Frau unwillig. »Außerdem ist das dann zu spät. Kommen Sie! Wenn Saskia Hoffmann drauf kann, kann Melanie das auch.« Ihre Stimme verlor den netten Klang und wurde drohend: »Hinter uns steht ein Riesenpublikum, das Sie nicht unterschätzen sollten. Wir haben viele Beziehungen in der Branche, die bis zu den Werbekunden reichen. Das sollten Sie nicht leichtfertig ablehnen.«

Mattes verdrehte die Augen. So sollte sie ihm lieber nicht kommen. Wenn er es richtig verstand, und ein Irrtum war kaum möglich, drohte sie ihm gerade Unannehmlichkeiten an, falls er ihrer Melanie Berkle nicht die Titelstory geben würde. »Es tut mir Leid, aber wir bringen in einem Hundemagazin grundsätzlich nur Storys, die einen deutlichen Bezug zu Hunden haben. Da hilft Ihnen nicht, dass Millionen von Schlagerfreunden hinter Ihnen stehen. Es geht alleine um Hunde. Auf Wiederhören.« Er drückte den Empfang weg und ärgerte sich, dass Saskia Hoffmann seine Nummer weitergegeben hatte.

Wäre besser, wenn sein Vorzimmerdrache erst mal alles abfangen und sieben würde.

Nachmittags wählte er die Nummer von Alex und rief: »Ein weltbewegendes Ereignis ist im Anmarsch.«

»Du hast den Job bei der ZEIT?«, feixte Alex.

»Quatsch! Wer will denn zur ZEIT? Die ersten frisch gedruckten Exemplare von ›doggies live‹ kommen heute an.«

»Ey, großartig!«

»Das kannst du laut sagen!«

Alex' Stimme wurde ernster: »Das heißt, dass wir die Tennisstunde heute ausfallen lassen?«

»Nein!«, rief Mattes, »ich bin dabei. Ab jetzt wird hier alles ruhiger. Aber ich bring ein Magazin mit und wir feiern das!«

»Das hört sich doch mal gut an«, lachte Alex.

Ein wenig später kläffte Mucki nebenan los, und Mattes sprang vom Stuhl hoch und raste in den Flur, um dem Boten aus der Druckerei ein Paket aus der Hand zu reißen. Mit durchsichtiger Plastikfolie umwickelt und von einem breiten Klebestreifen gehalten, hatte er den ersten Stapel druckfrischer Magazine in den Händen. Saskia Hoffmann lächelte verschwommen durch mehrere Lagen Plastik, über ihr stand in breiten Lettern ›doggies live‹, und der Hund an ihrer Seite schien konzentriert durch die Verpackung nach draußen gucken zu wollen. Mattes hatte ein ähnliches Gefühl im ganzen Körper wie damals, als er Mina als Welpe abgeholt und auf den Arm genommen hatte. Ein Augenblick im Leben, an den er sich immer erinnern würde. Es war ein geburtsähnlicher Prozess. Wie bei der Geburt aller Säugetiere spielten bei ihm, dem Muttertier, die Hormone verrückt. Er gebar sein erstes Kind. Serotonin und Dopamin überrumpelten ihn. Er wartete jede Sekunde auf den Milcheinschuss, um sein Baby mit allen

Brutpflegemaßnahmen überschütten zu können. Frau Althoff kam und reichte ihm wortlos eine Schere. Für eine Sekunde dachte er, dass er nun die Nabelschnur durchtrennen sollte, aber es handelte sich nur um das Klebeband. Dass die immer schon vorher wusste, nach was er wenige Augenblicke später verlangen würde, war fast unheimlich. Egal. Er legte das Paket sanft auf einen Tisch und löste vorsichtig die Verpackung. Der Geruch, der aus dem Paket aufstieg, war der nach frischer Druckerfarbe, und die Magazine sahen mit ihrem glatten, glänzenden Papier jugendlich und unberührt aus. Ohne das Plastik darüber waren die Farben viel kräftiger. Es sah alles so viel besser aus als beim Andruck. Vor der sonnenbeschienenen Saskia Hoffmann standen frische Croissants und eine Frühstücksplatte mit Käse und Obst auf dem Holztisch des Cafés. Der Hund blickte freundlich in die Kamera und neben ihm stand groß: »Abnehmen mit Hund!«

»Sieht aus, als ob sie beim Frühstücken abnimmt«, sagte Frau Althoff.

Mattes grinste: »Ich hätte auch meine joggende, verschwitzte Schwester auf den Titel setzen können, aber das wäre zu viel harte Realität, die keiner sehen will.« Er blätterte vorsichtig im Heft und nickte zufrieden: »Es ist wirklich schön geworden. Das wird am Montag niemand im Regal liegen lassen.«

Alex wartete vor der Tennishalle auf ihn und schlug vor: »Ich denke, wir sollten uns irgendwo hinsetzen und du zeigst mir das Magazin. Oder willst du heute wirklich Tennis spielen?«

»Nein, ich will dir den ganzen Abend nur mein ›doggies live‹ zeigen, und du sollst alles bestaunen und sagen, wie toll es ist«, bestätigte Mattes lachend. Alex klopfte ihm auf die Schulter: »Dann komm! Wir gehen zum Italiener und feiern den Chefredakteur.«

»Zu dem mit der scharfen Bedienung?«, fragte Mattes.

»Nee, die ist inzwischen weg. Du kommst zu spät, mein Junge«, bedauerte Alex. »Jetzt kann ich dir da nur noch das weltbeste Saltimbocca bieten.«

Mattes konnte sich nicht erinnern, in den letzten Jahren so rundum glücklich und zufrieden gewesen zu sein wie an diesem Abend. Wie sich das Magazin am Montag verkaufte, war eine andere Sache, wichtig war, dass er nach den vier härtesten Arbeitswochen seines Lebens ein fertiges Produkt vor sich liegen hatte. Er hatte es durchgezogen, trotz der Althoff, trotz der unscheinbaren Nadine und trotz des wortkargen, qualmenden Peter Plattlers. Oder eher mit? Ohne die drei hätte er überhaupt nichts machen können, und vielleicht war sogar Tina in irgendeiner Form – ihm fiel allerdings nicht ein, in welcher – wichtig gewesen. Ihm gegenüber saß Alex, sein vertrauter Kumpel aus Kindertagen, und blätterte lächelnd im Magazin. Ihm gefiel es anscheinend, und als er es zuklappte, nickte er anerkennend.

»Super gemacht. Und wie geht's jetzt weiter?«

Mattes lehnte sich entspannt zurück. »Jetzt habe ich frei. Ganze zwei Tage. Und wie es dann weitergeht, hängt davon ab, wie das Magazin ankommt. Wenn es super läuft, geht es weiter und ich bin oben. Falls es nicht läuft, werde ich mein Gesicht umoperieren lassen und untertauchen müssen, denn Steinle-Bergerhausen wird hinter mir her sein, bis er gemeinsam mit Agentin Althoffowitsch meine Füße liebevoll in Betoneimer stellen und mich in einen See werfen kann.«

»Ach, Blödsinn«, sagte Alex. »Jeder Verlag weiß, dass er mit einer Neuentwicklung ein Risiko eingeht.«

Mattes beugte sich vor: »Bei mir ist nur der Unterschied, dass der Verlag von einer Neuentwicklung nichts weiß und ich die Auflage mal eben eigenverantwortlich von 5 000 auf 40 000 Exemplare erhöht habe.«

Alex sog erschreckt die Luft ein. Mattes raunte: »Wenn's schiefgeht, sieht's ganz übel aus.« Alex sah ihn nachdenklich an. Plötzlich grinste Mattes: »No risk, no fun«, und hob betont gut gelaunt sein Weinglas. Alex stieß lächelnd an, und als sich ihre Blicke trafen, wussten beide, dass sie sich Sorgen machten.

Es war Wochenende, und das Magazin, um das sich in den letzten, hektischen Wochen alles gedreht hatte, war fertig. Zum ersten Mal konnte Mattes einfach im Bett liegen bleiben und zwei Tagen ohne Termine und dringend noch fertigzustellender Artikel entgegen sehen. Er hatte am gestrigen Abend nicht wirklich viel getrunken, aber ihm fehlte Schlaf und er merkte, wie er nach der Anspannung der letzten Wochen einen Gang runterschaltete und sein Körper sich endlich entspannte. Es war gut, jetzt einfach mal liegen zu bleiben und das Leben auf ein Normaltempo zu regulieren. Normaltempo hieß für ihn: lange schlafend im Bett bleiben und dann ganz gemächlich in den Tag gleiten. Am Montag, vielleicht sogar erst in den Tagen danach, würde sich zeigen, ob er Chefredakteur blieb, ob seine Mitarbeiter ihren Arbeitsplatz behielten und ob es jemals noch eine weitere Ausgabe von ›doggies live‹ geben würde. Bis dahin befand er sich in einem Schwebezustand, der ganz gut zu seiner körperlichen Verfassung passte. Ganz kurz kam ihm der Gedanke, ob er sich noch einmal zu einer letzten Dalmatiner-Aktion in die Fußgängerzone schleppen sollte, um Zettel zu verteilen, aber ehe er sich ernsthaft mit dem Gedanken anfreunden konnte, schloss er die Augen und drehte sich ein weiteres Mal im Bett um. Alles konnte … warten.

Als er gegen Mittag, immer noch etwas verschlafen, mit Mina aus der Tür trat, sah er Astrid im Vorgarten arbeiten. Wenn sie Büsche zurechtschnitt, dann richtig. Nachdem Godehard in einem Frühjahr wenig Entschlusskraft beim Schneiden gezeigt und nach stundenlangem Aufenthalt im Garten nur einige dünne Zweige und herausgewachsene Spitzen entfernt hatte, hatte Astrid diese Aufgabe wieder selbst übernommen. Kahle verstümmelte Buschreste hinter ihr zeigten, dass sie es ernst nahm und lieber zu viel als zu wenig auslichtete.

»In zehn Jahren ist es bestimmt wieder nachgewachsen und sieht wie Garten aus«, sagte Mattes gespielt tröstend, als er vorbeiging, und Astrid drohte ihm mit der Astschere.

Er trottete mit Mina über die Einfahrt, als er hinter sich plötzlich ihren Ausruf hörte: »Du warst im Fernsehen!« Vor Schreck zuckte er kurz zusammen und drehte sich dann schuldbewusst um. Astrid stand mit der Astschere bewaffnet auf der Wiese und lachte fröhlich. Wieso war sie so gut gelaunt? Irgendwie musste sie von seinem Auftritt erfahren haben, aber er hatte erwartet, dass sie dann ausflippen würde.

»Guck nicht so blöd!«, grinste sie. »Habe ich von Frau Stenger nebenan gehört. Angeblich hat sie dich im Fernsehen gesehen. Als Moderator vor der Kamera.« Astrid tippte sich lachend an die Stirn, und Mattes fiel etwas zu laut in ihr Gelächter ein.

»Ach, hat sie das?«, versuchte er sich lässig zu geben. Astrid begab sich kopfschüttelnd an einen Busch und drehte die Astschere hin und her, um einen der dickeren Äste abzuquetschen. Angestrengt stöhnte sie bei der Antwort und sprach zwischendurch mit dem Ast: »Ja … Nun geh schon ab … aaaaah … sie hat nur zu spät … eingeschaltet, und du warst angeblich bei den … Mistding! … letzten Sätzen. So!« Zufrieden hob sie den Ast auf und warf ihn auf die Wiese, wohin Mina sofort eilte.

»Mina, lass ihn liegen!«, befahl sie völlig wirkungslos und fragte: »Meinst du, sie trinkt?«

»Ja«, bestätigte Mattes. »Mina trinkt eine ganze Menge. Aber wenn du die Stenger meinst – keine Ahnung. Na, wenn sie mich im Fernsehen sieht, muss sie wohl ziemlich viel picheln.«

»Das habe ich Godehard auch gesagt«, bestätigte Astrid zufrieden und rief: »Mina!! Leg den Ast dahin zurück, wo er lag! Miii-naaa!!« Sie wandte sich an Mattes: »Da siehst du mal wieder, dass dein Hund zu blöd ist oder einfach nicht richtig erzogen. Vermutlich beides. Ich könnte ihr jetzt lang und breit erklären, dass sie den Ast zurücklegen soll, aber sie würde mich weiterhin einfach nur ansehen und mit dem Schwanz wedeln.«

»Ihre beste Strategie«, bestätigte Mattes, pfiff nach Mina und machte sich auf den Weg in den Park.

Am Ende eines wunderbar vertrödelten Tages lag Mattes auf dem Sofa und hörte Minas friedlichem Schnarchen zu, während der Fernseher leise lief. Es war egal, was gesendet wurde, er wollte gar nicht zugucken, es ging ihm nur darum, dass er den Abend untätig auf dem Sofa verbringen konnte. So wie früher. Schon nach kurzer Zeit wurde er unruhig und holte sich ein paar Unterlagen. So nebenbei konnte er ja noch einige der Anfragen an die Mina-Rubrik durchlesen und vielleicht auch schon beantworten. Er begann Notizen an die Ränder der Seiten zu schreiben. Schließlich griff er nach der Fernbedienung und stellte den Fernseher so leise, dass nur noch kaum vernehmbare Geräusche zu hören waren. Er starrte an die Wand, spielte mit dem Stift in seinen Fingern und dachte nach. Wäre es nicht sinnvoll, bei einigen der Anfragen Kontakt mit den Haltern aufzunehmen und nicht alles nur über das

Heft zu machen? In manchen Fällen benötigte er eine nähere Begutachtung und genauere Information über die Umstände, um den Grund der Probleme erkennen zu können. Eine zu kurz ausgefallene Antwort im Magazin könnte falsch verstanden werden und die Sache nur noch schlimmer machen. Das würde allerdings noch mehr Arbeit für ihn bedeuten, denn die Expertin Mina R. stand zwar dick als Ansprechperson im Heft, war zum Beantworten der Fragen aber nicht in der Lage. Sie schnarchte lieber auf dem Teppich neben dem Sofa, und ihre Pfoten zuckten im Schlaf.

Auch am nächsten Tag gab es keinen Termin, und als Mattes das schöne Sonntagswetter sah, ging er mit Mina zu einem ausgiebigen Spaziergang in den Park. Endlich hatten sie mal wieder stundenlang Zeit. Super, dachte er und merkte gleichzeitig, dass er es nicht so gut fand wie erwartet. Einen ganzen Tag lang gar nichts tun, das war er gar nicht mehr gewöhnt. Was hatte er früher an terminfreien Tagen gemacht? Auf jeden Fall nicht jeden Hund, der ihnen begegnete, so interessiert angesehen. Das war ja schon nicht mehr normal, wie sein Gehirn unablässig über das Verhalten von Hunden und Haltern nachdachte. Er beobachtete einen Rüden, der in Imponierhaltung auf Mina zukam. Plötzlich fiel ihm auf, dass dessen Halterin ihn mindestens ebenso intensiv beobachtete wie er ihren Hund. Was hat die?, ging es Mattes durch den Kopf, und er fühlte sich unwohl, weil die Frau ihn regelrecht fixierte. Die guckte nicht rüber, weil sie ihn nett fand, sondern weil etwas nicht stimmte. Hatte er noch den Schlafanzug an? Hatte ›Britt am Nachmittag‹ ihn ohne sein Wissen als Hundekostümfetischisten geoutet? Was war geschehen? Die spielenden Hunde waren für die Frau der passende Grund, näher an ihn ranzukommen.

»Hallo«, sagte sie und blickte ihn schon wieder auffällig aufmerksam an. Er war sicher, sie noch niemals gesehen zu haben.

Bedächtig sagte sie: »Ich kenne Sie«, und grinste dann verlegen.

»Sooooo?«, fragte Mattes und suchte nach irgendetwas, das ihm an dieser Frau bekannt vorkam. Es gab nichts. Er hatte sie definitiv niemals vorher gesehen.

»Sie waren in der Sendung von Saskia Hoffmann. Ich hab Sie gleich erkannt. Ist die Hundezeitung jetzt fertig?«, fragte sie und bekam vor Aufregung ein leicht gerötetes Gesicht.

Ach, die Talkshow. Sieh mal an, da war er also im Gedächtnis geblieben.

»Morgen erscheint das Magazin, und Sie können gerne sehr viele Exemplare kaufen und an alle Ihre Verwandten verschenken«, sagte er freundlich und ein wenig geschmeichelt.

Sie lachte und sagte: »Find ich ja toll, dass Sie einfach so mit Ihrem Hund hier spazieren gehen.«

»Was soll ich denn sonst machen?«, fragte er verwundert.

»Na, Leute wie Sie gehen doch sonst nicht wie normale Leute in den Park.«

Sie hielt ihn tatsächlich für einen Promi. Ihn, Mattes Reuter, der fast aus dem Nichts auf den Sessel des Chefredakteurs gekommen war, dessen erstes Heft morgen erst erscheinen würde, der aber im Fernsehen aufgetreten war. In seinen Augen hatte er mehr mit dem Hauptmann von Köpenick gemeinsam als mit einem erfolgreichen Promi. Ein Auftritt als Talkshowgast hatte gereicht, um ihn in die Riege der Prominenten zu erheben. Wenn er ehrlich war, war das kein schlechtes Gefühl. Er konnte sich gut vorstellen, wie es in der Zukunft ablaufen würde, wenn er mit Mina durch den Park ging. Die Leute würden verstohlen rübergucken, sich anstupsen und flüstern:

»Da geht Mattes Reuter, der Mann, der das unglaublich erfolgreiche Hundemagazin macht!« – Ja, das hätte was. Die aufgeregte, rotgesichtige Frau neben ihm würde jedenfalls gleich sehr vielen anderen Leuten stolz erzählen, dass sie ihn getroffen hatte. Er konnte nur hoffen, dass die nicht alle blöd fragen würden: »Wer? Nie gehört.«

Montag. Aber nicht irgendein stinknormaler Montag, sondern der ›doggies live‹-Montag. Das Magazin lag in den Kiosken und Zeitschriftenläden bereit für den Siegeszug durch die Welt. Mattes wachte mit einem Grummeln im Bauch auf, das ihm immer noch sehr bekannt vorkam, auch wenn es viele Jahre zurücklag. Er war 11, und es war sein erster Tag als Stürmer beim BSC Weiß-Blau. BSC stand für Ball-Spiel-Club, eine Bezeichnung, die in den Augen der Fußballer ziemlich unwürdig war, aber auch die Volleyballer und die Altherren-Mannschaft der Brennballgruppe mit einschloss. Als neuer Stürmer in einem wichtigen Spiel eingesetzt zu werden war eine große Chance für ihn. Und er wusste, wenn er sie versiebte, war er wieder draußen, denn Daniel aus der Parallelklasse war ein starker Spieler und stand schon in Warteposition. Aber der Trainer hatte ihn, Mattes Reuter, für dieses Spiel auf die Liste gesetzt. Und Mattes gab alles. Er knallte den Ball tatsächlich einmal als unhaltbare Bombe ins gegnerische Tor und schaffte beinahe noch vier weitere Treffer, wobei die knapp nicht gemachten Tore dreimal am außergewöhnlich großen und breiten Torwart der Gegenmannschaft scheiterten und einmal an seinem Schnürsenkel, der sich kurz vor dem Schuss gelöst hatte und über den er gestolpert war. Insgesamt aber doch eine ordentliche Bilanz. Der Trainer hatte ihm auf die Schulter geklopft, die Freunde aus der Schule hatten ihm am Spielfeldrand zugejubelt, und sogar Daniel hatte ihm nach dem Spiel mit verkniffenen Lippen, aber anerkennend die Hand gegeben.

Am heutigen Montag war Mattes nicht nur der neue Stürmer, sondern auch der Trainer und sogar der Teammanager von ›doggies live‹. Es war sein erstes Spiel, alle guckten auf ihn, und er hatte nur diese eine Chance. Entweder ging das Magazin heute so ab, dass bis in die Ränge gejubelt wurde und La-Ola-Wellen rings um die Redaktion liefen, oder er konnte in die Kabine marschieren und seine Tasche packen.

Kaum war er in der Redaktion angekommen, wurde er so nervös, dass er es nicht auf seinem Sessel aushielt. Er pfiff leise nach Mina und lief mit ihr los. Wie zufällig nicht in den Park, sondern zu einem Zeitschriftenladen, der um die Ecke lag. Der kräftig gebaute und schwerfällig wirkende Händler hatte die am Morgen gelieferten Hefte noch nicht ausgepackt, aber Mattes drängte ihn so lange, bis er in den vielen Stapeln nach ›doggies live‹ guckte und schließlich fünf Exemplare ins Regal legte. Was für ein wunderschöner Anblick. Mattes lächelte gerührt. Das schönste Heft in der ganzen Regalreihe und ein wirklicher Hingucker mitten zwischen den Gartenzeitschriften und biederen Heimtiermagazinen.

»Sieht gut aus, was?«, grinste der Händler breit und zeigte auf das Heft.

»Allerdings«, lächelte Mattes stolz.

Der Mann stemmte die Arme in seine breiten Hüften, kniff die Augen zusammen und legte den Kopf schräg. Anerkennend sagte er: »Das ist mal 'n Schuss. Die ist doch immer im Fernsehen. Aber sie könnte oben rum ein bisschen mehr haben.«

Mattes blickte ihn empört an: »Es geht nicht um die Frau, es geht um das Gesamtpaket!«

Der Händler sah ihn debil an: »Häh?«

Mattes rückte die danebenliegenden Hefte etwas zur Seite und fragte: »Können Sie nicht noch mehr von diesen Hundemagazinen ins Regal legen? Hier ist doch noch Platz.«

Der Händler guckte ihn strafend an und rückte die Nachbarhefte wieder näher, sodass Saskia Hofmann an beiden Seiten von Gartenheften bedrängt wurde.

»Mehr hab ich davon nicht«, sagte er. »Und dass ich die in diesem Monat verkauft bekomme, glaub ich nicht. Die paar Hundehalter in der Gegend laufen lieber draußen rum, als was über Hunde zu lesen. Glauben Sie mir, so was liegt wie Blei im Regal. Ich hab schon mehr als ein Magazin nach der ersten Ausgabe verschwinden sehen.« Und um seine Aussage zu bekräftigen, legte er die Nachbarhefte noch ein Stück weiter über die Hundemagazine, sodass von Saskia nur noch wenige Zentimeter zu sehen waren.

Mattes fuhr auf: »Hey, das ist eine Erstausgabe! Die sollten Sie direkt neben Ihre Kasse legen. Ich wette, dass die Hefte in drei Tagen weg sind.«

»Dann sollten Sie nicht rumstehen und große Reden schwingen, sondern sofort eins kaufen. Ich werd Sie da nicht dran hindern! Wenn der Hundekram so toll ist, bitte sehr! Am besten nehmen Sie gleich alle Hefte, dann sind sie bei mir sogar noch schneller als in drei Tagen weg. Bekommen Sie Prozente, oder warum sind Sie da so hinterher?«

»Ja, ich nehm eins«, sagte Mattes und holte ein Magazin vom Regal. »Und wissen Sie was, mir fällt gerade ein, dass ich einige Leute kenne, die auch schon ganz heiß darauf sind. Am besten nehm ich für die auch gleich Hefte mit.« Er griff ins Regal und betonte: »Ehe sie weg sind.«

Der Händler sah ihn triefäugig an. »Wenn Sie meinen.«

»Sehen Sie«, sagte Mattes triumphierend und zeigte auf die Lücke, »nun sind sie ausverkauft. Und jetzt?«

»Jetzt mach' ich Folgendes«, sagte der Händler gelassen, griff in den Stapel der angelieferten Hefte und legte mit überraschendem Schwung ein weiteres Gartenmagazin in die Regallücke. »Obst und Gemüse auch in kleinen Gärten« sprang Mattes die fette Zeile ins Auge, und auf dem Titelbild streckten drei Spalierobstbäumchen in großen Blumentöpfen ihre Astarme aus. Der dicke Händler ging mit schweren Schritten hinter seine Kasse, tippte den Preis für die Hefte ein und fragte gelangweilt: »Brauchen Sie sonst noch was?«

»Was ist, wenn jetzt jemand kommt und ›doggies live‹ haben will?«, erkundigte sich Mattes und zog einen Geldschein aus dem Portemonnaie.

Der Händler grinste: »Dann sag ich: Hab ich nicht.«

Mattes reichte ihm den Schein, steckte das Wechselgeld ein und ging zur Tür, wo er sich noch einmal umdrehte: »Im nächsten Monat sollten Sie mindestens die dreifache Menge bestellen, vertrauen Sie mir!« Im Rausgehen hörte er den Händler »Spinner!« murmeln.

Mattes war sich ziemlich sicher, dass es nicht das richtige Vorgehen war, die Magazine selber aufzukaufen, um damit eine hohe Nachfrage vorzutäuschen. Andererseits war es vielleicht nicht schlecht, zumindest die Händler der Umgebung darauf aufmerksam zu machen, dass eine Nachfrage bestand. Er musste ja nicht jedes Mal die komplette Lieferung mitnehmen, es reichte, wenn er überall nur ein Exemplar kaufte. Kurzentschlossen ging er ein paar Straßen weiter, wo er vorher schon einen Kiosk mit großem Zeitschriftenangebot gesehen hatte.

»Haben Sie schon die ›doggies live'?«, fragte er die Verkäuferin, die kleine Zöpfe trug und mit ihren blitzenden Augen hinter der schmalen Brille aussah, als würde sie alle Kreuzworträtsel in den Zeitschriften zuerst einmal selbst lösen.

»Moment mal, ich glaube, da war was dabei«, antwortete sie freundlich und wühlte in den Magazinen. Sie legte ihm das Heft auf den Tresen. »Heute frisch gekommen«.

Mattes strahlte sie begeistert an: »Klasse! Ich hatte schon Angst, es wäre ausverkauft. Das soll ja ganz toll sein«.

»So?«, fragte die Verkäuferin und guckte interessiert.

Mattes raunte ihr verschwörerisch zu: »Wenn Sie ein gutes Geschäft machen wollen, legen Sie die Hefte so hin, dass jeder sie sehen kann. Am besten hier vorne neben die Kasse.«

Sie blickte ihn prüfend an: »Sind Sie nicht der aus der Talkshow? Hier, bei der Dingsda.« Dabei tippte sie mit spitzem Zeigefinger auf das Titelbild. »Ich hab Sie da gesehen. Sie schreiben doch das Magazin, oder? Warum haben Sie dann keins bekommen? Ich hätte gedacht, wenn Sie es machen, bekommen Sie eins vom Verlag zugeschickt. Das ist ja seltsam, dass Sie es selber kaufen müssen.« Mitleidig schob sie ihm das Heft näher. »Da würde ich an Ihrer Stelle aber mal nachfragen, ob Sie das nicht irgendwie umsonst bekommen können!«, riet sie.

Als er mit den Heften unter dem Arm in die Redaktion kam, guckte ihn Frau Althoff verwundert an.

»Haben Sie Angst, dass die außer Ihnen keiner haben will?«, fragte sie.

»Es war ein Verkaufstest«, erwiderte Mattes. »Ich wollte feststellen, wie gut in Zeitschriftenläden beraten wird, und habe Tipps für die Platzierung des Heftes gegeben.«

»Ah ja«, nickte Frau Althoff. »Vermutlich wieder eine Ihrer Chefsachen«, und sie zog arrogant die Augenbrauen hoch. Wie Astrid. Die konnte das auch immer so gut, wenn sie ihm etwas nicht glaubte. Wenn die beiden sich irgendwann zusammentun würden, würde er auswandern. Gar nichts packen, einfach so wie er war, mit Mina auf das nächstbeste Schiff und weg. Egal wohin, Hauptsache ganz weit weg.

Den Nachmittag über fragte Mattes immer wieder bei Frau Althoff nach, ob es schon Reaktionen gäbe, aber weder von Leserseite noch vom Verlag gab es Rückmeldungen. Nach zwei Testanrufen, bei denen Mattes in Zeitschriftenläden mit verstellter Stimme, die mit Sicherheit von den Verkäuferinnen sofort als äußerst primitiv verstellte Stimme identifiziert worden war, nach dem Magazin fragte und ihm bestätigt wurde, dass es noch zu haben wäre, gab er auf. Die Bilanz war auf jeden Fall sechs verkaufte Hefte. Die lagen bei ihm auf dem Schreibtisch. Es befanden sich also höchstens noch 39 994 Stück im Handel. Und wer weiß, vielleicht hatte irgendwo doch jemand zugegriffen und ein bis dahin unbekanntes Hundemagazin gekauft. Er könnte wetten, dass Saskia Hoffmann mindestens fünf gekauft hatte, die war so verrückt. Wenn er mal durchrechnete, da kam schon was zusammen. Nicht schlecht für den ersten Tag.

»Sie müssen den Käufern schon ein paar Tage Zeit geben«, mahnte Frau Althoff, als er zum mindestens zehnten Mal in ihr Büro kam, Mucki damit in den Wahnsinn trieb und zum wiederholten Male mit betont teilnahmslosem Gesichtsausdruck »Irgendwelche Reaktionen?« fragte.

»Gehen Sie nach Hause und lenken Sie sich ab!«, empfahl sie, und er folgte ihrem Rat, fuhr nach Hause und dachte ununterbrochen über das Magazin und die Zukunft der Redaktion nach. Wenn bis Ende dieser Woche nicht mindestens 5 000 Hefte verkauft waren – das war ein Achtel der Auflage und so viel, wie vorher von ›Hasso Herrchen – Finas Frauchen‹ über den Verkaufstisch gingen –, musste er die Sache als völlige Pleite einstufen. 5 000 Hefte in einer Woche, wer sollte die alle kaufen?

In der Nacht schlief Mattes unruhig und träumte von verschlossenen Läden, in denen das ›doggies live‹-Magazin in hohen Stapeln lag, während dicke, triefäugige Händler versicherten, sie könnten alles verkaufen, wenn nur Saskia Hoffmann endlich eine größere Oberweite hätte. Trotz der nervenaufreibenden Nacht parkte Mattes am Morgen pünktlich um acht Uhr sein Auto am See, um zu laufen. Fast im gleichen Moment hielt neben ihm Alex. Sie nickten sich lächelnd zu, stiegen in ihrer Laufkleidung aus und machten, während Mina das Gebüsch rund um den Parkplatz abschnüffelte, die ersten langsamen Dehnübungen.

Alex fragte neugierig nach: »Wie sieht es aus mit deinem Magazin? Hast du deinen Chefposten noch, oder bist du schon rausgeflogen?«

»Ich bin im Wartezustand«, sagte Mattes. »Gestern gab es auf jeden Fall überall Exemplare bei den Händlern, aber wir werden erst in den nächsten Tagen sehen, ob die auch gekauft werden.«

»Ach, wird schon«, antwortete Alex zuversichtlich.

Mattes blickte ihn an und sagte leise: »Ich finde, es ist ein richtig gutes Magazin geworden. Auch wenn es jetzt floppen sollte, bin ich stolz, dass ich das geschafft habe.« Er seufzte: »Die Welt ist vielleicht noch nicht reif für solche Glanzleistungen.«

»Wart doch erst mal ab!«, brummte Alex. »Die Hundeleute müssen das im Laden entdecken und in Ruhe zuhause lesen. Sie werden schon noch jubeln, dass Mattes Reuter ein begnadeter Hundekenner und Chefredakteur ist. Und wenn alles schiefgeht, kannst du immer noch zur ZEIT gehen.«

Sie liefen langsam los und bogen auf den Weg um den See ein. Alex sah ihn von der Seite an und grinste: »Du ein Hundeexperte, ist das nicht unglaublich? Ich seh dich noch hinter

unserer Torwand verschwinden. Kannst du dich erinnern?«
Mattes erinnerte sich gut. Sie und die anderen Kinder hatten damals eine große Plakatwand, die mitten in ihrer Wohnsiedlung stand, zu ihrer Torwand umfunktioniert. Das Torwandschießen des ›Aktuellen Sportstudios‹ auf dem heimischen Bürgersteig. Mit dicken Filzstiften hatten sie in die Ecken zwei große Kreise gemalt, die die Torlöcher darstellen sollten, und abwechselnd hatte jeder drei Versuche, mit dem Ball passgenau die Kreise zu treffen. Warum die Stadtverwaltung die Plakatwand damals genau vor einem Garten genehmigt hatte, war Mattes im Nachhinein ein Rätsel, aber dass der hinter der Plakatwand lebende Anwohner schnell einem Nervenzusammenbruch nahe war, konnte er schon damals verstehen. Stundenlang donnerten sie den Ball gegen ihre Torwand, feuerten sich lautstark an und lachten sogar noch johlend, wenn der Mann brüllend und mit dem Stock drohend in seinem Vorgarten auftauchte und sie mit üblen Ausdrücken beschimpfte. Was konnte der schon machen? Sie spielten auf dem Bürgersteig vor seinem Haus, und das war nicht verboten.

Allerdings hatte die Sache einen Haken, der einen unglaublichen Nervenkitzel brachte und die Torwand viel interessanter als jede andere Torwand der Umgebung machte. Der Mann hatte nicht nur schwache Nerven, sondern auch einen großen Hund, und wenn der Ball an der Wand vorbeiflog, was gerade beim Zielen auf den Kreis der linken, oberen Ecke schnell passieren konnte, landete er im Vorgarten und musste unter Lebensgefahr zurückerobert werden. Nur die Mutigen zielten darum nach oben links, die meisten wählten den Filzstiftkreis unten rechts, der als Treffer zwar nicht so viel galt, dafür aber den Ball vom dahinterstehenden Zaun zurückprallen ließ, wenn er knapp am Ziel vorbeigegangen war. Mattes war damals schon mutig gewesen. Oder in Ansätzen wahnsinnig, je nachdem, wie man es sah. Unten rechts war langweilig, das konnte jeder, aber schon der Versuch, den schwierigen oberen Kreis mit dem Ball zu treffen, erzeugte Bewunderung in der Schar der angehenden Fußballweltmeister. Mattes wählte das Risiko, aber er war nicht blöd. Er zielte bei jedem Schuss ein kleines, fast unmerkbares Stück weit nach innen, verpasste damit zwar hin und wieder knapp das kreisrunde Ziel, aber nicht die Plakatwand. Neben der Anerkennung der Mitspieler, die er alleine durch den Versuch, auf die linke obere Ecke zu schießen, erworben hatte, war das Risiko, den Ball in den Garten zu verlieren, gering.

Aber manchmal passierte es eben doch, dass ein Ball sich leicht drehte, von der Ideallinie abkam und schräg an der Torwand vorbei über den Zaun in den Garten flog. Der Zaun war ziemlich hoch, aber gut zu überklettern. Ungünstig war, dass der Vorgarten wegen einiger dicht stehender Büsche nicht gut zu überblicken war und darum niemand sehen konnte, ob sich der Hund in der Nähe befand. Dass das mordsgefährliche Vieh jeden Jungen, den es im Vorgarten stellen, auch sofort zerreißen würde, war keine Frage. Dazu musste man nur einmal gesehen haben, wie es geifernd und mit gesträubtem Nackenfell in die Gitter des Zauns biss. In den meisten Fällen landete der verunglückte Ball auf dem vorderen Rasenstück, und nach einem kurzen, gut hörbaren Rütteltest am Zaun, der schnell zeigte, ob sich der Hund in der Nähe befand, kletterte der gescheiterte Fußballkönig blitzschnell über die obere Querlatte, griff atemlos nach dem Ball und flog fast auf den Bürgersteig zurück. Nur Schnelligkeit konnte das Leben retten. Man musste draußen sein, ehe der Hund aus dem hinteren Teil des Gartens nach vorne gelaufen war und einen packen konnte. Der Überlebende wurde johlend begrüßt, und es galt immer als ein Sieg der gesamten Truppe, wenn der Ball aus dem feindlichen Gebiet unbeschadet zurückgeholt worden war.

An einem Tag schoss Mattes zu unkonzentriert, der Ball knallte auf die obere Kante der Plakatwand, prallte ab und flog in hohem Bogen weit hinter die Büsche des Vorgartens. Vom Bürgersteig aus war er nicht mehr zu sehen. Das hieß, er musste erst gesucht werden, was kostbare Sekunden und höchstwahrscheinlich das Leben kosten würde. Dirk jammerte in hohen Tönen los, denn es war sein Ball, den er erst kurz vorher zum Geburtstag bekommen hatte und den er nur nach langer Diskussion für das Torwandschießen herausgerückt hatte. Er verlangte jammernd, dass Mattes ihm den Ball zurückholen sollte. Andernfalls würde er es seinem Vater sagen, und mit dem wäre nicht zu spaßen. Für Mattes war es weniger die Angst vor Dirks Vater, es war eine Frage der Ehre. Er rüttelte am Zaun, um zu testen, ob sich der Hund in der Nähe aufhielt. Als sich nichts rührte, zog er sich leise hoch, überquerte die oberste Latte und ließ sich auf den Boden gleiten. Aufmerksam sah er sich um. Wo war dieser verdammte Ball? Geduckt lief er schnell, aber möglichst geräuscharm über den Rasen und an den Büschen vorbei. Auch auf dem Rasenstück hinter den Büschen war nichts von dem blöden Ball zu sehen, und Mattes, der sich schwer atmend umsah, widerstand dem Drang, sofort umzukehren und sich in Sicherheit zu bringen. Er wusste, dass Dirk dann einen nagelneuen Ball von ihm verlangen würde, und es bestand gar kein Zweifel, dass er damit absolut im Recht war.

Vorsichtig blickte er sich um und sah plötzlich in einigen Metern Entfernung einen hellen Gegenstand unter einem Baum liegen. Der Ball, da lag er! Mit schnellen Schritten kam er aus der schattigen Deckung, lief über den offenen Rasen und griff danach. Er hatte ihn. Doch plötzlich, noch im Aufrichten, sah er den großen Hund um die Hausecke kommen und in gestrecktem Lauf auf ihn zurennen. Er wusste, dass er keine Chance hatte, trotzdem lief er, so schnell er konnte, auf den Zaun zu. Als der Hund ihn von hinten ansprang und mit seinem Gewicht auf den Rasen drückte, wusste er, dass es vorbei war. Und das alles nur wegen Dirk und diesem blöden Ball! Erstaunlicherweise fühlte er keinen Schmerz. Lag das daran, dass er unter Schock stand? Es gab ja sogar Soldaten, denen ein Bein abgeschossen wurde und die nichts merkten, sondern aufstanden und sich bis hinter die eigene Linie schleppten. So was hatte er mal gelesen. Oder Hühner, denen der Kopf fehlte und die trotzdem noch die ganze Straße entlangflogen. Völlig ohne Kopf, die sahen nicht mal, in welche Richtung sie flogen. Er fühlte den Hund ganz nah an seinem Nacken, hatte seine schweren Pfoten auf dem Rücken und heißen, feuchten Atem an seinen Ohren. Auf einmal wurde es an seinem Ohr nass, harte Krallen kratzten über seine Schulter, und der Hund sprang ein Stückchen weg. Hatte er jetzt schon was abgebissen?

Mattes drehte vorsichtig den Kopf und sah sich um. Der Hund lag keinen Meter von ihm entfernt auf der Erde, ließ die Zunge aus dem Maul hängen und wedelte wild mit dem Schwanz. Als Mattes ihn ansah, sprang er schwanzwedelnd hoch, hüpfte übermütig wie ein junger Hund auf ihn zu und versuchte ihn erneut an den Ohren zu lecken. Der spielt, dachte Mattes erleichtert und konnte es fast nicht glauben. Er drückte die aufdringliche Hundeschnauze von seinem Gesicht weg, und der Hund nahm ohne Zögern seine Hand ins Maul und hielt sie vorsichtig mit den Zähnen fest. Als Mattes erschrocken »Au!« ausrief, ließ er sofort los und blieb abwartend wedelnd vor ihm stehen. Mattes stand langsam auf, streichelte ihm vorsichtig über den Rücken, und der Hund richtete sich an ihm auf und drehte den Kopf während des Kraulens genießerisch zur Seite. »Schmusebacke«, grinste Mattes liebevoll.

Vom Bürgersteig kamen besorgte Rufe seiner Freunde: »Mattes? Wo bist du? Was ist los?«

»Alles in Ordnung!«, rief er schnell zurück, drängte den Hund zur Seite und hob den Ball auf. Mit dem Ball unter dem Arm und einem schwanzwedelnden Hund dicht an seiner Seite kam Mattes aus den Büschen, warf Dirk den Ball zu und kletterte dann langsam über den Zaun zurück.

»Mattes hat den Hund gezähmt«, sagte einer der Jungs ehrfürchtig, aber Mattes schüttelte den Kopf, immer noch überwältigt von der harmlosen Aufdringlichkeit des Hundes: »Nein, der will nur spielen.«

Danach hatten sie die Lust auf die Torwand verloren. Zu offensichtlich war der Absturz von den mutigen Fußballhelden, die bereit waren, in Gegenwart einer gefährlichen Bestie alle Gefahren auf sich zu nehmen, um auf eine Torwand zu schießen, zu Jungs, auf die im Garten ein harmloser und liebebedürftiger Hund wartete. Sie mieden die Gegend und zogen sich auf den Bolzplatz zurück. Nur Mattes war manchmal noch am Garten vorbeigegangen, und wenn hin und wieder der Hund zu sehen war, hatte er ihn leise angelockt und durch den Zaun hindurch heimlich gestreichelt.

Alex grinste immer noch bei dem Gedanken an früher und sagte: »Damals konntest du wenigstens richtig rennen. Das war nicht so'n Altherren-Gehoppel wie heute. Vielleicht sollten wir einen scharfen Hund hinter dir herjagen lassen, dann bist du nämlich deutlich schneller.«

»Hey!«, rief Mattes empört, rannte lachend neben ihm her, und sie sprinteten zusammen den Weg entlang.

Mit noch feuchten Haaren von der schnellen Dusche nach dem Frühsport setzte sich Mattes mit einem frischen Kaffee in sein Büro. Mit Alex zusammen gab es immer was zu lachen, selbst wenn sie ernsthaft trainierten. Nadine kam durch die offene Tür, setzte sich ihm gegenüber auf den Stuhl und lehnte sich lächelnd zurück. Was war los? So locker und entspannt hatte er sie noch nie gesehen.

»Gut, oder?«, fragte sie ihn und schien offensichtlich anzunehmen, dass er wusste, wovon sie sprach. Nach ihrem zufriedenen und stolzen Lächeln hätte er spontan auf eine Hauptrolle für einen Hollywoodfilm getippt, aber dazu war sie nicht der Typ.

»Was ist denn los?«, fragte er neugierig.

Sie sprang ruckartig nach vorne, lehnte sich über den Schreibtisch und sah ihn mit erstaunten Augen an: »Du weißt es noch nicht?«

»Nein, nun sag doch mal!«

»Wir sind ausverkauft!«, rief sie in einer solchen Lautstärke, als wäre er nicht nur schwerhörig, sondern auch schwer von Begriff. »Ausverkauft!«, rief sie. »Alle 40 000 ›doggies live‹ waren bis gestern Abend weg! Frau Althoff telefoniert gerade wegen einer Zweitauflage. Du solltest mal sehen, wie hoch der Berg von Faxen mit Nachbestellungen ist!«

Mattes starrte sie an. »Das ist ja …«, begann er und fühlte sich ein bisschen, als hätte er etwas vor den Kopf bekommen.

»Phantastisch!!«, ergänzte Nadine und ließ sich wieder auf den Stuhl fallen. »Wir haben es geschafft!«, strahlte sie glücklich.

Frau Althoff betrat das Zimmer und sagte geschäftsmäßig: »Die Zweitauflage ist gerade genehmigt worden. Es gibt weitere 40 000 Magazine, die Ende der Woche in den Handel kommen.« Ihre Miene veränderte sich, kleine Lachfalten bildeten sich um ihre Augen, und die Mundwinkel gingen schräg nach oben. »Herzlichen Glückwunsch. Gut gemacht«, sagte sie zu Mattes, und er war überrascht, mit welcher Wärme sie sprach.

»Danke auch Ihnen«, gab er leise zurück. Er blickte zu Nadine: »Und dir. Und Peter und Tina. Und Mucki und Mina. Der ganzen Redaktion.«

Ausverkauft, dachte er. Nach nur einem Tag.

Frau Althoff berichtete: »Der Verlag ist vom neuen Magazin völlig überrascht und will sich schnellstmöglich über die Lage informieren. Bis dahin soll alles weiterlaufen. Sie haben aber schon gefragt, wie wir an die Werbekunden gekommen sind und ob die auch bereit wären, bei anderen Magazinen des Verlages einzusteigen.«

Mattes grinste: »Das hätten sie wohl gerne.«

»Außerdem scheint die Fragerubrik mit Mina R. besonders gut anzukommen. Nicht nur hier, sondern auch beim Verlag in Hamburg gehen ununterbrochen neue Fragen ein. Wenn das so weitergeht, sind wir für Jahre mit Problemen eingedeckt.« Sie konnte sich ein Lächeln nicht verkneifen: »Und ein TV-Magazin möchte Mina R. für ein Studiogespräch haben. Ich habe gesagt, dass sie für die nächsten Wochen ausgebucht ist.«

Nadine und Mattes brachen in Gelächter aus. Dann sagte Mattes: »Ich überlege, ob wir sie tatsächlich hinschicken sollen.«

Sein Handy klingelte, und er erkannte sofort die weibliche Stimme des Melanie-Berkle-Managements, die hastig verkündete: »Melanie hat jetzt einen Hund.«

»Und?«

»Damit kann sie aufs Titelbild.«

»Aber der ist doch sicher nur ausgeliehen.«

Die Frau widersprach stolz: »Nein, wir haben ihn gekauft. Er ist noch ganz klein und hat helles Fell. Wirklich süß. Wir haben extra keinen dunklen Hund ausgesucht, weil ein heller besser zu ihrem Haar und ihrem ganzen Typ passt. Wenn sie dazu Rot oder Dunkelblau trägt und den Hund auf dem Arm hält, sieht das umwerfend aus.« Mattes verdrehte die Augen. Das war nicht zu fassen. Mit leichter Wut im Bauch fragte er: »Sie hat einen farblich passenden Hund gekauft, damit sie aufs Titelbild kann? Dann viel Spaß! Wussten Sie nicht, dass sich Welpenhaare auf die Stimmbänder legen und sie das nächste halbe Jahr alle Auftritte vergessen kann, wenn sie einen jungen Hund im Haus hat?«

»Was?«, hörte er die Stimme entsetzt aufschreien und machte weiter: »Entweder ist sie bereit, das für ihren Hund zu tun, oder sie sollte ihn schnellstens wieder abgeben. Die nächsten Titelbilder sind jedenfalls alle schon vergeben.«

Verärgert sagte die Stimme: »Nee, dann muss der Hund zurück. Das hätten Sie aber auch vorher sagen können!«

»Sie haben nicht gefragt.«

»Sie haben gesagt, dass Melanie einen Hund braucht und dann auf den Titel kommt!«

»Habe ich nicht!«

»Das wird noch Ärger geben, glauben Sie mir! Ich muss jetzt sofort sehen, ob ich den Züchter erwische.«

Ein Klicken im Hörer zeigte, dass das Gespräch beendet war. Frau Althoff sah ihn an: »Am besten sperren Sie Ihr Handy in die Schublade, und ich stelle Ihr Telefon in mein Büro um, dann kann ich Ihnen die Anrufer vorsortieren. Die nächsten Tage werden die Hölle sein, und ich denke, es ist bei den vielen ungeklärten Fragen der Organisation und der fehlenden Genehmigungen besser, wenn wir uns nicht in den Angaben widersprechen. Überlassen Sie das einfach mir.« Zustimmend nickend dachte Mattes, dass es gewaltige Vorteile hatte, wenn die persönliche Assistentin Agentenerfahrung hatte.

Als Mattes am Abend auf seine Wohnung zuging, kam Astrid gerade von einer Jogging-Tour zurück. An Arm- und Fußgelenken und um die Taille herum hatte sie kleine, bleigefüllte Stoffgürtel hängen, und schwer atmend kontrollierte sie zuerst einmal ihre Pulsuhr. Mattes zeigte auf die Gewichte: »Ich wette, du wiegst damit mehr als vorher.«

»Blödmann«, keuchte sie kurz.

Als er in seine Wohnung gehen wollte, rief sie: »Mattes, kennst du ›doggies live‹? So ein neues Magazin über Hunde?«

Er drehte sich um und sah sie abwartend an.

»Ich hab das gestern am Kiosk gesehen und wollte es mir heute holen, aber jetzt ist es ausverkauft. Wenn du das irgendwo siehst, kannst du es mir mitbringen?«, bat sie.

Misstrauisch fragte er: »Warum? Seit wann interessierst du dich für Hunde?«

»Mir geht's doch nicht um die Hunde«, prustete Astrid los, »aber das Titelthema ist ›Abnehmen mit Hund‹, und da ich Mina jetzt so oft habe, kann ich das doch kombinieren. Wenn ich 5 Kilo runterkriege, hat sich der Hund für mich wenigstens gelohnt.« Sie sah Mattes prüfend an: »Ist was?«

»Nein, nein«, versicherte er schnell. »Ich bring dir ein Heft mit, wenn ich es sehe.«

»Ich brauch nur den Abnehm-Artikel, die restlichen Seiten kannst du behalten«, versicherte Astrid und fügte spitz hinzu: »Vielleicht lernst du da, wie du deinen Hund erziehen kannst.«

»Was soll in dem Magazin schon drinstehen, was ich nicht weiß?«, grinste Mattes und bekam als Antwort: »Es gibt dich, und es gibt Leute, die von Hunden etwas verstehen.« Astrid stand zufrieden lächelnd vor ihm, und er dachte: Wenn die wüsste! Ein bisschen bang war ihm bei dem Gedanken, dass sie es vielleicht bald wissen würde.

»Ach, sag Robin bitte, dass wir in den nächsten Tagen mal ins Kino können«, fiel ihm ein.

Astrid fragte überrascht: »Du hast endlich wieder Zeit?«

»Nur vorübergehend.«

»Macht die Pizzeria Betriebsferien und braucht keinen Fahrer mehr oder hat deine Freundin einen anderen?« Sie konnte es nicht lassen. Er schickte ihr durch die Luft einen Kuss zu und ging in seine Wohnung.

Obwohl in der Redaktion immer noch nicht viel mehr als Organisatorisches zu tun war, hatte Mattes den Wecker am Morgen auf eine Stunde früher eingestellt, denn es drängte ihn, im Park nach Beatrice Wagner Ausschau zu halten. Er hatte sie seit bestimmt zwei Wochen nicht mehr gesehen und hatte auch keine Zeit gefunden, sich im ganzen Abgabestress noch mit privaten Dingen zu beschäftigen, aber inzwischen befürchtete er, dass die Absage des gemeinsamen Spaziergangs und Astrids Auskünfte über seine angebliche Freundin sie verärgert hatten. Jetzt, wo er wieder mehr Zeit hatte, musste er sich um die Sache kümmern. Vielleicht ging Beatrice inzwischen in einer anderen Gegend spazieren, um ihm aus dem Weg zu gehen, aber so wie er sie einschätzte, wählte sie eher eine frühere Uhrzeit, die sie ähnlich sicher vor einer Begegnung schützte. Er pfiff nach Mina, die zu jeder Zeit zu einem Spaziergang bereit war. Im Park war von Beatrice und Berry nichts zu sehen. Stattdessen stürzte ein großer Collie auf Mina zu und forderte sie zum Spielen auf. Mattes beobachtete die über die Wiese rennenden Hunde und ließ sich von der robust gekleideten Halterin langatmig erzählen, dass Collie Kurt im letzten Sommerurlaub stundenlang an der Nordsee spazieren gegangen war. Plötzlich sah er Berry über die Wiese jagen, drehte sich um und erkannte auf dem Weg Beatrice, die beim Anblick von Mattes kurz stockte und anscheinend am liebsten wieder umgekehrt wäre. Aber zu spät. Notgedrungen näherte sie sich den beiden auf dem Weg wartenden Hundehaltern. »...und dann hat er immer die Quallen aus dem Wasser geholt und in den Sand gelegt. Und dann mit schief gelegtem Kopf geguckt«, erzählte die Halterin und brüllte ohne Vorwarnung in Richtung Wiese: »Kurt! Nicht die Scheiße fressen! Aus! Kurt, aus!!« Kurt war kurzzeitig taub geworden und fraß etwas in großen Happen von der Wiese, bevor er schnüffelnd auf die Suche nach weiteren Haufen ging.

Mattes lächelte Beatrice zu und sagte leise: »Hallo«, während die Frau sich wieder an ihre Zuhörer wandte und versicherte: »Er hat nie auch nur einer Qualle ein Haar gekrümmt.« Mattes wünschte Kurt und seine Halterin mit ganzer Kraft an irgendein beliebiges Meer, Hauptsache weit weg.

Mit ernster Miene sagte er: »Quallen mit gekrümmten Tasthaaren sind ja auch extrem schädlich für das ganze Wattenmeer. Das ist deswegen ja geschützt. Die Küstenwache fängt quallenwildernde Hunde inzwischen leider immer sofort ein und sperrt sie weg.«

Die Frau sah ihn verwirrt an. »Der hat sie wirklich ganz gelassen«, bestätigte sie unsicher.

Mattes sah sie freundlich an: »Da haben Sie aber Glück gehabt. Vielleicht liegt es daran, dass er andere Sachen lieber mag. Die dort hinten zum Beispiel.«

Die Frau blickte zur Wiese und rief genervt: »Kurt! Aus! Jetzt hör doch mal auf, jeden Scheißhaufen zu fressen! Du Ferkel!« Sie rief entschuldigend: »Ich muss mal zu ihm hin und mit ihm schimpfen, damit er das endlich kapiert«, und lief »Kurt, hör auf!«-rufend über die Wiese.

Beatrice hatte kleine Lachfältchen um die Augen. »Quallen-Tasthaare«, sagte sie ironisch und sah Mattes an: »Aber in Hundefragen sind Sie ja Experte. Ich habe Sie im Fernsehen gesehen. Jetzt weiß ich auch, was Sie schreiben.«

Er hätte es ihr sagen müssen, dachte Mattes. Jetzt war sie sauer und ging deutlich auf Distanz.

»Wir haben uns geduzt«, erinnerte Mattes. »Außerdem tut es mir sehr leid, dass unser Spaziergang nicht stattfinden konnte. Ich war völlig mit dem Magazin beschäftigt. Aber ich würde es gerne nachholen.«

»Und danach schreiben Sie etwas über meinen Hund? Nein, danke«, lehnte sie freundlich, aber bestimmt ab.

Mattes war irritiert: »Wieso soll ich denn was über Berry schreiben?«

»Sie haben doch im Fernsehen erzählt, dass Sie Hunde und ihre Halter gerne beobachten und darüber schreiben.«

»Bitte nenn mich Mattes, und ich schreibe doch nicht über jeden Hund, der mir begegnet«, sagte er ärgerlich. »Ob Kurt Scheiße oder Quallen frisst, interessiert doch keinen.«

Er sah auf die Wiese, auf der Kurts Halterin immer noch auf ihren Hund einredete, um ihn davon zu überzeugen, dass ihr sein Verhalten nicht gefiel.

»Dass sie jetzt versucht ihn bewusstlos zu quatschen und dabei glaubt, dass er sie versteht, ist allerdings etwas, über das ich schreiben würde«, bemerkte er.

»Also doch«, sagte Beatrice kühl und rief nach Berry. Der rannte mit Mina einen großen Halbkreis und zog es vor, nicht zu reagieren. Sie rief noch einmal, dann stöhnte sie verärgert auf: »Toll! Man traut sich ja gar nicht mehr mit seinem Hund in den Park, wenn der große Hunde-Experte unterwegs ist und beobachtet, dass der Hund nicht hört.«

Ihrer Stimme war die Enttäuschung anzuhören, die nicht daran lag, dass Berry nicht auf ihr Rufen reagierte, sondern dass Mattes ihr nicht die Wahrheit gesagt hatte. Beide blickten stumm auf die spielenden Hunde.

Leise und ohne den Kopf zu wenden sagte er: »Meine

Schwester denkt, ich hätte eine Freundin, aber ich habe die letzten Wochen nur wie blöd für das Magazin gearbeitet. Ich hatte überhaupt keine Zeit für irgendetwas anderes.«

Sie blieb still. Er drehte sich vorsichtig zur Seite und sah, dass sie leicht lächelte. Oh, das sah gut aus. Ihr Lächeln hieß zwar noch nichts Konkretes, aber sie schien wenigstens nicht mehr über ihn verärgert zu sein.

»Berry!«, rief sie, und diesmal hörte er auf sie und kam angehechelt.

Schade, dachte Mattes, das Gespräch hätte ich jetzt gerne vertieft.

»Tschüss, und viel Glück mit dem Hundemagazin!«, sagte Beatrice.

»Hast du schon eins?«, fragte Mattes schnell.

»Nein, es war schon ausverkauft.«

»Ich bring dir eines mit.«

»Oh, danke. Ich würde es mir gerne ansehen.« Endlich lächelte sie ihn an: »Dann bis bald.«

Bis bald! Besser hätte es nicht laufen können. Pfeifend ging Mattes in die andere Richtung zurück. Wenn er ehrlich war, konnte er sich nicht vorstellen, eine neue Beziehung zu haben. Ihm fehlte auch einfach die Zeit. Aber Beatrice war nett und dazu sehr sexy, ohne blöd zu sein. Und überhaupt nicht fremd. Es wäre schön, sich manchmal mit ihr zu treffen und über alles unterhalten zu können, auch wenn sich vielleicht nicht mehr daraus ergab. Gleichzeitig ein Magazin und eine stabile Beziehung aufzubauen war vermutlich nicht möglich. Und er musste nicht lange überlegen, um zu wissen, dass er sich im Zweifelsfall für das Magazin entscheiden würde.

Obwohl das Projekt Erstausgabe ›doggies live‹ fertig war und erfolgreich lief, und obwohl Mattes in seinem bisherigen Leben sonst normalerweise als Erstes das Recht für eine erholsame Pause in Anspruch genommen hätte, überkam ihn diesmal nicht das Bedürfnis nach Ruhe. Im Gegenteil. In vier Wochen sollte die nächste Ausgabe in den Regalen liegen, und sie sollte die Erwartungen, die an sie gestellt wurden, nicht nur erfüllen, sondern deutlich übertreffen. Gleich gut wäre zu wenig.

»Wir beginnen direkt heute mit dem nächsten Heft«, sagte er freudig in der Redaktionssitzung und versprach: »Ab jetzt ist alles viel einfacher. Wir wissen, wie es geht, das Layout steht, und wir kennen unsere Aufgaben.« Er grinste Peter an: »Du wirst wieder um 17 Uhr gehen können.«

Nadine flüsterte Peter zu: »Siehste, hab ich dir doch gesagt!«

Mattes goss sich einen Kaffee aus der Thermoskanne in seine Tasse.

»Dann überlegen wir mal, was für Themen wir in unserer Nummer zwei bringen«, forderte er auf und setzte wie nebenbei hinterher: »Wir machen übrigens zwölf Seiten mehr. Statt 48 jetzt 60.«

Schweigend sahen ihn die anderen an, und er versicherte betont leicht: »Das ist aber zu schaffen. Leute, nur zwölf Seiten. Davon sind drei für Werbekunden, in die anderen hauen wir zwei Artikel rein, die Mina-Fragerubrik wird vergrößert und fertig.«

Peter grunzte: »Von wem ist denn die Idee mit den zwölf Seiten mehr?«, und sah wenig begeistert aus.

Mattes sah ihn an: »Die ist von mir. Wie immer Chefsache.«

Frau Althoff räusperte sich: »Weiß der Verlag Bescheid?«

»Nein, ich habe mir gedacht, wir machen erst mal und stellen ihn dann vor vollendete Tatsachen. Damit sind wir bisher gut gefahren.«

Mattes sah sich zufrieden um. Die anderen schwiegen.

Frau Althoff blätterte in ihren Unterlagen und begann nach einer Pause: »Zwei Fernsehredaktionen und ein Radiosender haben angerufen und möchten Sie in ihrer Sendung haben. Kerner macht nächste Woche eine Talkshow zum Thema ›Tierliebe‹, bei Raab sind Sie wegen der neuen ›doggies live‹ als Gast eingeladen. Im Radio bei ›Vier nach Sieben‹ haben Sie ein Drei-Minuten-Interview. Außerdem fragt die Redaktion von ›Mein Lieblingsbuch‹ an, ob Sie irgendwann im Sommer etwas für eine CD vorlesen können. Die denken an etwa zwei DIN-A4-Seiten. Wenn es geht, kein Hundebuch.«

»Ja, geht alles klar«, stimmte Mattes zu und grinste: »Fehlt jetzt nur noch die Kochshow.«

Tina prustete los: »Ich denk nich, dass Sie was kochen können.«

»Irgendwas Asiatisches kann ich denen schon zusammenbrutzeln«, versprach Mattes.

Peter blickte auf: »Am besten was mit Hund. Ich kenne handliche, kleine Exemplare.« Er verstummte, als er den Blick der Althoff bemerkte. Zufrieden registrierte Mattes, dass seine Mitarbeiter die Sache mit den zwölf weiteren Seiten geschluckt hatten. Das hatte er sich schwieriger vorgestellt.

Am späten Nachmittag flog die Tür auf, und Frau Althoff kam in sein Büro gestürzt. Ja, gestürzt, anders konnte er es nicht nennen.

»Steinle-Bergerhausen kommt!«, rief sie aufgeregt.

»Wann?«

»In wenigen Minuten. Er ist auf dem Weg vom Flughafen, und er ist nicht allein. Weber ist dabei.«

»Wer ist Weber?«

Ihre Stimme wurde ein wenig rau, als sie erklärte: »Oberste

Verlagsleitung. Der kommt nur in ganz seltenen Fällen. Ich wusste, dass es Ärger geben wird.«

Mattes fand die Vorstellung einer Kontrolle durch Steinle-Bergerhausen und ein weiteres hohes Verlagstier nicht erfreulich, aber er versuchte optimistisch zu bleiben: »Was soll schon passieren? Wir haben ein Spitzenprodukt auf den Markt gebracht, mit dem sie richtig Geld verdienen. Vielleicht kommen sie, um uns zu gratulieren und die Gehälter zu erhöhen.«

Frau Althoff sah ihn genervt an, rief dann unerwartet: »Mucki!«, und raste aus dem Zimmer.

Was war jetzt los? Mattes ging ihr auf den Flur hinterher und sah, wie sie mit Mucki aus ihrem Büro kam und das Ende seiner Leine Tina in die Hand drückte.

»Nur immer um den Häuserblock. Lass ihn nicht los und pass auf ihn auf, als ob er aus Gold wäre! Ich hole euch wieder rein, wenn es genug ist. Kommt auf keinen Fall von alleine, hörst du?«, ermahnte sie und schob Tina mit dem sich sträubenden Mucki energisch nach draußen. Als sie sich umdrehte, sah sie Mattes. Sie holte tief Luft und erklärte: »Ich mache das nur ungern, aber wenn die beiden Herren meinen Mucki aufregen, könnte das uns allen schaden. Und bei Tina ist es auch besser, wenn sie nicht gesehen wird. Zu viele Erklärungen verkomplizieren die Verhandlungen.« Die Althoff hatte Respekt vor den Besuchern. Dabei hatte sie Steinle-Bergerhausen vorher so frech angelogen. Aber genau das war jetzt vermutlich das Problem.

Mattes selber war überhaupt nicht aufgeregt. Was sollte schon passieren? Der Verlag würde kein unmittelbar nach Erscheinen ausverkauftes Magazin einstellen. Er war der für die Neukonzeption verantwortliche Chefredakteur, der aus ›Hassos Herrchen – Finas Frauchen‹ im Handumdrehen einen Megaseller gemacht hatte. Auf seltsame Weise hatte er trotzdem ein ungutes Gefühl. Irgendwo verrechnete er sich gerade, aber wo? Vermutlich machte ihn nur das aufgeregte Gehabe der Althoff verrückt. 40 000 verkaufte Exemplare – da konnte es kein Gegenargument geben. Mattes zog sich in sein Büro zurück, weil er das Gefühl hatte, es wirke besser, wenn der Chef der Redaktion nicht tatenlos im Foyer rumlungerte.

Als wenig später die beiden dunkel gekleideten Besucher eintraten, empfing sie eine wie verwandelte, überaus herzliche Gisela Althoff. Die Frau hat es echt drauf, dachte Mattes, der die Szene von seinem Büro aus verfolgte. Die benimmt sich, als wäre sie die Hausherrin, die gerade ihre Gäste in der 40-Zimmer-Villa empfängt. Kein Wunder, dass sie als Chefsekretärin und Begleiterin eines Vorstandchefs durch die halbe Welt gekommen war. Hinter seiner Bürotüre zählte er langsam bis zehn und beschloss, dass nun der passende Moment für seinen Auftritt gekommen war. Traraaa! Der Hausherr betritt lässig den Salon und begrüßt jovial die Besucher. In diesem Fall trat der erfolgreiche Chefredakteur aus seinem Büro und ging auf die Vertreter der Verlagsleitung zu. Lässig und als sei er ein wenig überrascht, so unerwartet auf die beiden Herren im Flur zu treffen, schritt er auf sie zu. Steinle-Bergerhausen beugte sich zu Weber und raunte gut vernehmlich: »Das ist der Grafiker der Truppe, den hab ich beim letzten Mal schon getroffen.« Völlig uninteressiert an Mattes, der als Grafiker zu weit unten in der Hierarchie stand, um an dieser Stelle persönlich begrüßt zu werden, wandte Herr Weber sich an Frau Althoff: »Ist denn endlich mal Herr Reuter im Haus?«

Mattes bekam ein komisches Gefühl in der Magengegend. Er hatte dem blöden Steinle selber erzählt, dass er der Grafiker sei. Insgeheim hatte er gehofft, jetzt mit einem Scherz darüber hinweggehen zu können. Die beiden Herren sahen aber so gar nicht nach Scherzen aus. Die Grafiker-Panne konnte selbst die Althoff nicht mehr geradebiegen. Er sah, wie sie freundlich guckte und bedauerte: »Nein, leider ist er nicht da. Sie hätten uns rechtzeitig informieren sollen, dass Sie kommen. Er ist gestern nach China geflogen.«

»Nach China?«, rief Steinle-Bergerhausen aufgebracht. »Was macht er denn da?«

Das war genau die Frage, die Mattes an dieser Stelle auch gestellt hätte und deren Antwort er interessiert entgegensah.

Frau Althoff lächelte: »Nackthunde. Chinesische Nackthunde.«

In der Art, wie sie es sagte, lag ihre selbstverständliche Erwartung, dass jeder sofort wusste, um was es ging.

»Aha«, sagte Steinle-Bergerhausen und sah blöd aus.

Herr Weber drehte sich zu Mattes und fragte: »Sie sind also der Grafiker, der das Heft gestaltet hat?«

»Öhm ... sozusagen«, bestätigte Mattes vorsichtig.

»Und wer schreibt die Artikel?«

»Das machen Frau Berger und Herr Reuter«, informierte Mattes vorsichtig.

»So, so.«

So, so? Was sollte das bedeuten?

Dr. Steinle-Bergerhausen mischte sich ein und erklärte Herrn Weber: »Die Hasso-Redaktion bestand in den letzten Monaten aus vier Personen. Es hat allerdings Änderungen gegeben ... Ich bin aktuell nicht genau informiert ...« Er brach ab und wirkte plötzlich nervös.

Herr Weber sah ihn kritisch an: »Es ist Ihr Zuständigkeitsbereich, Steinle. Sie müssen doch wissen, wer hier arbeitet und was produziert wird. Die Verlagsleitung jedenfalls wurde von ›doggies live‹ mehr als überrascht.«

Frau Althoff blieb ruhig: »Wir arbeiten weiterhin zu viert. Eine Journalistin, ein Grafiker, Herr Reuter als Chefredakteur und ich.«

Herr Weber schüttelte überrascht den Kopf: »Ein so aufwendiges Magazin mit nur vier Leuten zu produzieren, das ist wirklich erstaunlich.«

Er sah Mattes an: »Wunderbares Layout, sehr gut. Überhaupt hat mir das ganze Heft gefallen. Ich würde mich gerne mit Herrn Reuter über das Konzept unterhalten. So was geht ja nicht von heute auf morgen. Den grafischen Teil haben Sie doch sicher schon seit Monaten entwickelt, oder?«

»Ach, das ging schnell«, sagte Mattes und warf lässig hinterher: »Ich bin seit einigen Jahren dabei, und Kreativität ist mein Geschäft.«

Hinter ihm klappte eine Tür, und Peter Plattler schlurfte mit hängender Kippe im Mundwinkel über den Flur.

Herr Weber wandte sich interessiert um: »Ach, noch jemand. Darf ich fragen, welche Aufgabe Sie hier haben?«

»Grafiker«, raunzte Peter und hustete kurz die Lungen frei.

Herr Weber sah irritiert zu Steinle-Bergerhausen und fragte: »Zwei Grafiker?«

Steinle-Bergerhausen zuckte mit den Schultern und stammelte: »Wie gesagt ... es ging alles ... an mir ... also ...«

Die Außentüre öffnete sich ein Stück, und Tina steckte von draußen ihren Kopf herein. Zu ihren Füßen versuchte sich Mucki hineinzudrängen, wurde aber von der festgestrafften Leine gehalten, die aus seinem Kläffen ein heiseres Quietschen machte.

»Ich schleife den Mucki schon die ganze Zeit hinter mir her. Der hat voll keinen Bock mehr. Kann ich wieder rein?«, piepste Tina kläglich.

Frau Althoff eilte zur Tür und nahm ihr den Hund ab, der sofort deutlich an Lautstärke zulegte, als ihm die Leine nicht mehr den Hals abschnürte.

»Da ist ja der fürchterliche Hund schon wieder!«, rief Steinle-Bergerhausen und zeigte erregt mit dem Finger auf ihn, während Frau Althoff den wild kläffenden Mucki durch den Flur bis in ihr Büro zerrte, die Tür hinter ihm schloss und sich sichtlich nervös umdrehte.

»Scheißtöle«, brummte Peter und schlurfte weiter in Richtung Küche.

»Und wer sind Sie?«, fragte Herr Weber, der sich zu Tina umgedreht hatte.

»Ich bin Tina.«

»Auch Grafikerin?«

Sie lachte laut los: »Nee, Bullshit, ich kopiere und ordne. Nach Straßen, nach Geld oder nach Farbe. Alles. Stimmt doch, Frau Althoff, oder?«

Mattes fühlte sich wie in einem Boulevardstück auf der Bühne eines Provinztheaters. Tür auf, Tür zu, Missverständnisse, Flunkereien und Peinlichkeiten. Nur dass vor ihm kein Publikum saß, dass sich vergnügt auf die Schenkel klopfte und mit Lachsalven auf die ganzen Verwirrungen reagierte. Es war alles echt, und es war die harte Realität. Steinle-Bergerhausen hatte inzwischen einen roten Kopf, und Herr Weber rückte sich zum wiederholten Male seine Krawatte zurecht. Es durfte nicht sein, dass die beiden von diesem Chaos abgeschreckt wurden und die Redaktion im schlimmsten Fall schließen würden. Wenn gar nichts anderes mehr hilft, muss eben die Wahrheit ans Licht, dachte Mattes, hoffte aber, dass seine Büroleiterin auf eine bessere Idee kommen würde.

Herr Weber blicke sich um. »Ich habe die Zusammenhänge hier im Hause noch nicht ganz begriffen, aber da wird mir Herr Dr. Steinle-Bergerhausen sicher weiterhelfen können.«

Steinle-Bergerhausen nickte beflissen, zeigte dazu aber einen nicht nur fragenden, sondern fast debilen Gesichtsausdruck, der an seiner Kompetenz stark zweifeln ließ.

»Es ist auf jeden Fall eine erfreuliche Entwicklung, die das kleine Magazin gemacht hat, und wir möchten es gerne vorerst so weiterlaufen lassen, bis wir genauer informiert sind«, sagte Herr Weber und nickte Steinle-Bergerhausen anerkennend zu: »Sie haben ein gutes Team aufgebaut und die richtigen Entscheidungen getroffen. Ich muss zugeben, dass es mich überrascht hat. Aber weiter so.«

Steinle-Bergerhausen plusterte sich ein wenig auf und sagte eifrig: »Ich habe natürlich lange überlegt, ob eine Umstrukturierung sinnvoll ist, aber es bestand bei mir nie ein Zweifel, dass innovative Ideen innovative Macher brauchen.«

»So, so«, sagte Herr Weber und nickte Frau Althoff zu: »Grüßen Sie Herrn Reuter. Es bleibt erst mal alles so, wie es ist. Die aktuellen Unterlagen über den Vorgang schicken Sie bitte an die Verlagsleitung, damit wir uns dort ein Bild machen können.«

»Selbstverständlich«, warf Steinle-Bergerhausen von der Seite ein.

Kaum waren die beiden Besucher aus der Tür, guckten sich Mattes und Frau Althoff erleichtert an.

»Es läuft weiter«, sagte sie überrascht.

Mattes fragte selbstsicher: »Haben Sie daran gezweifelt? Die stellen so eine Meisterleistung nicht einfach ein. Und das nächste Heft wird noch besser und noch dicker.«

Schnell hakte sie ein: »Haben Sie nicht gehört? Wir können weitermachen, aber es soll keine weiteren Veränderungen geben! Die zwölf zusätzlichen Seiten sollten Sie vergessen!«

Mattes winkte ab und grinste: »Ach, das geht schon. Der Verlag ist total unflexibel, das wissen Sie doch selbst. Dem muss man die zwölf Seiten schön vorkauen, dann schluckt er sie.«

Seit Anfang der Woche war die zweite Auflage des Magazins im Handel, und die Wahrscheinlichkeit, dass Astrid ihm auf die Spur kam, erhöhte sich erheblich. Mattes war am Sonntag schon fast so weit gewesen, es ihr zu sagen, aber sie hatte an beiden Tagen ein Seminar bei einem großen Konzern gehalten und kam müde und wenig aufnahmefähig nach Hause. Und ihr dann das Geständnis machen, dass er für ein Hundemagazin arbeitete? Das würde sie in ihrem erschöpften Zustand auf der Stelle umbringen. Oder, noch schlimmer, sie würde ihren erschöpften Zustand missachten und auf der Stelle ihn umbringen. Ein paar Tage Schonzeit seien ihr noch gegönnt, dachte Mattes, rechnete aber damit, im Falle eines Outings sofort seine Einliegerwohnung verlassen zu müssen. Zumindest vorläufig, bis sich ihre erste Wut und Enttäuschung gelegt hatte. Sicherheitshalber packte er eine kleine Reisetasche mit dem Nötigsten und legte sie ins Auto, um im Ernstfall schnell aus Astrids Gewaltbereich flüchten zu können.

Als er abends aus der Redaktion kam und mit der hinter ihm hertrottenden Mina die Einfahrt entlanggging, kam Astrid aus dem Haus und fragte zögernd: »Sag mal, Mattes, wusstest du, dass Mina auch ein Frauenname ist?« Sie hob die Hand und wedelte mit ›doggies live‹.

Oh nein! Die Schonzeit war vorbei.

»In diesem Hundeheft gibt eine Expertin Antworten, und die

heißt Mina. Genau wie dein Hund«, sagte sie. »Witzigerweise sogar Mina R., wie Reuter. Ich habe so gelacht, als ich das gelesen habe, denn du nennst deinen Hund doch auch manchmal Mina Reuter. Ihr Hundehalter seid echt so was von bekloppt.«

Lachend klopfte sie Mina auf den Rücken und schlug ihr vor: »Du solltest mal lesen, was die andere Mina, also die Menschen-Mina, da schreibt. Da kannst du noch 'ne Menge lernen und kannst dich vielleicht sogar mal irgendwann benehmen.«

Sie drückte Mattes das Heft in die Hand. »Hier. Ich hab mir die Seiten mit den Abnehmtipps rausgeholt, aber der Rest ist auch gar nicht so schlecht. Ich meine für eine Hundezeitung. Besonders diese Expertin hat was auf dem Kasten. Die könntest du wegen deiner Probleme mit Mina mal anschreiben, von wegen Löcher buddeln und im Park nicht hören. Wenn sie liest, dass dein Hund auch Mina R. heißt, beantwortet sie deine Fragen bestimmt bevorzugt.«

»Ich hab keine Probleme mit Mina«, stellte Mattes klar.

»Das sagen sie alle. Der Letzte, der was von den Problemen mit seinem Hund bemerken will, ist der Halter.«

Sie guckte ihn besorgt an: »Du suchst doch schon lange einen Job. Kannst du dich nicht mal bei so einer Zeitung vorstellen? Dass du nicht viel Ahnung von Hunden hast, musst du denen ja nicht unter die Nase reiben. Das kann man alles lernen, wenn man erst mal dabei ist.«

»Aber ein Hundemagazin?«, fragte Mattes.

»Lies es dir durch, ehe du meckerst! Ich war selber ganz erstaunt, was da drinsteht. Schade, dass du so was immer verpasst, weil du die Augen nicht aufmachst.«

Sie ging auf ihre Wohnung zu, und Mattes überlegte, ob er ihr hinterherlaufen und im Impressum des Heftes zeigen sollte, dass es nicht nur eine Expertin Mina R. gab, sondern auch einen Chefredakteur Mattes Reuter. Aber da kam Robin rausgelaufen und schoss ihm einen Ball vor die Füße. »Schieß, du Lusche!«, brüllte er, und während Astrid kopfschüttelnd im Haus verschwand, dribbelten Mattes und Robin über den Vorplatz. Mina begab sich, von allen unbemerkt, zum Löcherbuddeln auf den gepflegten Rasen.

Die Stunde der Wahrheit kam am Donnerstagabend, als Mattes kurzfristig nach Hamburg geflogen war, weil er in letzter Minute als Gast in die Live-Fernsehsendung von HaJo Schmitz eingeladen worden war. Astrid hatte sich vorher seufzend bereit erklärt, wegen seiner »dringenden geschäftlichen Termine«, die sie ihm natürlich überhaupt nicht glaubte, über Nacht auf Mina aufzupassen. Am Abend hatte sie das Trimmrad ins Wohnzimmer geschleift und saß nun mit Kopfhörern, über die sie Haydns Violinkonzert in G-Dur hörte, vor der Stereoanlage und arbeitete verbissen auf ihre 65-Kilo-Marke zu. Hinter ihr lachte Godehard, der im Sessel vor dem Fernseher saß, auf.

»Der sieht deinem Bruder total ähnlich«, hörte sie ihn durch das Sechzehntelgefiedel des Berliner Kammerorchesters sagen.

Sie reagierte gar nicht, und er rief ungeduldig: »Nun guck doch mal!«

Genervt drehte sie den Kopf und sah zum Bildschirm. Das war nicht ihr Bruder, der sah ihm gar nicht ähnlich.

»Quatsch!«, sagte sie verächtlich.

Godehard drängte: »Warte doch. Sie haben gerade eine andere Kamera. Gleich kommt er wieder ins Bild.«

Astrid stöhnte demonstrativ auf und zeigte mit genervter Miene, wie unpassend gerade dieser Moment war, sie aus dem Takt des Kammerorchesters zu bringen.

Die Kamera wechselte, und neben HaJo Schmitz, dem berühmten Moderator, saß wirklich Mattes. Astrid riss sich die

Kopfhörer von den Ohren und lief näher zum Fernseher. Kein Zweifel, das war Mattes.

Wie sie dann vor Schreck nach hinten getaumelt war, sich einen riesigen blauen Fleck – sooo groß, du glaubst es nicht – am Wohnzimmertisch geholt hatte und danach auf der Couch gesessen und völlig erschlagen die Sendung gesehen hatte, erzählte sie danach wochenlang jedem und immer wieder gerne.

Besonders gerne Mattes, der, als er am nächsten Vormittag arglos vom Flughafen kam und vor dem Haus aus dem Taxi stieg, von Astrid mit Vorwürfen überschüttet wurde. Dabei ging es ihr gar nicht mehr um die Tatsache, dass es ein Hundemagazin war, denn das war ja sogar erstaunlich erfolgreich gestartet, sondern darum, dass er seiner einzigen und immer für ihn da gewesenen Schwester nicht mal einen Funken Vertrauen entgegengebracht, sondern im Gegenteil ihre Hilfe schamlos ausgenutzt habe. Und was würden jetzt ihre Klienten sagen und die Eltern? Ihre Litanei endete mit einem tief enttäuschten: »Ach, Mattes, warum hast du es mir nicht gesagt?«

»Du hättest mich umgebracht«, argumentierte er knapp.

»Stimmt«, gab sie zu, »aber du hättest es verdient!« Sie jammerte los: »Ich kann nie wieder Haydns Violinkonzert in G-Dur hören, ohne an diesen schrecklichen Moment erinnert zu werden, als mein Bruder im Fernsehen öffentlich zugab, dass er ein Hunderedakteur ist und seine Schwester hintergangen hat.«

»Was heißt denn ›zugeben‹ und was heißt ›hintergangen‹? Du warst überhaupt kein Thema«, empörte sich Mattes. »Ich war der Stargast des Abends. Ich, Mattes Reuter, ein Chefredakteur. Es ist nicht die ZEIT, aber weißt du was, ich will gar nicht mehr zur ZEIT! Und weißt du eigentlich, wen ich fast auf den Titel bekommen hätte?«

Er machte eine Kunstpause und platzte dann raus: »Veronica Ferres!«

Stimmte zwar nicht so ganz, aber sie war immerhin weitläufig im Gespräch gewesen, und vor allem würde Astrid beeindruckt sein.

»Die Ferres?«, schrie Astrid auch wie geplant auf. »Und du Idiot nimmst stattdessen Saskia Hoffmann? Haben sie dir was vor den Kopf gehauen?«

Das Gespräch nahm nicht die Richtung, die Mattes wollte. Er fasste sie mit beiden Händen an den Schultern und sagte eindringlich: »Jetzt freu dich doch mal! Dein missratener Bruder hat einen festen Job, und er hat das Erfolgsmagazin des Jahres auf den Markt gebracht. Die nächste Nummer wird noch größer und noch besser. Und wenn HaJo Schmitz einen Hund hätte, wäre er auf den nächsten Titel gekommen, er hat extra gefragt. In ein paar Monaten werden sich die Promis darum reißen, auf das Titelbild meines Magazins zu kommen.«

Astrid versuchte ein klägliches Lächeln. Sie blieb einen Moment still, und er konnte beinahe hören, wie ihr Gehirn ratterte: »Dann wirst du ja eine Menge Leute kennen lernen, wenn du so rumkommst und die alle auf den Titel wollen.« Mit plötzlich deutlich festerer Stimme sagte sie: »Sag mal, kannst du mich da nicht irgendwie einbinden? Die können doch bei mir Persönlichkeitsseminare machen. Du kannst denen ja mal ein Kärtchen von mir rübergeben. Oder weißt du was? Nimm mich doch einfach mal mit, wenn du dich mit denen triffst!«

»Astrid, die meisten davon haben Hunde und sind darum in deinen Augen Idioten.«

»Macht doch nichts.«

Noch am gleichen Abend rief seine Mutter an. »Mattes!«, rief sie überglücklich, »Ich habe es immer gewusst! Du bist endlich im Fernsehen. Hab ich dir nicht seit Jahren gesagt, dass das der richtige Beruf für dich ist?«

»Ich mach das aber nicht beruflich«, stellte Mattes richtig.

»Aber du hast doch mit dem Schmitz gesprochen, ich hab's gesehen!«

»Ich war sein Gast.«

Seine Mutter schien enttäuscht. »Du warst sein Gast? Als was denn?«

Ihre Stimme klang unsicher und drückte neben ihrer Enttäuschung aus, dass sie sich absolut nicht vorstellen konnte, aus welchem Grund man ihren Sohn in eine Fernsehsendung einladen sollte.

»Hast du denn nicht zugehört?«, fragte Mattes verwundert.

»Na hör mal!«, entgegnete sie empört. »Wie sollte ich denn zuhören? Ich hab sofort Tante Henni, dann Frau Meckenbroich und danach das halbe Stadtviertel angerufen, damit die sofort den Fernseher anschalten und selber sehen, dass du jetzt eine Sendung hast.«

»Aber ich hab doch gar keine Sendung. Ich war Gast, weil ich ein Magazin mache. Übrigens sehr erfolgreich«, setzte er schnell hinterher.

»Ein Magazin?«, fragte seine Mutter nach. »So was wie ›Der rote Teppich‹?«

»Fast.«

Er hörte, wie seine Mutter erleichtert ausatmete.

Schnell setzte er hinterher: »Mit Hunden.«

Es blieb still. Wenn sie nicht lautlos vom Stuhl gefallen war, war sie zumindest sehr geschockt.

»Das Magazin ist wirklich sehr erfolgreich und die Arbeit interessanter als ein Moderator-Job beim Fernsehen«, versuchte er zu erklären und ärgerte sich gleichzeitig, dass er so bemüht war, seine Tätigkeit auf irgendeine Weise wertvoll erscheinen zu lassen. Sollte er ihr mit der Post ein Magazin schicken, damit sie seinen Namen gedruckt im Impressum lesen konnte? Ihm fiel eine schnellere Möglichkeit ein.

»Du gehst jetzt zum nächsten Zeitschriftenladen und fragst nach ›doggies live‹, dem neuen Hundemagazin. Auf Seite 38 gibt es eine Spalte, in der ganz oben mein Name steht. Mattes Reuter, Chefredakteur.«

»Chefredakteur?«, erklang die Stimme seiner Mutter plötzlich deutlich frischer. Zögerlich fragte sie nach: »Und du schreibst über Hunde?«

»Über Hunde und über ihre Besitzer«, bestätigte er.

Glücklich sagte sie: »Die Queen von England hat auch Hunde. Korkis sind das, ganz hässliche Viecher mit so kurzen, krummen Beinen. Ich weiß nicht, warum man sich als Königin nicht schönere Hunde aussuchen kann. Am Geld kann's ja nicht liegen und passt doch auch viel besser zu so einem Schloss. Na, vielleicht hat sie ein gutes Herz, und die sind aus dem Tierheim. Wollte wohl sonst keiner haben. Du kannst sie bestimmt mal in London anrufen, weil sie ja Hunde hat, und dann ein Interview mit ihr machen.«

»Ganz bestimmt«, bestätigte Mattes und stellte sich Peter Plattler vor, der zum Fotoshooting durch den Buckingham Palace schlurfte, um dort die Queen mit ihren Corgis zu fotografieren. Seine Mutter seufzte, hörte sich dabei aber ganz vergnügt an.

»Jetzt muss ich alle noch mal anrufen und sagen, dass du gar nicht im Fernsehen arbeitest, sondern eine Zeitung machst. Du hast recht, das ist wirklich viel besser. Was ist schon so ein Schmitz, wenn du stattdessen Kontakt mit der Königin von England haben kannst.«

Als Mattes den Hörer auflegte, war ihm klar, dass es keine zwei Stunden dauern würde, bis das halbe Stadtviertel wusste, dass er engen Kontakt zur Queen hatte und seine Mutter immer schon gewusst hatte, dass aus ihm mal ein ganz Großer würde.

Nach einigen deutlich ruhigeren Tagen in der Redaktion, die zwar arbeitsreich, aber im Vergleich zu den letzten beiden Wochen wie ein geruhsamer Urlaub wirkten, wurde Mattes unruhig.

»Wenn wir 60 Seiten schaffen wollen, müssen wir intensiv dranbleiben«, verlangte er in der täglichen Besprechung.

Peter guckte ihn scharf an: »Wir wollen keine 60 Seiten, nur du willst die und hast sie uns aufgedrückt.«

»Weil sie zu schaffen sind und ›doggies live‹ noch besser machen.«

Peter knallte ihm die neu layouteten Seiten auf den Tisch. »Ich hab keinen Bock, immer wieder bis abends in meinem Büro zu hängen.«

Nadine seufzte: »Ich habe gedacht, dass die zweite Nummer einfacher wird. Können wir die zwölf Zusatzseiten nicht wieder rausnehmen?«

Mattes schüttelten den Kopf: »Kommt, Leute! Die zweite Nummer wird besser als die erste. Und ihr werdet sehen, dass wir das locker schaffen. Am Anfang ist es eben ein bisschen mehr Arbeit, aber dann läuft es. Es gibt ein altes Sprichwort: ›Bestelle mühsam dein Feld und dann ernte und habe Spaß‹, oder so.«

Peter brummte: »Es heißt: ›Rode das Land und arbeite bis zum Umfallen, damit deine Enkel später auf der Bank sitzen können‹.«

»Vertraut mir doch einfach!«, bat Mattes. »Die Entscheidung für zwölf Seiten mehr habe ich gut überlegt. In drei Monaten läuft der Laden und ihr habt so wenig zu tun, dass ihr um mehr Seiten für ›doggies live‹ bettelt.«

»Wieder mal 'ne Chefsache, nehme ich an«, seufzte Peter und verließ das Büro.

Einige Wochen später war der Sommer da, und auf den Redaktionstischen lagen die Layouts für das fünfte ›doggies live‹-Heft. In der Redaktion waren die Fenster weit aufgerissen, und zum ersten Mal hatte der enge, dunkle Hinterhof einen Vorteil: Er brachte Abkühlung. Sogar in Peter Plattlers Büro stand ein Fensterflügel auf, denn er hatte aufgehört zu rauchen. Schon zum vierten Mal in den letzten beiden Monaten. Er stopfte pfundweise englischen Weingummi in sich hinein und war noch schlechter gelaunt als sonst. Bisher hatte er sein Nichtraucherleben nie länger als zwei Tage durchgehalten, diesmal hatte er den fünften Tag erreicht und war kurz vor einer Explosion.

Mattes saß mit Nadine in seinem Büro und sagte: »Ich muss den Artikel über die Kanutour mit Hunden bis heute Abend haben. Und sag Peter, dass wir ein anderes Aufmacherfoto brauchen. Da muss mehr Abenteuer drin sein, sonst kann man gleich mit der Luftmatratze über den Tümpel treiben.«

»Da wird er sich freuen«, murmelte Nadine dumpf und verdrehte die Augen.

»Ruf es ihm durch die geschlossene Tür zu und renn weg, so schnell du kannst!«, empfahl Mattes grinsend.

»Ich hatte nichts anderes vor«, antwortete Nadine trocken. Sie stand auf. »Das Gespräch mit dem Veranstalter der Erlebniscamps ist übrigens gut gelaufen. Die wollen gleich zwei Seiten für Werbung haben. Ich hab denen einfach erzählt, dass wir mit den Leuten von Scouty-Trekkingbekleidung verhandeln und kurz vor dem Abschluss stehen, da ging es auf einmal ganz schnell. Jetzt muss ich die gleiche Sache nur noch bei Scouty drehen. Wenn die hören, dass die Erlebniscamps bei uns werben, wollen die genauso viele Anzeigen haben.«

Nadine war der Knaller. Ihre Gesprächspartner kamen gar nicht auf den Gedanken, dass in dem freundlich lächelnden Mäuschen eine sehr strukturiert und überlegt handelnde Geschäftsfrau steckte.

»Bleib dran«, nickte Mattes ihr zufrieden zu.

Er sah in seinen Terminkalender und verzog ärgerlich das Gesicht. Schon wieder konnte er sich morgen nicht mit Alex zum Laufen treffen. Er griff zum Telefon: »Hi, Alex.«

»Hi, Mattes, wie sieht's aus?«

»Ach, eigentlich gut, aber blöderweise ...«

Alex beendete den Satz: »... kannst du morgen nicht kommen.«

»Du hast es erraten«, seufzte Mattes.

Alex grinste: »War nicht schwer. Aber du bist auf dem besten Weg, durch regelmäßige Arbeit den letzten Rest deiner sowieso kümmerlichen Kondition zu verlieren.«

»Ich hab immer noch die bessere Kondition von uns beiden. Wenn ich nicht den Termin hätte, würde ich es dir morgen zeigen.«

»Deine dicke Klappe hast du jedenfalls noch, das ist beruhigend.«

Mattes lächelte. Alex meckerte nicht, der verstand. Und nächste Woche würde es mit dem Laufen im Park sicher klappen. Es war eben alles nicht mehr so locker zu organisieren, seit das Magazin auf 96 Seiten angewachsen war und er noch viel mehr unterwegs sein musste.

»Bis Freitag dann, in der Tennishalle«, verabschiedete sich

Mattes, doch Alex widersprach: »Nein, du hast doch letzte Woche schon gesagt, dass du dann noch in Berlin bist.«

Mattes fasste sich an den Kopf: »Ach ja. Du hast recht. Dann bis übernächste Woche. Können wir uns nicht zwischendurch mal auf ein Bier treffen?«

Er blätterte in seinem Kalender und stellte erschrocken fest: »Ich hab überhaupt keinen Termin mehr frei. In zwei Wochen ist Abgabe von Nummer 5, aber danach sieht's wieder besser aus.«

Alex lachte: »Das hast du nach Nummer 4 auch gesagt, und nach Nummer 3. Aber ist schon O.k. Du musst da jetzt deine ganze Energie reinstecken. Ich finde es super, was du leistest.«

»Danke, Alex. Ich melde mich, sobald ich Zeit habe.«

Er legte auf und kritzelte im Kalender groß ALEX auf den Tag nach der Abgabe. Einfach mal zusammen in den Biergarten gehen, wie früher, das wär's doch.

Die »Ich hätt' da mal 'ne Frage…«-Rubrik war inzwischen in den Mittelteil des Heftes gerutscht und lief über acht Seiten. Mattes verbrachte viel Zeit mit dem Zusammenstellen der unterschiedlichen Fragen und ihrer Beantwortung, eine Arbeit, die offiziell im Zuständigkeitsbereich der Expertin Mina R. lag. Die zog es allerdings weiterhin vor, während der Arbeitszeit leise schnarchend auf einer Hundedecke zu liegen. Wie viele speziell an Mina R. gerichtete Einladungen in Fernsehsendungen und zu Veranstaltungen Frau Althoff schon abgewiesen hatte, war kaum noch zu zählen. Langsam nahm die Situation groteske Züge an, denn für viele Leser und inzwischen auch die Presse wurde es immer wichtiger, Details über Mina R., die große unbekannte Hundeexpertin, zu erfahren. Wer war sie?

Nach dem unerwarteten Erfolg des ersten Heftes und einer

rasch folgenden, groß angelegten Beweihräucherungsaktion des eigenen Verlages, der plötzlich große Erklärungen abgab, warum es so wichtig gewesen sei, alles im Geheimen zu entwickeln und dann auf den Markt zu stürmen, war Mattes zu einem der Top-Themen in der Presse geworden.

Die Leser verfolgten jede Meldung über ihn mit großem Interesse, er symbolisierte den sympathischen Typen von nebenan, der es über Nacht vom Tellerwäscher zum erfolgreichen Chefredakteur gebracht hatte, und er wartete schon darauf, morgens Paparazzi in den Büschen vor Astrids Haus zu finden.

Wenn er bei Talkshows auftrat, trafen noch in der Nacht Massen von E-Mails in der Redaktion ein, in denen Zuschauer Fragen zum Umgang mit ihren Hunden stellten und um direkten Kontakt zu Mina R. baten. Dass die geheimnisvolle Expertin nirgendwo persönlich auftrat, heizte das Interesse weiter an.

Die ersten Gerüchte kursierten, dass es eine prominente Persönlichkeit aus dem Showbereich sei, die sich nicht zu erkennen geben wolle. In dem Frauenmagazin ›Mein Schicksal‹ hatte Vera R. (64) aus Berlin-Hohenschönhausen öffentlich bekannt, dass Mina R. ihre Tochter sei, die vor 15 Jahren die Plattenhaussiedlung verlassen und sich seitdem nicht mehr bei ihr gemeldet habe. Die Fotos zeigten eine kümmerlich eingerichtete Wohnung, in der der Kühlschrank bis auf ein vertrocknetes Stück Käse und zwei Flaschen Weinbrand leer war.

»Wer ist Mina R.?«, hatte ein Boulevardblatt groß getitelt, nachdem auch Mattes lächelnd jede Antwort verweigert hatte, als er in einer Talkshow zu ihr befragt wurde. Er hätte es jederzeit auflösen können, aber er fand es spannend, wie sich die Sache entwickelte. Außerdem tat es den Verkaufszahlen gut, wenn das Geheimnis um die Expertin die Neugier der Leute anregte.

Sein Telefon klingelte, und Frau Althoff meldete sich: »Ich hab Steinle-Bergerhausen für Sie dran.«

»Gut, stellen Sie durch«, sagte Mattes und überlegte, was der jetzt schon wieder wollte. Die Auflage war von Heft zu Heft gestiegen, sie kratzte inzwischen an der 100 000er-Marke, und mittlerweile hatte er schon drei Mal die Seitenzahl des Magazins erhöht, ohne vorher den Verlag informiert zu haben. So lange sie Erfolg hatten und in einer mehr als guten Gewinnzone blieben, konnte er machen, was er wollte, und alle seine Entscheidungen wurden auch im Nachhinein noch abgenickt. Dass dieser Zustand sofort beendet werden würde, wenn die Plus- zur Minuslinie wurde, war einer der Gründe, warum Mattes weiterhin viel Energie in das Magazin steckte. Einer der anderen Gründe war, dass er selber jedes neue Heft besser als das vorherige machen wollte. Es gab kein Zurück. Weder in der Seitenzahl noch in der Auflagehöhe oder der Qualität der Berichte.

Dr. Steinle-Bergerhausen erwähnte voller Stolz, dass ›doggies live‹ in der letzten Vorstandsbesprechung als das innovative Trendmagazin zum Vorbild für die anderen Produkte des Hauses gemacht wurde und dass hervorgehoben wurde, dass es punktgenau den Zeitgeist und damit eine neue Leserschaft träfe.

»Als Verantwortlicher für ›doggies live‹ gebe ich das Lob natürlich auch gerne an Sie weiter, denn Sie haben mit Ihren Redaktionsmitarbeitern einen großen Anteil am Erfolg des Magazins.«

Mattes lachte: »Ich würde es lieber so ausdrücken: Ohne mich und meine Mitarbeiter gäbe es ›doggies live‹ gar nicht.«

Steinle-Bergerhausen wehrte ab: »Nun, so ganz ohne den Verlag geht es nicht, und meine Unterstützung zur Durchführung Ihrer Ideen öffnet viele Türen.«

»Ich sehe genau, was Sie für mich tun«, sagte Mattes kühl.

»Und das war erst der Anfang«, verkündete Steinle-Bergerhausen. »Wir haben hier ganz große Pläne mit ›doggies live‹. Sie werden begeistert sein!«

Mattes sagte schnell: »Es wäre mir lieber, wenn Sie die Finger raushalten und es einfach laufen lassen würden.«

»Das müssen Sie schon dem Verlag überlassen, Herr Reuter«, sagte Steinle-Bergerhausen distanziert.

Mattes hob aufmerksam die Augenbrauen. Was lief da ab? Konnte Steinle-Bergerhausen ihm schaden? Nicht, solange er mit steigendem Erfolg arbeitete, dachte Mattes und fühlte sich sicher. Als er Frau Althoff von dem Gespräch erzählte, winkte auch sie ab: »Der ist seit 15 Jahren beim Verlag, und er hat noch nie irgendetwas gemacht, das Auswirkungen auf das Geschäft hatte. Lassen Sie den einfach reden, da kommt nichts.«

Mattes legte ihr einen Packen Papiere auf den Tisch.

»Die kann Tina heute Nachmittag kopieren. Ich hab gleich den Termin mit dem Typen, der diese grandiosen Hundehütten baut. Wenn die etwas größer wären, würde ich sofort einziehen.«

Frau Althoff sah ihn stolz lächelnd an: »Ist Ihnen eigentlich aufgefallen, dass mein Mucki nicht mehr bellt, wenn Sie im Zimmer sind?«

Mattes nickte: »Nach mehr als vier Monaten sollte er sich langsam dran gewöhnt haben.«

Er blickte zu Mucki, der in seinem Körbchen lag und ihn drohend fixierte.

»So ganz entspannt sieht er aber noch nicht aus«, grinste er.

»Der ist sehr entspannt«, behauptete Frau Althoff. »Aber er muss ja weiterhin aufpassen und seine Mutti beschützen.«

Mattes schüttelte lachend den Kopf.

»Ich glaube eher, dass er gemerkt hat, dass er mich mit seinem Gekläffe nicht beeindrucken kann.«

Frau Althoff lächelte überheblich: »Das glauben SIE.«

Mina trabte neben Mattes her, als er kurz vor dem Termin beim Hundehüttenbauer durch den Stadtwald lief. Zwei Frauen kamen ihm mit ihren Hunden entgegen. Als sie fast auf seiner Höhe waren, rief die eine: »Sie sind doch der von der Hundezeitung, dieser ›doggies live‹«

»Ja.«

Seine Bekanntheit war in einem unglaublichen Maß gestiegen, seit er Gast in einigen Fernsehsendungen gewesen war.

»Das ist ein tolles Heft, wollte ich Ihnen mal sagen, es gefällt mir sehr gut. Aber können Sie Ihrer Expertin bei den Fragen mal ausrichten, dass sie keine Ahnung hat! Im letzten oder vorletzten Heft…«, sie wandte sich an ihre Begleiterin: »Wo war das noch mal, Sigrid, das mit dem Hund, der so viel bellt?«

Sigrid überlegte angestrengt und fragte nachdenklich: »Der Hund, der drinnen bellt, oder der, der draußen ist?«

»Drinnen war der mit dem Klingeln. Ich mein den anderen!«

Sie drehte sich zu Mattes: »Ach, egal. Aber sie hat eine Antwort gegeben, die völliger Schwachsinn ist. Mein Schwager hat selber seit über 30 Jahren Schäferhunde, und wenn einer was über Hunde weiß, dann der. Und er sagt, dass es völlig normal ist, wenn ein Hund dann bellt.«

Mattes lächelte freundlich: »Wenn das für die Hunde Ihres Schwagers normal ist, muss das in anderen Fällen nicht auch normal sein.«

»Aber mein Schwager sagt, dass die Expertin keine Ahnung hat.«

Mattes nickte und schlug mit kaum verhohlener Ironie vor:

»Vielleicht möchte sich Ihr Schwager bei uns als Experte bewerben? Bei so viel Erfahrung wird er auf jede Frage eine Antwort wissen. 30 Jahre lang Umgang mit Schäferhunden, die kann unsere Expertin nicht vorweisen.«

»Im vorletzten Heft war es!«, rief Sigrid aus. Die Frau widersprach sofort: »Nein! Da war das mit dem Klingeln, wo der Hund an die Tür rennt. Ich meine das, wo der Hund draußen bellt.«

Mit einem Kopfnicken verabschiedete sich Mattes und ging weiter. Die Ironie war anscheinend nicht angekommen. Wahrscheinlich stand der Schäferhund-Schwager schon im Redaktionsbüro, wenn Mattes dort ankam.

Mattes genoss es, angesprochen zu werden. Er und das Hundemagazin waren vielen Fernsehzuschauern ein Begriff geworden, und seit er ab dem dritten Heft auf der ersten Seite ein Editorial veröffentlichte, neben dem auch ein Portraitfoto von ihm abgebildet war, wurde er bei fast jedem Gang in die Öffentlichkeit erkannt.

»Sie sind doch der Hundemann?«, begannen viele Gespräche, und freundlich und sehr geschmeichelt ließ er sich gerne darauf ein. Dass sein aus dem Magazin ausgeschnittenes Bild mit dicken Magneten befestigt an Astrids Kühlschranktür prangte, sah er als Auszeichnung. Nicht weiter schlimm war, dass seine Mutter ein Sammelalbum begonnen hatte, in das sie alle Fotos, Berichte und Artikel über ihn sorgfältig einheftete und mit Anmerkungen versah. Unangenehmer fand er, dass sie es in einer großen Tasche immer dabeihatte, um es überall zu zeigen, sodass selbst unbeteiligte Supermarktkunden in der Schlange vor der Kasse mit Berichten über ihn zugetextet wurden. Endlich hatte sie einen Sohn, auf den sie stolz sein konnte, denn er war in der Zeitung und im Fernsehen zu sehen.

»Das wäre ich auch, wenn ich drei Frauen umgebracht hätte und auf der Flucht wäre«, hatte Mattes argumentiert, aber sie hatte entgegnet: »Dann gäbe es aber keine Fotos, auf denen du neben berühmten Leuten stehst.«

Der Hundehüttenbauer begrüßte Mattes mit frischem Kaffee und zeigte ihm seine kleinen Modell-Hundehütten, die er alle schon in realer Größe, individuell und auf den Platzbedarf des jeweiligen Hundes zugeschnitten, gebaut hatte. Von »Sven«, dem roten schwedischen Blockhaus, über »Hilton«, einem kleinen Prachtbau mit Dachterrasse, bis hin zu »Dogsch Mahal«, einer Anlage mit indischen Elementen, gab es alles, was das Hundehalterherz begehrte.

»Den Hunden ist es völlig egal, wie es von außen aussieht«, grinste er, »Hauptsache, der Boden ist warm, es regnet nicht rein und sie können rausgucken. Aber besonders die Frauen stehen total auf gestylte Hundehütten. Spätestens, wenn die Männer mit einem neuen Auto ankommen, geben die Frauen bei mir eine Hütte für den Hund in Auftrag. Und je dicker der Wagen ist, desto größer wird das Hundehaus.«

Er zeigte auf eine fast fertige Hütte, die blau-weiß gestreift gestrichen war und eine holzgeschnitzte Möwe auf dem blauen Pultdach hatte.

»Modell Sylt«, sagte er stolz. »Die letzten Käufer haben im Garten ein Zehnquadratmeterstück Rasen abtragen lassen und durch Sand ersetzt. So richtig mit Dekomuscheln und Seesternen. In der Mitte steht jetzt die Hundehütte, und wenn der Hund will, kann er sich vorstellen, an der Nordsee zu liegen.« Er lachte: »Ich glaube, der Hund will sich das nicht vorstellen, und wie ich gehört habe, muss der Ehemann täglich die gebuddelten Löcher im Sand glatt harken, aber Hauptsache, alle sind glücklich.«

»Was manche Leute für ihren Hund machen«, lachte Mattes und schüttelte den Kopf. »Ich hoffe, dass die Kinder der Hundebesitzer, falls sie welche haben, auch einen zehn Quadratmeter großen Sandkasten bekommen haben.«

»Vermutlich nicht«, grinste der Hundehüttenbauer.

Zurück in der Redaktion schrieb Mattes eine Notiz an Peter, dass er Fotos von den Hundehütten brauchte. Hatte Nadine eigentlich schon ihren Reisebericht fertig? Manchmal kam es selbst Mattes so vor, als wäre es nicht weiterhin möglich, ein dermaßen großes Magazin auf die Beine zu stellen, aber der Ehrgeiz hatte ihn gepackt. Er machte nicht nur ein unglaublich erfolgreiches Magazin, er machte das auch mit einer sensationell kleinen Truppe. Mit vielen Redakteuren und noch mehr freien Mitarbeitern wie bei der ZEIT konnte jeder ein Magazin erstellen, aber zu viert, das war unschlagbar. Es kam nur auf die richtige Führung der Mitarbeiter an und dass die wichtigen Dinge ›wie immer Chefsache‹ waren. Einer musste die Entscheidungen treffen und den Weg bestimmen. Dieser Einer war er. Ein Finder. Das Magazin hatte vor ihm auf der Straße gelegen, und er hatte es aufgehoben und zu dem gemacht, was es jetzt war. Und alles nur, weil er jahrelang Geduld gezeigt hatte und nicht mit verbissenem Ehrgeiz hinter dem Job bei der ZEIT hergewesen war. Da planten und bemühten sich die Sucher ihr Leben lang, rannten allen Chancen hinterher und kamen trotzdem nicht an sie heran.

Anstrengend war nur, dass er unablässig darauf achten musste, das Niveau zu halten. Ein wenig Planung war unumgänglich, aber das hatte alles nichts mit der Verbissenheit der Sucher zu tun. Dass gerade jetzt am Anfang wenig freie Zeit blieb, war ganz klar, aber umso mehr Ruhephasen würde es später geben, wenn das Magazin dann wirklich fast von alleine lief. Dann hätte er auch wieder mehr Zeit, um mit Alex einfach mal um den See zu laufen oder auf dem Tennisplatz ein paar Bälle zu schlagen. Was hatte er vor der Zeit bei ›doggies live‹ eigentlich den ganzen Tag gemacht? Er war viel länger mit Mina draußen unterwegs gewesen, die musste momentan etwas zurückstecken, aber sonst? Hin und wieder war er zu Terminen gefahren, hatte einen kleinen Artikel geschrieben und abgeliefert. Er musste unglaublich viele Stunden einfach vertrödelt haben. Er lachte los. Wenn das Astrid hören würde!

Es war erstaunlich, wie schnell sich Astrid mit dem Hundemagazin und der Erkenntnis, dass ihr Bruder der Chefredakteur war, nicht nur abgefunden, sondern sie zu ihrer eigenen gemacht hatte.

»Das ist der Hund von meinem Bruder, Mattes Reuter, der vom Hundemagazin«, stellte sie die wie früher über die Wiese tobende Mina allen Hundehaltern vor, die zufällig ihren Weg kreuzten. Sie fand Hundehalter immer noch nicht sympathischer, aber wenn sie schon Mina betreuen musste, weil Mattes immer öfter auf kurzen Reisen war, wollte sie wenigstens etwas vom Ruhm abbekommen. Gleichzeitig war sie aber auch genervt: »Mattes, bei den Seminaren werde ich ständig gefragt, ob ich mit dem ›Mann vom Hundemagazin‹ verwandt wäre.«

»Ja und? Bist du doch.«

»Es nervt! Du wirst berühmt, und ich hab die blöden Hundehalter an der Backe. Die kommen jetzt mit ihren ganzen Köter-Problemen zu mir, und ich soll dich fragen, was sie da machen können.«

»Sag ihnen, sie sollen an Mina R. schreiben, dann steht die Antwort vielleicht im nächsten Heft.«

Sie stöhnte: »Ach ja, Andreas Wartenberg, den kennst du

doch, der will seiner Frau einen Yorkshire kaufen und fragt, ob du irgendwo Prozente auf Welpen kriegst.«

»Der hat sie nicht mehr alle, sag ihm das!«, rief Mattes unwillig.

Astrid verdrehte die Augen: »Das kann ich nicht. Der vermittelt mir über seine Firma mindestens vier Wochenendseminare im Jahr. Kennst du nicht irgendeinen Züchter, der billige Yorkshires hat? Kann ja auch eine andere Rasse sein.«

»Yorkshires in anderen Rassen sind Schäferhunde und Doggen. Die kann seine Frau dann aber nicht mehr so gut in der Tasche tragen.«

»Bleib doch mal ernst!« Sie ärgerte sich: »Dass die jetzt alle über mich an dich rankommen wollen, das ist unglaublich!« Sie senkte ihre Stimme: »Du warst doch letztens beim Kerner in der Sendung. Wie ist der eigentlich privat?«

»Mir kam er ganz nett vor. Wieso?«

»Meinst du, der würde mich mal in die Sendung einladen, um über Seminare zur Persönlichkeitsentwicklung zu sprechen? Immerhin bist du mein Bruder, und ich habe dich sehr erfolgreich bis zum Chefredakteur gecoacht.«

Mattes lachte los: »Soweit ich mich erinnere, habe ich mich deinen Coachversuchen immer erfolgreich entzogen.«

Astrid entschied: »Du hast genug mitbekommen, um es umsetzen zu können. Es hat lange gedauert, aber irgendwann hattest selbst du es begriffen.« Sie kam nah an ihn heran: »Wer ist Mina R.? Ich glaube nicht, dass sie wirklich so heißt, den Namen hast du erfunden.«

Er guckte unschuldig: »Warum sollte ich den erfunden haben?«

Sie lächelte wissend: »Ich glaube, dass die Expertin Mina R. deine Freundin ist und du sie einfach wie deinen Hund genannt hast, um ihren wahren Namen zu schützen.«

Mattes starrte sie staunend an. »Astrid, du hättest als Detektivin eine große Karriere gemacht. Echt super!«, antwortet er beeindruckt.

Hoffentlich erzählte sie diese Version bei allen Spaziergängen im Park, dann würde das Geheimnis um die unbekannte Expertin eine besondere Note bekommen, und die Neugier würde weiter angeheizt werden.

Schon am nächsten Tag überraschte ihn in den Zeitungsboxen am Straßenrand die Schlagzeile: »Hundeexpertin Mina R. – ein Hund!« Hatte Astrid doch besser kombiniert, als er dachte? Aber die würde doch niemals mit solchen Informationen zu einer Zeitung rennen! Er holte sich ein Exemplar und blätterte es durch, bis er zu dem kurzen Bericht kam.

»Mina R., die angebliche Expertin des Shootingmagazins ›doggies live‹ ist ein Hund! Mitarbeiter gaben zu, dass die Antworten in der beliebten Rubrik ›Ich hätt' da mal 'ne Frage …‹ vom Chef selber stammen, dem Journalisten Mattes Reuter. Die Hündin Mina gilt in Fachkreisen als kompetente Fachfrau, deren wahre Identität Mattes Reuter monatelang verschwieg …«

Mattes ließ die Zeitung sinken. Seine Mitarbeiter hatten da ganz sicher nichts verraten, die hatten sich alle auf Stillschweigen in dieser Sache geeinigt. Vielleicht jemand vom Verlag? Steinle-Bergerhausen, der sich wichtig machen wollte?

Na egal, es war nicht wirklich wichtig, dass Mina R. ab jetzt wahrheitsgemäß Mattes Reuter heißen würde. Aber Astrid würde sich schön ärgern, mal wieder in die falsche Richtung gedacht zu haben. Beim Betreten der Redaktion stand Tina mit schuldbewusster Miene im Flur und wartete auf ihn.

»Ich hab voll nich gemerkt, dass der Typ eine Zeitung macht«, entschuldigte sie sich. »Der war gestern im Hof und hat gefragt, was geht ab und ob ich Mina bin, und da hab ich gefragt, ob er voll blöd ist, denn ich seh ja nich aus wie'n Hund, weil ich hab ja Schminke und so, und er soll da mal genau gucken, und da hat er noch mehr gefragt und mich voll reingelegt.«

Mattes seufzte. Natürlich. Tina war der Schwachpunkt, aber jetzt war es eben raus. Er klopfte ihr auf die Schulter und sagte: »Ist schon o.k., Tina. Ab jetzt kann Mina bequem auf der Decke liegen bleiben, und ich werde die Fragen beantworten. Das macht nicht viel Unterschied. Ist eben wie immer Chefsache.«

Wenn er gedacht hatte, dass sich mit der Enttarnung seiner Expertin und der Namensänderung von Mina R. auf Mattes Reuter nicht viel für ihn ändern würde, hatte er sich getäuscht. Ab jetzt war er nicht mehr der Chefredakteur von ›doggies live‹, wenn er in der Öffentlichkeit unterwegs war, sondern Mattes Reuter, der Hundeexperte, der alle Fragen dieser Welt, die sich auch nur entfernt um Hunde drehten, auf Anhieb beantworten konnte. Und, wie die meisten Fragesteller dachten, auch immer, jederzeit und supergerne.

»Herr Reuter, schön, dass ich Sie jetzt gerade zufällig sehe, ich hab da mal 'ne kurze Frage«, unterbrach eine Frau im Park ein Gespräch mit Beatrice, die er nur morgens für einige Minuten dort kurz treffen konnte.

»Was ist denn so wichtig, dass es unbedingt jetzt sein muss?«, fragte er.

»Was halten Sie vom Kastrieren?«

Mattes wehrte ab: »Also für mich kommt das nicht infrage!«

Die Frau sah ihn verlegen an: »Ich mein doch beim Hund meiner Tochter.« Dann erzählte sie die Einzelheiten vom Welpenkauf bis zum inzwischen manchmal viel zu dominanten Verhalten des Hundes, und Mattes bekam sie nur mit Mühe gestoppt, während er wusste, dass Beatrice in einigen Minuten wieder gehen würde.

Selbst beim Joggen mit Alex wurde er oft aufgehalten und in Gespräche verwickelt, sodass Alex nach einigen Minuten Wartezeit meistens sagte: »Ich lauf mal eine kleine Runde alleine, vielleicht bist du bis dahin fertig«, und lossprintete.

Einerseits fand Mattes es toll, dass er erkannt und oft freundlich gegrüßt wurde. Andererseits führte es zu Situationen, die er manchmal als unangenehm empfand. Wusste die Dame, die hinter ihm an der Supermarktkasse wartete, wer er war oder warum beobachtete sie so aufmerksam, was er gerade aufs Laufband legte? Registrierte sie, dass er das preiswerte zweilagige Klopapier wählte und dass der Käse abgepackt war? Er hörte sie schon ihren Freundinnen beim Kaffeekränzchen erzählen: »Aufs Essen legt der ja nicht viel Wert, da muss man nur einen Blick auf den Käse werfen, und ob er das Zweilagige wirklich selber benutzt oder nur für seine Gäste hat?«

»Was hat er denn sonst noch eingekauft?«, würden die Freundinnen fragen und ihn anhand seiner Einkäufe analysieren.

Auch an ein Erlebnis in Berlin, als er Gast einer Diskussionsrunde war und am Abend im Hotel mit einem Saunagang entspannen wollte, erinnerte er sich. Er hatte mit zwei ihm gänzlich unbekannten Herren in der Sauna gesessen, und während sie stumm und schwitzend auf ihren Handtüchern kauerten und seine Gedanken langsam ins meditative Nichts glitten, schreckte ihn eine leise Stimme in unmittelbarer Nähe auf: »Ich weiß, es ist jetzt gerade schlecht, aber ich hätt' da mal 'ne Frage.«

»Sie haben recht, es ist ein ganz schlechter Moment«, hatte Mattes abwesend gemurmelt, aber die Stimme hatte nur gelacht und völlig ungehemmt ihre Hundegeschichte erzählt:

»Ganz kurz nur ...« Und aus dem »ganz kurz« war ein ausführlicher Bericht über Nora geworden, die vor vier Jahren aus dem Tierheim in die Familie gekommen war und nun die Nummer eins im heimischen Hundesportverein war.

»Meinen Sie, wir sollten das ausweiten und auch auf bundesweite Wettbewerbe gehen?«

Es gab kaum etwas, das Mattes zu diesem Zeitpunkt weniger interessierte. Zuerst hoffte er, dass der andere Saunagänger mit einem energischen Pst! zur Ruhe auffordern würde, aber der mischte sich plötzlich ebenfalls ins Gespräch ein und erzählte vom Hund seiner Schwägerin »So 'nem Großen, na, Sie wissen schon, die immer so springen. Ganz groß sind die ... Na, ich hab's gleich, so ein ... «

»... Pferd?«, hatte Mattes helfend angeboten, aber die angeregte Suche nach der Rasse damit nur angestachelt.

Manchmal machte er sich einen Spaß und gab mit völlig ernster Miene überflüssige Ratschläge.

»Ich hab ein Problem«, sagte eine junge Frau und schilderte, dass ihr Hund sehr brav in der Straßenbahn mitfahren würde, aber an der Haltestelle, an der sie wohnte, immer zu winseln begann und nicht aussteigen wollte.

Mattes zog die Augenbrauen hoch und fragte: »Macht der das auch an anderen Haltestellen?«

»Nein, wirklich nur da, wo wir wohnen.«

»Dann sollten Sie einfach eine Haltestelle früher aussteigen!«

Die junge Dame starrte ihn verblüfft an und rief dann freudig: »Da bin ich noch nie drauf gekommen! Sehen Sie, man muss wirklich nur den Fachmann fragen, und schon sind alle Probleme aus der Welt! Was Sie alles wissen! Auf so eine Lösung kommt man als Laie ja gar nicht.«

Dass allerdings auch Astrid ihn für Promotionzwecke einsetzen wollte, nahm er ihr übel. Sie hatte ihn für einen Samstagabend zum Abendessen eingeladen, und er war nichts ahnend in ihrem Wohnzimmer auf einige ihrer Kunden getroffen. Sie alle waren Hundehalter, und Astrid hatte ihnen mit einem persönlichen Treffen mit Mattes Reuter, dem Chefredakteur des neuen, innovativen und erfolgreichen Hundemagazins, eine Freude und sich selber dankbare Kunden machen wollen. Wären es persönliche Freunde von ihr gewesen, hätte Mattes es noch hingenommen, aber so machte er ihr nach dem Abend unmissverständlich klar, dass das absolut nicht gehen würde.

»Ich bin dein Bruder Mattes und nicht der Chefredakteur von ›doggies live‹. Ansonsten stell ich Rechnungen aus, wenn ich zu Werbezwecken deine Kunden bespaßen soll.«

Zerknirscht sah Astrid ihn an: »Ich dachte ja nur ...«

»Plan nicht mein Leben!«, sagte Mattes und registrierte mit Erstaunen, dass sie wehmütig lächelte. Konnte es sein, dass sie ihn endlich für erwachsen hielt, jetzt, wo er beruflich erfolgreich war? Der arme Godehard und die armen Kinder. Jetzt würde sie all ihre Kraft in deren Erziehung setzen.

Dafür hatte seine Mutter ihre Muttergefühle wiederentdeckt, seitdem er häufig Gast in Talkshows war und manchmal auch als Hundeexperte vor eine Kamera geholt wurde. Sie rief an, um ihn zu loben, weil er in der Sendung ein schönes Hemd trug, um ihm zu sagen, dass er dringend zum Friseur müsse oder dass die Moderatorin einen zu tiefen Ausschnitt gehabt und er zu lange reingeguckt hätte.

»Ich hab der doch gar nicht in den Ausschnitt geguckt!«, wehrte sich Mattes genervt. »Und wenn, dann geht dich das gar nichts an.«

»Ich bin deine Mutter, und wenn du dich nicht gut benimmst, fällt das auf mich zurück«, sagte sie spitz. »Außerdem wundern sich hier schon alle, dass du mich so selten besuchst!«

»Ich hab wenig Zeit, das weißt du doch, und wir haben uns auch vorher meistens nur bei Astrid gesehen. Soweit ich mich erinnere, war es dir ganz recht, dass ich nicht so häufig kam, weil ich dir peinlich war.«

Seine Mutter reagierte beleidigt: »Das war, BEVOR du berühmt warst.«

Als Peter Plattler nicht nur seinen Nichtrauchervorsatz beibehielt, sondern eines Morgens auch mit frisch geschnittenen Haaren erschien, wusste Mattes, dass sich etwas ereignet haben musste. Schon seit einiger Zeit hatte sich die zuvor betont jugendliche Kleidung geändert, und anstelle schlabberiger T-Shirts trug Peter immer häufiger Hemden, und auch die meist löcherigen Turnschuhe waren gegen neuere Modelle ausgetauscht worden. Innerhalb weniger Wochen war er in seiner äußeren Erscheinung seriöser und erwachsener geworden, was endlich zu seinem Gesicht passte. Der macht was aus sich, dachte Mattes anerkennend, auch wenn er fand, dass Peter übertrieb, wenn er manchmal mit Jackett ankam.

»Du siehst nicht mehr aus wie ein Grafiker, sondern wie der Senior-Boss einer Werbeagentur«, witzelte Mattes, merkte aber, dass Peter diese Vorstellung gar nicht so beleidigend fand, wie sie gemeint war. Es gab auch keine Diskussionen mehr über die 17-Uhr-Grenze. Peter Plattler arbeitete bis spät abends und erschien sogar morgens oft mit Layouts, die er nachts noch in seiner Wohnung fertiggestellt hatte.

»Was ist mit den Suizeeds?«, fragte Mattes, erhielt aber nur ein nachlässiges Schulterzucken. Anscheinend nichts mehr.

Lag es wirklich nur am steigenden Weingummigehalt in

Peters Körper und dem deutlich höheren Sauerstoffgehalt seines Büros, dass er nun auch weniger wortkarg war und in ganzen Sätzen antworten konnte? Mattes vermutete mehr dahinter.

»Sieh mal an!«, brach es darum auch überrascht aus ihm heraus, als er bei der kurzen Besprechung in Peters Zimmer entdeckte, dass alle Suizeed-Plakate entfernt waren und an der Wand die Bilder einer jungen Frau hingen.

Er pfiff durch die Zähne. »Das ist ja Carolin! Die vom Fernsehsender. Hat sie dich tatsächlich gefunden.«

Er guckte kritisch zu Peter herüber, der betont uninteressiert in einem Stapel von Hundefotos blätterte. Mattes fiel ein, wie hemmungslos sich Carolin damals an ihn rangemacht hatte, um ihre Karriere voranzutreiben. Und jetzt hatte sie sich Peter geschnappt. Was für ein raffiniertes Biest. Aber kein Wunder, dass Peter nun von ihr aufgestylt wurde. Er war mindestens zwanzig Jahre älter als sie und musste sich anstrengen, um mithalten zu können.

»Meinst du nicht, sie nutzt dich nur aus?«, fragte er vorsichtig und wies mit dem Kopf auf Carolins Foto.

Peter hob den Blick. »Wir haben eine ganz klare Geschäftsbeziehung, was soll sie da ausnutzen?«

»Ah, Geschäftsbeziehung«, sagte Mattes und dachte, dass die Regeln aus Carolins Sicht vermutlich hießen: »Ich bleib bei dir, bis ich berühmt bin, und such mir dann einen anderen, der mich noch berühmter macht.«

Aber Peter war alt genug, um sein Leben selber zu bestimmen, er durfte sich da nicht einmischen.

»Herr Reuter, Besuuuuuch!«, krähte Tina aus dem Flur, und Mattes schüttelte grinsend den Kopf. Die Althoff kam bei Tina an ihre Grenzen, denn trotz vielfacher Unterrichtung, wie Besucher angemessen begrüßt und angemeldet wurden, kam

Tina nicht über ihr spontanes Rufen hinaus. Da sich gleichzeitig oft auch Mucki erzürnt und laut hörbar zu Wort meldete, während aus einem der hinteren Büros Peters Stimme wütend »Ruhe!« brüllte, hatten Besucher das Gefühl, sie kämen aus der Stille eines friedhofähnlichen Hinterhofs in ein Zentrum von Lärm und Hektik. Entsprechend geschockt und eingeschüchtert waren sie, wenn Mattes sie dann begrüßte.

Auch diesmal sah der Besucher ihn mit großen Augen an und stieß überrascht aus: »Hier ist ja was los.«

»Wir haben eine Art interner Alarmanlage«, erklärte Mattes freundlich, und der Mann sagte: »Sehr wirkungsvoll, wirklich.«

Er öffnete seine Aktentasche und entnahm ihr ein blaues, verknittert wirkendes Gebilde.

»Darf ich Ihnen ein ganz neuartiges Produkt vorstellen? Ein Futter- und Wassernapf für unterwegs, der aus Materialien der Raumfahrt entwickelt wurde, unzerstörbar, säurefest und vor allem extrem platzsparend zu transportieren. Sehen Sie!« Er hielt das Teil an einer Ecke fest und schlug es mit der anderen fest auf die Tischkante. Mit einem lauten Plop entfaltete es sich zu einem schüsselartigen Gebilde.

»Voilà!«, präsentierte der Besucher den Wassernapf und stellte ihn auf den Tisch. Mit einem weiteren Handgriff nahm er ihn wieder an sich, ließ ihn auf den Boden fallen und drückte ihn mit seinen Fuß platt. »Voilà! Platzsparend zurück in die Tasche. Diesen Vorgang können Sie Millionen Mal wiederholen.« Er bückte sich, um das blaue Geknitter aufzuheben. »Das Material nimmt nichts übel. Es würde sogar den Wiedereintritt in die Erdatmosphäre überstehen. Ha ha ha.«

Mattes besah sich den Napf und sagte: »Das ist ja eine nette Idee.«

Sofort rasselte der Mann los: »Wir haben drei verschiedene Größen für kleine, mittlere und große Hunde sowie die Auswahl zwischen vier Farben. Rot, Blau, Weiß und Pink, wobei es die pinkfarbene Ausführung nur in der kleinen Größe gibt.«

»Schön«, sagte Mattes.

»Nicht nur schön, sondern sensationell. Und Sie haben die Gelegenheit, jetzt mit einzusteigen.«

»Ach?«

»Empfehlen Sie unser Produkt in Ihrem Magazin, und Sie erhalten die Gelegenheit, von unserem Erfolg zu profitieren!«

»Ich verstehe«, sagte Mattes, »aber momentan ist so etwas nicht vorgesehen.«

Der Mann griff in die Aktentasche. »Ich lasse Ihnen ein Muster hier, damit Sie es sich überlegen können. Mein Kärtchen hängt an. Und ein kleines Päckchen mit Leckerchen für den Liebling. Voilà.« Er lächelte ein breites Vertreterlächeln, raunte vertraulich: »Rufen Sie mich an, bevor ich Sie anrufe! Ha ha ha«, und ging winkend aus der Tür.

Mattes nahm die Sachen mit in sein Büro und legte sie in eine Schublade, in der sich schon ein Hundehalsband mit digitaler Laufschrift, ein programmierbarer Pfeifsender und eine gestrickte Hundemütze mit Ausbuchtungen für kälteempfindliche Stehohren befand. Auf dem Tisch stapelten sich Anfragen von Hundefutterfirmen und Züchtern, die alle gerne positiv in ›doggies live‹ genannt werden wollten.

Mina war aufgestanden und schnüffelte an der Schublade herum. Mattes grinste: »Wenn du Glück hast, kann man die Leckerchen auch auf die Tischkante hauen, und sie werden riesengroß. Wir werden das nachher mal ausprobieren.«

Am Nachmittag wurde Mattes von einem Wagen mit Fahrer abgeholt und zur Talkshowaufzeichnung eines Fernsehsenders gefahren. Er nahm Mina mit, die in den Studios völlig unaufgeregt zwischen Kameras spazierte und sich irgendwann schlafend in eine Ecke legte. Inzwischen waren Mattes die Abläufe bei Fernsehsendungen vertraut, und er fühlte sich wohl, wenn er vor Zuschauern und Kameras über Hunde und das Magazin erzählen konnte. Es kam seiner Neigung, locker und aus dem Bauch heraus zu reden, sehr entgegen. Auch die Moderatoren plauderten gerne mit ihm. Frau Althoff hatte darum ein generelles o.k. für die Zusage von Fernsehauftritten erhalten und überprüfte nur im Kalender, ob der Termin frei war.

Entspannt unterhielt sich Mattes mit der Maskenbildnerin, die er nun schon von vorherigen Auftritten kannte, und hörte ihren lustigen Anekdoten über diverse Prominente zu. Er grinste vor sich hin. Dieser Nachrichtensprecher hatte tatsächlich ein Popeye-Tattoo auf dem Unterarm? Da musste er mal drauf achten. Dabei sah der doch immer so korrekt aus. Kein Wunder, dass der immer langärmelige Hemden trug. Ausgerechnet Popeye!

»Sie können Ihren Hund hierlassen«, bot die Maskenbildnerin an, und Mattes nahm das Angebot gerne an.

Die Moderatorin, eine junge, sehr intelligent und energisch wirkende Frau, begrüßte ihn freundlich und sprach dann übers Wetter und ihren bevorstehenden Urlaub in Südfrankreich. Eine weitere junge Frau und ein älterer Herr gesellten sich dazu, die beide ebenfalls Gäste der Sendung waren. Die junge Frau erzählte, dass sie einen Imbiss hätte, und der Herr, dass er Häuser verwalte. »Und Sie?«, fragte die junge Frau.

»Ich mache ein Hundemagazin«, sagte Mattes.

»Etwa dieses neue, dieses ›doggies live‹?«, fragte die Frau aufgeregt.

Als Mattes nickte, jubelte sie: »Das ist toll! Ich lese es immer. Kann ich nach der Sendung vielleicht ein Autogramm von Ihnen bekommen?«

Mattes grinste amüsiert. Das würde sie bestimmt in ihren

Imbiss hängen und alle Leute, die auf Pommes frites oder Bratwurst warteten, würden es sehen. Von Fettdunst umwabert. Was für eine Karriere.

Von hinten winkte die Produktionsleiterin, und die Moderatorin schob ihre Gäste vor sich her zu einer netten, halbkreisförmig angeordneten Sitzrunde, die von Kameras umgeben war. Ein letztes Abpudern, dann startete die Sendung.

Lässig sah Mattes der Moderatorin zu, die mit freundlichem Lächeln in eine Kamera sprach und die Zuschauer begrüßte. Er hörte sie sagen: »... stellen wir Ihnen die drei erfolgreichsten Geschäftsmodelle Deutschlands vor. Welche Strategien braucht man, worauf muss man achten? Zu Gast haben wir Stephanie Wolke, die mit ihrer Imbiss- und Cateringkette die Partys der Reichen und Schönen kulinarisch versorgt und inzwischen mehr als 250 Mitarbeiter hat, Mattes Reuter, der als Chefredakteur des Hundemagazins ›doggies live‹ nach einer gut durchdachten Umstrukturierung eine sensationelle Auflagenhöhe erreicht hat, und Willy Weller, der einen bundesweiten Dienst zur Betreuung kurzzeitig leer stehender Häuser und Villen eingerichtet hat und damit Millionenumsätze macht.«

Mattes kam das entspannte Lächeln abhanden. Es ging um Geschäftsmodelle? Seine Gesichtsmuskeln verkrampften sich, als er die Moderatorin übergangslos sagen hörte: »Herr Reuter, Sie zeigen mit Ihrem Magazin, dass die effiziente Nutzung vorhandener Ressourcen innovative Möglichkeiten eröffnet. Was sind Ihre Strategien?«

Eine Kamera fuhr herum und nahm ihn ganz nah auf. Erwartungsvolle Stille breitete sich aus.

In seinem Kopf zischte das Wort »Strategien« von einer zur anderen Seite, knallte gegen innen gegen die Schädelwand und wurde zurückgeschleudert.

Strategien – zong! – Strategien – zong! – Strategien – zong!

Sucher hatten Strategien. Er war Finder. Er wartete ab und hob auf, was ihm vor die Füße fiel. Das war keine Strategie, das war eine Lebenseinstellung.

»Tja ...«, begann er und legte bedächtig die Fingerspitzen aneinander, »zuerst einmal lässig bleiben. Eine Bestandsaufnahme machen und überlegen, was mit den vorhandenen Möglichkeiten zu erreichen ist.«

Hätte er das damals tatsächlich gemacht, wäre er niemals über ›Hassos Herrchen – Finas Frauchen‹ hinausgekommen.

»Und dann das Ziel vor Augen haben.«

Die Moderatorin nickte lächelnd und wandte sich an die Imbiss-Frau. »Ein Ziel hatten Sie auch. Gibt es Unterschiede zwischen den Strategien von Männern und Frauen?«

Mattes hörte nicht mehr zu. Das war ein Albtraum. Er sollte über sein Geschäftsmodell berichten und hatte sich doch niemals Gedanken über Strategien gemacht. Was sollte er sagen? Ich mach alles aus dem Bauch heraus? Ich hab keine Ahnung, was ich da tue, aber es läuft?

Während der Hausverwalter-Stratege über den gezielten Einsatz moderner Kommunikationsmittel als Basis des Erfolges dozierte, dachte Mattes an Astrid. Sie sprach doch ständig über Erfolg und wie man den erreicht. Hätte er nur mal besser zugehört, wenn sie ihn volltextete. Als die Reihe wieder an ihn kam, erklärte er souverän, dass es mit dem Erfolg wie beim Rudern sei. »Man darf nicht einfach mit dem Paddel aufs Wasser hauen, sonst kommt man nie auf die Insel. Es gilt, die Küste im Blick zu haben und mit Kraft auf den Strand zu gelangen.«

»Das ist ein schönes Bild«, lobte die Moderatorin und fragte: »Das gilt natürlich auch für die Mitarbeiter, die quasi im selben Boot sitzen.«

»Natürlich«, bestätigte Mattes. »Jeder bekommt ein eigenes Paddel.«

Was für einen hirnrissigen Quatsch erzählte er hier eigentlich? Und für so was bekam seine Schwester viel Geld. Er blieb im Verlauf der Sendung bei Bildern, redete anschaulich von Holztonnen, die Wasserfälle hinunterrasten und nicht zu bremsen waren, und von Ideen, die sich wie die federleichten Flugschirme des Löwenzahnes ausbreiteten. Die nüchterne Moderatorin war hingerissen und lobte ihn anschließend für seine Fähigkeit, hochkomplizierte Wirtschaftsvorgänge verständlich und sogar ein wenig poetisch darstellen zu können.

»Sie sollten überlegen, diese komplexen Themen mit Ihren Worten zu erklären und in einem Buch zu veröffentlichen«, schlug sie vor.

Mattes, der froh war, dass alles vorbei war, grinste erleichtert: »Ich werde es ›Im Holzfass durch den Orinoko‹ nennen.«

Im Holzfass durch den Orinoko werde ich die Althoff schicken, wenn sie mich nochmal in so eine Sendung schickt, dachte er dabei grimmig.

Kurz vor Abgabe der neuen Ausgabe in die Druckerei gab es den üblichen Stress. Einige Artikel waren noch nicht fertig, mehrere große Fotos mussten ausgetauscht und zwei Werbeseiten gegen redaktionelle getauscht werden. Mattes kam morgens schon übermüdet in die Redaktion und wusste, dass er vor Mitternacht kaum zuhause sein würde. Mittendrin rief ihn Steinle-Bergerhausen an.

Mattes stöhnte: »Herr Dr. Steinle-Bergerhausen, Sie wissen doch, dass wir in den letzten Tagen vor der Abgabe unter Volldampf stehen. Da sind wir personell alle gefordert.«

»Darum rufe ich an.«

»Wollen Sie mitmachen?«, fragte Mattes, aber es klang nicht, als erwarte er eine Antwort.

Steinle-Bergerhausen lachte gekünstelt: »Lieber Herr Reuter, ich werde an ganz anderen Stellen benötigt. Aber in der Tat geht es um Ihre Personalstrukturen. Der Verlag hat meinen Vorschlag aufgegriffen, die Redaktion des ›doggies live‹-Magazins ganz neu zu konzipieren.«

Mattes riss die Augen auf: »Nicht Ihr Ernst! Was haben Sie vor?«

Steinle-Bergerhausen schien sich am anderen Ende der Telefonleitung in Positur zu bringen: »Da ›doggies live‹ unter meiner … sagen wir mal … Schirmherrschaft in den letzten Monaten zu einem äußerst erfolgreichen Magazin geworden ist, ist es nicht mehr vertretbar, das Top-Premium-Produkt des Hauses weit entfernt in einem Hinterhof zu produzieren. Wir haben uns entschieden, die Redaktion in wesentlich größere Räume zu bringen und deutlich mehr Mitarbeiter einzusetzen.«

»Moment mal!«, stoppte Mattes. »Unter Ihrer ›Schirmherrschaft‹ hieß ›doggies live‹ noch vor einigen Monaten ›Hassos Herren – Finas Frauchen‹, und die Auflage lag bei knapp 5 000 Exemplaren, von denen nicht alle verkauft wurden. Dass sich einiges geändert hat, lag ganz bestimmt nicht an den Planungen des Verlagshauses. Und ob eine größere Redaktion und weitere Mitarbeiter zu diesem Zeitpunkt erforderlich sind, ist in meinen Augen fraglich. Es läuft alles sehr gut.«

»Es wird noch besser laufen«, versprach Steinle-Bergerhausen selbstbewusst. »Im Schoße des Mutterhauses gibt es ganz andere Möglichkeiten.«

»Im Schoße des Mutterhauses? Was soll das heißen?«, fragte Mattes misstrauisch.

Steinle-Bergerhausen war gut gelaunt: »Sie ziehen natürlich nach Hamburg. Die Redaktionsräume werden gerade frei geräumt, und ich habe mein Büro dann gleich nebenan. Entscheidungen mit kurzen Wegen, wenn Sie verstehen, was ich meine.«

Mattes fuhr auf: »Wir ziehen nicht nach Hamburg! Das können Sie vergessen!«

Dr. Steinle-Bergerhausen war darauf vorbereitet: »Falls der ein oder andere Ihrer Mitarbeiter seinen neuen Einsatzort nicht bei uns sieht, haben wir eine kleine Abfindung und einen Auflösungsvertrag bereitliegen. Und Sie bekommen hier Top-Leute in die Redaktion.«

Mattes blieb eine Weile ruhig sitzen. Er hatte das Magazin aufgebaut, und jetzt kam ein Idiot wie Steinle-Bergerhausen und wollte es übernehmen. Das konnte er vergessen.

Deutlich und mit sehr ruhiger Stimme sagte er in den Hörer: »›doggies live‹ bin ich. Ich und meine Mitarbeiter. Und wenn nur einer davon fehlt, wird ›doggies live‹ nicht mehr das sein, was es jetzt ist. Das Magazin wird von uns so weitergemacht wie bisher, oder Sie können es gleich einstellen.«

Aus dem Augenwinkel heraus sah er, dass Frau Althoff mit besorgter Miene im Türrahmen stand und zuhörte. Vor der war nichts geheim zu halten.

Am Telefon lachte Steinle-Bergerhausen grunzend und sagte überheblich: »›doggies live‹ ist ein Produkt unseres Hauses. Sie sind nur der Chefredakteur. Entscheidungen trifft der Verlag, vergessen Sie das nicht!«

Ein Klicken im Hörer zeigte an, dass er einfach aufgelegt hatte.

Scheiße.

Und jetzt?

Von der Seite spürte Mattes die Blicke der Althoff. Wenn sie hören würde, dass der Verlag keinen Wert auf die Mitarbeiter legte, würde sie aufgeben. Dann wäre die ganze Sache verloren. Aber er brauchte gerade jetzt die gesamte Truppe. Das ist jetzt wirklich mal eine Chefsache, dachte er, und ohne langes Nachdenken sprach er weiter, als säße Steinle-Bergerhausen noch am anderen Ende des Telefons.

»Was mit dem Magazin geschieht, bestimmen alleine wir... Ja, das sehen Sie richtig... Ich wusste, dass wir uns verstehen, Herr Dr. Steinle-Bergerhausen... Nein, kein Problem, ein Versuch war es wert, aber wir belassen alles so, wie es ist... Ja, wir freuen uns auch über unseren Erfolg... Danke, Ihnen auch.«

Er legte auf, wandte sich an die Althoff und erklärte: »Das war Steinle-Bergerhausen.«

»Was wollte er?«, fragte sie misstrauisch.

Mattes winkte ab: »Ach, er hat angeboten, dass wir in große Redaktionsräume nach Hamburg ziehen können, aber ich habe abgelehnt. Das würde noch fehlen, dass wir extra umziehen müssen und dann diesen Idioten am Hals hätten. Wir bleiben hier, und es läuft einfach weiter.«

»Ich dachte schon, wir bekämen Probleme«, atmete Frau Althoff auf und lächelte erfreut. »Möchten Sie noch einen Kaffee?«

»Nein danke, ich hatte schon genug. Ich muss mich jetzt noch um diesen Artikel kümmern.«

Kaum war sie draußen, fuhr er sich erschöpft mit der Hand über das Gesicht. Die Althoff war beruhigt, aber ihm war klar, dass es jetzt mehr als gewaltige Probleme geben konnte. Steinle-Bergerhausen würde nicht lockerlassen. Nur noch wenige Tage bis zur Abgabe, danach würde er sich darum kümmern.

Etwas später rief Alex an und erkundigte sich, wie es lief.

»Ganz gut«, sagte Mattes müde, »aber wir stehen vor der Abgabe, und jetzt macht auch noch der Verlag Ärger. Ich weiß manchmal wirklich nicht, wie ich das alles in Tagen mit nur

24 Stunden schaffen soll.« Er seufzte. »Tennis am Freitag klappt vermutlich wieder nicht.«

»Deswegen ruf ich an«, erklärte Alex. »Ich hab unsere Reservierung jetzt nicht mehr verlängert. Ist ja Blödsinn, wenn der Platz jeden Freitag leer bleibt. Wir können das jederzeit wieder anfangen, wenn du wieder mehr Zeit hast.«

»Ach, Mensch«, reagierte Mattes enttäuscht, aber gleichzeitig fühlte er sich erleichtert. Die Termine mit Alex so häufig abzusagen, war ihm immer wieder schwergefallen.

»Bald sieht's wieder besser aus«, versprach er, und Alex antwortete: »Ja, ja. Ruf an, wenn wir uns sehen können!« Dabei lachte er leicht: »Ich hab dir gleich gesagt, dass ein fester Job nichts für dich ist. Als du noch Chefredakteur bei der ZEIT werden wolltest, hattest du ein Ziel, auf das du im Straßencafé warten konntest. Mit einem großen Cappuccino.«

»Ich war ewig nicht mehr in einem Straßencafé«, stellte Mattes nüchtern fest.

Er legte auf und rieb sich müde den Kopf. Was war nur los mit ihm? Sonst war er doch immer mit so viel Energie auf die Abgabe zugestürmt, und jetzt kam ihm alles wie ein nicht zu bewältigender Berg von Arbeit vor. Ob er mal was essen sollte? Nein, lieber nicht. Appetit hatte er gar keinen. Er schlief auch seit einiger Zeit nicht mehr gut, lag nachts lange wach und konnte trotz seiner Müdigkeit nicht einschlafen. Demnächst musste er irgendwas ändern. Vielleicht noch einen Mitarbeiter einstellen, damit er Arbeit abgeben konnte?

Am nächsten Morgen wachte Mattes mit dröhnenden Kopfschmerzen auf. Das lag an der unruhigen Nacht, in der er schlecht geschlafen hatte, weil er sich fortwährend Gedanken über die noch fehlenden Artikel gemacht hatte. Würde Peter die Fotostory über den Wurf junger Möpse, die sich nach ihrer Vermittlung in ganz Deutschland verteilt hatten und über deren Lebenswege er berichten wollte, noch hinkriegen, oder müssten sie den redaktionellen Teil im letzten Moment umändern? Und warum rief die Frau der Hundefriseur-Innung nicht endlich zurück? Der telefonierte er schon seit Tagen hinterher.

Mattes wankte müde in die Küche und drückte zwei Kopfschmerztabletten aus der fast schon leeren Packung. Danach saß er mit einem extra starken Kaffee am Tisch und versuchte den Artikel, an dem er bis spät abends geschrieben hatte, konzentriert durchzulesen, aber es fiel ihm schwer, den Sinn der einzelnen Sätze zu erfassen. Ungeduldig raffte er schließlich alles zusammen und machte sich fertig, um zu duschen, dann mit Mina eine Runde an die frische Luft zu gehen und anschließend ins Büro zu fahren. Ein halber Tag Pause würde ihm gut tun, aber wenn er jetzt nachließe, hätte er danach noch mehr Stress, um die verlorene Zeit aufzuholen.

Kaum war er im Park, sprach ihn eine Frau an, die eine mittelgroße Promenadenmischung an der Leine führte.

»Herr Reuter, darf ich Sie mal kurz was fragen?«

»Nee, bitte nicht heute, lieber morgen«, brummelte er und versuchte weiterzugehen.

Sie blieb neben ihm und versicherte: »Geht ganz schnell.«

»Lassen Sie es einfach!«, bat Mattes gereizt und ging etwas schneller. Ihm war übel. Auch das noch. Er hörte, wie sie begann: »Ist aber wichtig. Sie kennen doch den Herrn, der hier immer mit seinem Rottweiler läuft?«

»Nein!« Er wollte niemanden mehr kennen, sie sollte einfach ruhig sein und ihn nicht vollquatschen.

»Wenn der Rottweiler meine Minou sieht, dann …«

Mattes blieb stehen und sah sie an: »Mir ist es scheißegal, was passiert, wenn der Ihre Minou sieht! Ich will hier einfach nur mit meinem Hund laufen und verdammt nochmal meine Ruhe haben!«

Sie sperrte erschrocken den Mund auf, während er den Weg weiterstampfte. Hinter sich hörte er sie verärgert rufen: »Wie sind Sie denn drauf? Aber im Fernsehen immer nett tun!«

Ich bin nett, dachte er sauer. Ich bin total nett, aber nicht, wenn mir der Schädel platzt. Als er von rechts die Dame mit den beiden Pudeln kommen sah, die ihn gerne ausführlich über die Abenteuer ihrer »frechen Pudelchen« informierte, drehte er auf der Stelle um, pfiff nach Mina und ging zurück. Die Dame mit Minou guckte ihn bitterböse an, als er an ihr vorbeimarschierte, sagte aber keinen Ton.

Warum musste er bei jedem Schritt blöd von der Seite angequatscht werden? Er schrieb nur für ein Hundemagazin. Er war nicht der weltweit zuständige Mann für alle Probleme, die die Leute mit ihren Hunden hatten.

»Herr Reuter?«, sprach ihn erneut eine Frau mit freundlicher Stimme an.

»Nein!!«, brüllte er unbeherrscht. »Ich bin privat hier, und ich will mich nicht unterhalten! Mir ist egal, ob Ihr Hund zehn Meter tief tauchen kann oder die Oma gefressen hat.«

Die Frau guckte ihn erschrocken an. »Ist was passiert?«, fragte sie vorsichtig.

Seine Wut verflog, und er ließ kraftlos die Arme hängen. »Entschuldigung«, sagte er. »Mir geht es heute nicht so gut. Sprechen Sie mich gerne in einigen Tagen nochmal an, dann habe ich Zeit.«

Sie lächelte ihm aufmunternd zu: »Gute Besserung!«

»Danke.«

Langsam ging er weiter. Was war mit ihm los? Bisher hatte er selbst an nervigen Fragestellern noch Gefallen gefunden und sich über manch unfreiwillige Komik gefreut. Er liebte doch den Kontakt mit anderen Menschen und fand spannend, was es an Beziehungsgeflechten zwischen Hunden und ihren Haltern gab. Aber heute war ihm einfach alles zu viel. Es wurde Zeit, dass er in die Redaktion kam und die Arbeit erledigte. Wenn die Abgabe vorbei war, würde er entspannen können und am besten mal drei Tage mit Mina wegfahren. Vielleicht konnte Alex mitfahren? Den hatte er schon viel zu lange nicht mehr gesehen, und es würde ihnen beiden gut tun.

Auf seinem Schreibtisch fand er eine Notiz von Frau Althoff, dass die Dame der Hundefriseur-Innung ihre Zusage, über die Ergebnisse der letzten bundesweiten Konferenz zu berichten, zurückgezogen hatte. Damit war der Artikel geplatzt. Vielleicht konnten Ausschnitte davon später als Grundlage für einen anderen Artikel verwendet werden, aber für diesmal gab er nicht mehr genug her.

Er rief Nadine an: »Die Friseurfrau ist raus, wir brauchen ein komplett neues Thema für zwei Seiten.«

»Ich bin schon an einem Typen dran, der Holzspielzeuge für Hunde vertreibt. Den müsstest du anrufen und am besten heute noch besuchen.«

Mattes schüttelte den Kopf: »Das geht nicht. Kannst du bitte …?«

»Nee, tut mir leid, ich bin mehr als genug mit meinen Seiten beschäftigt. Du weißt, wie knapp wir sind.«

»Schon o. k.«

Er legte auf. Also noch ein Termin mehr, aber es musste sein, wenn der Bericht noch ins Heft sollte. Wo war eigentlich die Adresse von dem Typen mit den Rezepten für Hundekekse hingekommen? Der schrieb ganze Backbücher darüber, und eigentlich hatte er eines davon kaufen und Astrid schenken wollen. Die lag immer noch über ihrer 65-Kilo-Marke, obwohl sie alle paar Tage mit Mina und dem Blick auf die Pulsuhr durch den Park hetzte.

In der gemeinsamen Konferenz am Nachmittag stellte Mattes fest, dass sie hinter der Zeit zurücklagen. Ihm war immer noch unwohl, und er konnte sich nicht entscheiden, ob er etwas essen sollte oder lieber nicht. Der Gedanke an Essen verursachte ihm Übelkeit, aber ganz ohne ging es auf Dauer auch nicht. Außerdem war ihm furchtbar warm. Mit ungewohnt scharfer Stimme sagte er: »In fünf Tagen ist Abgabe, und wir haben noch 14 unfertige oder sogar leere Seiten. Leute, das geht nicht! Zu diesem Zeitpunkt müssten wir normalerweise den Feinschliff machen und nicht mehr am Grundsätzlichen arbeiten.«

»Wir arbeiten, so viel wir können«, wandte Nadine ein.

»Legt noch was drauf!«, verlangte Mattes.

Peter sah ihn regungslos an und sagte keinen Ton.

»Was ist los?«, fragte Mattes und drängte: »Bist du mit allen Seiten durch? Was ist mit den Mops-Welpen?«

Betont langsam verschränkte Peter die Arme vor der Brust und sagte kalt: »In diesem Ton ja nun mal gar nicht.«

»Was heißt in diesem Ton?«, fragte Mattes aufgebracht. »Ich frage dich nach deiner Arbeit und möchte wissen, wie es aussieht.«

»Es läuft«, sagte Peter, »aber es ist zu viel. Du hast mal versprochen, dass es beim nächsten Heft weniger Arbeit geben würde, aber es wird immer mehr.«

»Vielleicht musst du dich anders organisieren?«, schlug Mattes spitz vor. »Oder macht die jugendliche Freundin zu viel Stress?«

Frau Althoff guckte ihn kritisch an, was ihn sofort nervte. Ich bin wirklich nicht gut drauf, dachte er und fragte ungeduldig: »Kann mal einer das Fenster aufmachen?« Er nestelte an seiner Jacke herum, um den Reißverschluss zu öffnen.

Wenn nur diese stechenden Kopfschmerzen nicht wären. In zwei Stunden hatte er den Termin mit dem Hundespielzeug-Typen, was eine Autofahrt von fast einer Stunde bedeutete. Zeit, die er nicht hatte.

»Nadine, den Spielzeug-Artikel musst du übernehmen, ich habe heute zu viel zu tun, aber es muss einer hin.«

Nadine schüttelte energisch den Kopf: »Das geht auf gar keinen Fall. Ich habe noch zwei Telefongespräche, die ich dringend für die Artikel führen muss, und ich muss auch noch schreiben. Peter braucht die Texte, um sie einbauen zu können.«

»Dann muss Peter fahren!«

Peter grunzte: »Ich mache die Layouts und Fotos, aber ich mache keine Interviews.«

Mattes schlug ungehalten auf den Tisch und wurde laut: »Es ist ja wohl kein Problem, ein paar Fragen zu stellen und zu hören, was der Typ antwortet. Dazu müsste deine Schulbildung ausreichen.«

Peter stand auf: »Du kannst mich mal!«, und verließ den Raum.

Mattes spürte, wie ihm die Luft wegblieb. Er atmete schneller und hatte trotzdem das Gefühl, nicht genug Sauerstoff zu bekommen. Und diese schrecklichen Kopfschmerzen! Was war denn heute mit allen los? Nadine weigerte sich, einen Auftrag zu übernehmen, und Peter ging einfach. Das war ein Grund für eine fristlose Kündigung. Wenn es ihm hier zu viel wurde, sollte er gehen. Es gab genug Spitzen-Grafiker, die nur darauf warteten, ihn zu ersetzen. War dem das nicht klar? Und was wollte die Althoff jetzt? Er sah sie undeutlich vor seinem Gesicht und konnte nicht genau bestimmen, ob sie weit weg stand oder ganz nah war. Es rauschte in seinen Ohren. Was war denn los? Waren die alle verrückt geworden? Sie sahen unscharf aus und bewegten sich wie in Zeitlupe, und es war laut, aber er konnte sie nicht verstehen und sein Kopf dröhnte … Er schloss kurz die Augen.

Als er sie wieder öffnete, lag er auf dem Boden, Peter hielt seine nach oben gestreckten Beine fest und Nadine legte ihm ein feuchtkaltes Handtuch auf die Stirn. Frau Althoff stand mit dem Telefonhörer in der Hand neben ihm und guckte besorgt.

»Er macht die Augen auf!«, krähte Tina. »Er lebt!«

»Natürlich lebt er«, brummte Peter.

Tina fragte empört: »Hast du nicht gesehen, wie er mit der Stirn auf den Tisch geknallt ist? Voll die Riesenpanik, ich dachte, die Platte ist durch.« Nadine guckte ihn besorgt an: »Du bist eben vom Stuhl gekippt.«

Frau Althoff entschied: »Ich hätte fast den Notarzt gerufen, aber er sieht schon wieder etwas besser aus. Peter, du packst ihn in den Wagen und fährst ihn ins Krankenhaus.«

»Ihr seid wohl bescheuert«, wehrte Mattes ab, »ich hab nur ein bisschen Kopfschmerzen, das wird gleich wieder.«

»Sie sehen aus wie eine Leiche, total gruselig«, verkündete Tina und schüttelte sich angewidert: »Voll der Zombie.«

Peter ließ die Beine vorsichtig los und griff ihm unter die Schultern, um ihn hochzuheben.

»Wir beide fahren jetzt ins Krankenhaus.«

»Nur über meine Leiche«, wehrte Mattes ab und rieb eine schmerzende Stelle an der Stirn, die seine Kopfschmerzen um eine neue Variante erweiterten.

»An der Leiche sind wir nahe dran«, sagte Peter und guckte ihn ernst an: »Tina hat mit dem Zombie schon recht. Ich fahr dich jetzt ins Krankenhaus, und wenn du dich weigerst, machen wir hier keinen Handschlag mehr, und das Heft wird nie fertig.«

»Ich hab keine Zeit, um stundenlang im Krankenhaus zu sitzen.«

Er richtete sich auf, merkte aber sofort, dass die Beine nachgaben. Peter griff fester zu und stützte ihn wortlos bis zum Auto. Ergeben setzte sich Mattes auf den Beifahrersitz, lehnte den Kopf zurück und schloss die Augen. Ein bisschen Ruhe tat gut, und nach der Untersuchung im Krankenhaus würde er eben bis nachts arbeiten und damit die verlorene Zeit wieder reinholen.

»Und?«, fragte Mattes den behandelnden Arzt in der Notaufnahme, der sich ihm gegenüber an den Schreibtisch setzte. Seit zwei Stunden war er von Untersuchung zu Untersuchung geschickt worden, und abgesehen von den immer noch hämmernden Kopfschmerzen fühlte er sich wieder ganz fit. Bis auf die verschwommenen Schatten, die sich manchmal in sein Blickfeld schoben, aber die waren weg, wenn er kurz die Augen schloss.

Der Arzt blätterte in den Papieren, lächelte beruhigend und guckte ihn verschmitzt an: »Ich würde sagen, es ist nicht hoffnungslos.«

Mattes nickte zufrieden. »Ist klar. Tut mir leid, dass mein Mitarbeiter so vorschnell gehandelt hat. Ich hab gleich gesagt, dass es nur Kopfschmerzen sind und dass im Zimmer so schlechte Luft war. Außerdem habe ich seit Tagen nicht mehr richtig gegessen.«

»Ganz so einfach ist es nicht«, sagte der Arzt. »Einige Ihrer Werte gefallen mir überhaupt nicht. Dazu haben Sie sich jetzt auch noch einen an sich harmlosen Virus eingefangen, der Auswirkungen auf Ihren Kreislauf hat. Das hat den Zusammenbruch beschleunigt. Ihre verlangsamten Reaktionen gefallen mir überhaupt nicht.«

Verlangsamte Reaktionen? Er redete vielleicht etwas bedächtiger und artikulierte sorgfältiger als sonst, weil er sich wegen des Druckgefühls im Kopf sehr konzentrieren musste, aber dass er ansonsten anders war, bezweifelte er. Aber so ein Arzt wollte natürlich unbedingt etwas finden.

»Das liegt an den Kopfschmerzen, die ich heute habe«, bemühte sich Mattes klarzustellen. »Wenn die weg sind, ist alles wieder in Ordnung.«

Der Arzt lehnte sich zurück und grinste: »Ich nehme an, Sie wollen jetzt gleich zurück ins Büro?«

Mattes lachte schwerfällig: »Natürlich. Ich habe ein Magazin fertigzustellen, und jetzt geht es mir ja wieder gut. Noch eine Kopfschmerztablette und irgendetwas gegen diesen Virus, und ich bin wieder fit.«

Warum sah ihn der Arzt so an? Der konnte ihn ja nicht mit Gewalt festhalten und von der Arbeit abhalten.

»Ich nehm auch Penicillin oder ein bisher ungetestetes Medikament gegen jede Art von seltsamen Viruserkrankungen, Hauptsache, ich bin sofort wieder einsatzbereit.«

Er hatte sowieso schon viel zu viel Zeit verloren und würde vermutlich die ganze Nacht durcharbeiten müssen.

Der Arzt nahm seine Brille ab und spielte damit herum. Er lächelte: »Typen wie Sie habe ich immer wieder hier liegen. Die sind absolut unersetzlich, ackern wie blöd und klappen zwischendurch mal eben zusammen. Aber das ist natürlich immer ganz harmlos. Ist dann immer ein kleiner Virus schuld, oder weil sie sich zu wenig bewegt haben oder weil die Klimaanlage kaputt ist.«

Er wurde ernst und beugte sich vor, sodass er nahe an Mattes herankam: »Hören Sie, Herr Reuter. Sie haben durch den

Sturz auf die Tischplatte eine Gehirnerschütterung bekommen, Ihre Herzwerte sind besorgniserregend, Ihre Atmung ist zu flach, ein Virus setzt Ihnen zu und Sie zeigen alle Anzeichen einer extremen Überarbeitung. Wenn Sie sich jetzt wieder in Ihre Arbeit stürzen, habe ich Sie in spätestens zwei Wochen erneut hier, und dann wette ich mit Ihnen, dass es einen längeren Aufenthalt geben wird. Vielleicht können wir Sie auch gleich in die Kühlkammer schieben. Da hätten Sie dann allerdings für immer Ruhe.«

Dann fragte er freundlich: »Privat- oder Kassenpatient?«

Als Mattes ihn verwirrt ansah, ergänzte er in lehrerhaftem Ton: »Ein stationärer Aufenthalt ist in Ihrem Fall unumgänglich. Einzel- oder Dreibettzimmer?«

»Kommt gar nicht in Frage!«, rief Mattes aus, sprang auf und merkte gleich, dass ihm diese plötzliche Bewegung gar nicht gut tat. Der Schwindel verstärkte sich, und von den Seiten schoben sich schwarze Wände vor seine Augen. Der Arzt bugsierte ihn mit festem Griff auf den Stuhl zurück und fühlte seinen Puls. Mattes hörte ihn aus weitere Ferne rufen: »Wir brauchen eine Trage! Hier hat sich gerade jemand bereit erklärt, auf Station zu bleiben.«

Liegen und die Augen geschlossen lassen, wie wunderbar, dachte Mattes, als er von zwei Pflegern auf eine fahrbare Trage gelegt wurde und langsam wegdämmerte. Aber das Magazin? War da nicht …? Erst mal ausschlafen. Wenn die Kopfschmerzen weg wären, dann würde er die nächsten Nächte durcharbeiten und alles aufholen. Er hatte ja gar keine Zeit, jetzt eine Pause zu machen.

Er wurde wach, weil er hörte, wie sich jemand auf dem Stuhl neben seinem Bett bewegte. Als er die Augen öffnete, sah er Astrid im halbdunklen Zimmer an seinem Bett sitzen.

»Na, du Held«, lächelte sie liebevoll. »Gefällt's dir nicht mehr bei mir im Haus, oder warum wohnst du jetzt hier?«

»Hi, Astrid«, sagte er und merkte, dass die Kopfschmerzen immer noch da waren und in seine Hirngänge strahlten. Aber zu seiner Erleichterung war die Übelkeit fast weg.

»Ich bleib nur eine Nacht, dann geh ich wieder«, versicherte er.

»Das wüsste ich aber!«, lachte sie. »Du hast seit gestern durchgeschlafen, und der Arzt sagt, dass du dich auf eine ganze Woche in diesem Bett einstellen musst.«

Mattes richtete sich mit einem Ruck auf und ächzte, weil er merkte, dass das doch keine gute Idee war. Langsam ließ er sich zurückgleiten.

»Meinem Kopf geht's überhaupt nicht gut«, stöhnte er, »aber das Magazin muss fertig werden. Ich muss sofort in die Redaktion.«

Astrid kramte in aller Ruhe in ihrer Tasche und suchte nach etwas. Warum hatte sie eigentlich immer diese Riesendinger, in denen sie stundenlang wühlen musste?

Triumphierend zog sie endlich eine Saftflasche heraus: »Hier, für dich. Übrigens lässt der grau melierte Herr dir ausrichten, dass alles läuft.«

»Welcher grau melierte Herr?«

»Na der, der dich gestern hergebracht hat.«

»Peter?«

»Keine Ahnung, wie der heißt, er brachte mir Mina vorbei und sagte, er arbeitet in der Redaktion.«

Das musste Peter sein, aber wirklich gestern? Und Mina war bei Astrid? Wenn nur nicht der Kopf so schwer wäre, dann könnte er besser darüber nachdenken.

Astrid sah ihn besorgt an: »Schlaf ruhig weiter. Ich komme morgen wieder.« Sie legte ihm ihre kühle Hand auf die Stirn:

»Der Arzt sagt, du brauchst Ruhe, dann wird das wieder. Es war ein Glück, dass ein Virus dich so konsequent lahmgelegt hat, denn sonst hättest du vielleicht gearbeitet bis zum Umfallen. Im wahrsten Sinne des Wortes.«

»Wo ist mein Handy?«, fragte Mattes mit matter Stimme. »Ich muss die Althoff anrufen.«

»Das habe ich eingepackt. Kriegst du erst wieder, wenn du gesund bist.«

»Aber ich muss doch ...«

»Du musst gar nichts. Ruh dich aus.«

»Ja, Mami«, sagte Mattes und grinste schwach. Als er die Augen schloss, nahm er gerade noch wahr, dass Astrid besorgt zurücklächelte.

Am nächsten Morgen kam eine Schwester ins Zimmer, guckte ihn prüfend an und meinte: »Sie sehen schon viel besser aus.«

»Mir geht es auch deutlich besser«, bestätigte Mattes und richtete sich vorsichtig auf. Ein bisschen Druck hatte er noch im Kopf, aber die heftigen Schmerzen waren weg. Er war nur so müde. Wo war seine Energie geblieben? Die Schwester schüttelte sein Kopfkissen auf und fragte: »Sie sind doch der Herr Reuter vom Hundemagazin. Kann ich mal 'ne kurze Frage stellen?«

Mattes lehnte sich ins Kissen zurück und grinste leicht: »Schießen Sie los!«

Gegen zehn Uhr klopfte es kurz an der Zimmertüre, und Frau Althoff steckte zunächst den Kopf ins Zimmer und kam erst komplett herein, als sie sah, dass er wach war. Sie nickte zufrieden: »Sie liegen ja tatsächlich noch. Ich habe schon das Schlimmste befürchtet.«

»Das Schlimmste?«

»Dass Sie wieder auf dem Weg in die Redaktion wären.«

Sie holte Getränke und Obst aus einer Tasche und stellte alles auf den Beistelltisch.

Mattes richtete sich auf: »Frau Althoff, Sie müssen mich hier rausbringen! Wir haben Abgabe, und gerade jetzt können wir uns keine Verzögerung leisten.«

Seine Büroleiterin sah ihm direkt in die Augen und fragte gefährlich ernst: »Und wieso glauben Sie, dass Sie dazu nötig wären?«

Mattes hatte das Gefühl, einen Schlag in den Magen zu bekommen. Sie arbeitete anscheinend mit Steinle-Bergerhausen zusammen. Und beide hatten es jetzt geschafft, ihn aus dem Weg zu räumen. ›doggies live‹ würde nach Hamburg ziehen und ohne ihn weitergehen.

»Hier«, sagte Frau Althoff und drückte ihm einen flachen Gegenstand in die Hand. »Verstecken Sie es, sonst wird es weggenommen!«

Er starrte auf ein Handy. Sie öffnete die Schublade des Tisches, nahm ihm das Gerät aus der Hand und legte es schnell hinein. Dabei stöhnte sie: »Sie sind tatsächlich verzögert in allem, was Sie tun. Ich wollte es zuerst nicht glauben.«

Mit einem Glas ging sie zum Waschbecken in der Zimmerecke, spülte es dort kurz aus und stellte es ihm wieder auf den Tisch. Dabei sagte sie: »In der Redaktion läuft alles. Wir überschlagen uns, um den Termin zu halten. Sie dürfen mich einmal am Tag anrufen, um auf den aktuellen Stand gebracht zu werden. Sollten Sie öfter anrufen oder auf die Idee kommen, aktiv ins Geschehen einzugreifen, werde ich das Handy sofort wieder einziehen.«

Mattes fragte verwirrt: »Aber geht das denn …?«

»Stellen Sie keine überflüssigen Fragen! Verlassen Sie sich einfach darauf, dass es läuft. Wenn Sie es bisher noch nicht wussten…«, sie machte eine kleine Pause und lächelte liebevoll, »…Sie haben tolle Mitarbeiter.«

Eine ungeheure Erleichterung durchflutete Mattes' Körper. »Was ist mit dem Bericht über das Hundespielzeug?«, fragte er noch, aber Frau Althoff schüttelte tadelnd den Kopf: »Nun geben Sie doch endlich Ruhe! Sie sind ja wie ein Kleinkind. Es läuft alles, vertrauen Sie mir.«

Zu seiner Verwunderung bemerkte er, dass er das tatsächlich machte. Seine Befürchtungen und Geheimagenten-Phantasien zerfielen zu einem Nichts, und fast bedauerte er das.

Beim Hinausgehen drehte sich Gisela Althoff noch einmal um, zeigte mit dem Finger auf sich und lachte: »Das ist jetzt mal echte Chefsache.«

Dann fiel die Türe leise hinter ihr ins Schloss.

Kurze Zeit später kam Alex, zog sich polternd einen Stuhl bis ans Bett und sagte vorwurfsvoll: »Sag mal, da muss sich jetzt aber was ändern. Du siehst ja, wohin das führt. Kaum schreibst du ein paar Artikel, liegst du halbtot auf der Intensivstation. Regelmäßige Arbeit ist einfach nichts für dich!«

»Mir geht's doch schon viel besser. Es war nur ein kurzer Schwächeanfall«, beruhigte Mattes.

»Kurzer Schwächeanfall?«, lachte Alex auf. »Nach dem, was Astrid an Informationen von deinem Arzt bekommen hat, bist du so gut wie tot. Naja, zumindest total überarbeitet. Wie kann man auch nur auf die Idee kommen, ein Heft nach dem anderen und immer größer und schöner mit nur so wenigen Leuten zu machen? Kein Wunder, dass du da zusammenklappst. Ich befürchte, dass du inzwischen beim Joggen keine zehn Meter mehr schaffen wirst. Mit so 'ner Lusche trau ich mich nicht in den Park!«

»Nun mal langsam«, wehrte Mattes ab. »Ich regenerier hier

ein paar Tage und dann wirst du sehen, wer wem hinterhergucken wird!«

»Für einen Rekonvaleszenten haben Sie zu viel Besuch«, erklang die Stimme des behandelnden Arztes von der Tür, und er guckte gespielt grimmig ins Zimmer.

Alex sprang auf: »Ich muss sowieso gehen.«

Vertraulich raunte er dem Arzt zu: »Können Sie ihn mit irgendwelchen Mitteln ruhigstellen? Der faselt schon wieder was vom Joggen. Ich kann nicht zulassen, dass mein Trainingsvorsprung dahinschmilzt.«

Mattes suchte einen Gegenstand zum Werfen, aber Alex sprang schon breit grinsend aus der Tür.

Der Arzt schritt zum Bett und sah ernst aus. Mattes guckte ihn erschrocken an. Was kam jetzt schon wieder? Waren einige der letzten Werte schlimmer als gedacht? Er fühlte sich doch schon wieder viel besser.

»Herr Reuter, ich muss da mal was mit Ihnen besprechen«, sagte der Arzt und beugte sich vor. Das hörte sich nicht gut an. »Wissen Sie ...«, begann er und suchte nach Worten, »... ich jogge selber sehr viel, und eigentlich hätte ich da gerne einen Hund als Begleiter. Was für eine Rasse würden Sie mir denn empfehlen? Meine Frau hätte lieber was Großes, aber ...«

Er brach ab, weil Mattes die Hände vor das Gesicht warf und jammernd »Nein, nein, nein!« ausrief. Prüfend guckte er ihn an, entspannte sich aber, als er merkte, dass dahinter ein Lachanfall steckte. Mattes ließ die Arme sinken, lehnte sich gemütlich ins Kissen zurück und feixte: »Ich dachte, ich brauche Ruhe. Aber kein Problem, fragen Sie ruhig!«

Einige Tage später besuchte ihn Frau Althoff am frühen Abend. Draußen dämmerte es schon, und während sie Saftflaschen und Obst aus ihrer Tasche holte und auf den Tisch stapelte, erzählte sie von der termingerechten Fertigstellung des Magazins.

»Peter und Nadine sind völlig fertig, aber sehr zufrieden. Sie haben die letzten beiden Nächte vor der Abgabe fast durchgearbeitet, und ich habe sie jetzt bis zum Montag beurlaubt. Wir werden aber an einer Einstellung weiterer Mitarbeiter nicht vorbeikommen, wenn wir das Niveau halten wollen. Noch einmal geht so eine Kraftanstrengung nicht.«

Mattes nickte und bestätigte: »Das habe ich mir auch schon überlegt. Hoffentlich kriegen wir das beim Verlag durch.«

Sollte er der Althoff erzählen, was Steinle-Bergerhausen plante? Lieber noch nicht. Wenn er wieder in der Redaktion war, würde er zuerst einmal selber nachhören, was Sache war. Bis dahin sollte Frau Althoff ruhig davon ausgehen, dass alles seinen Gang ging und keine Gefahren drohend am Horizont standen. Auch wenn sie dachte, dass sie alles im Griff hatte, lagen die wichtigen Chefsachen doch immer noch in seiner Hand.

Frau Althoff öffnete das Fenster weit und ließ angenehm kühle Abendluft ins Zimmer. Draußen im Park sang eine Amsel. Sie drehte sich um: »Herr Plattler hat eine neue Stelle angeboten bekommen, als Chef-Grafiker bei einem Musikmagazin.«

Mattes holte tief Luft. »Schade«, sagte er langsam. »Aber das war wohl zu erwarten, nach dem Stress, den er bei uns hatte, und mit der neuen Freundin, die ihn endlich gesellschaftsfähig gestylt hat.«

»Woher wissen Sie das mit seiner Freundin?«, fragte Frau Althoff verblüfft.

Mattes lächelte müde. »Ein Chef weiß alles. Ich kenne sie, und ich hoffe, dass er mit ihr glücklich wird. Sie ist bestimmt anstrengend.«

»Sie ist nett«, sagte Frau Althoff. »Sie war jeden Abend in der Redaktion und hat ihm beim Auswählen der Fotos geholfen und die Layoutbögen für die Druckerei fertig gemacht.«

Mattes lachte leise auf: »Das hätte ich von Carolin gar nicht erwartet.«

»Carolin?«, fragte Frau Althoff und schüttelte den Kopf. »Sie heißt Sabine.«

Jetzt war Mattes überrascht: »Sabine? So eine große Schmale mit dunklen Haaren, etwa Mitte 20, oben dick geschminkt, unten High Heels?«

Sie lachte: »Nein, Sabine ist Ende 30, und sie ist Lehrerin. Für Kunst und Englisch, glaube ich.«

Mattes schüttelte verwundert den Kopf und guckte dann ernst: »Ich weiß nicht, wie wir Peter ersetzen sollen.«

Frau Althoff lächelte und beruhigte: »Er geht nicht. Er hat die wundervolle Stelle abgesagt, um weiter bei ›doggies live‹ zu arbeiten. Ich glaube, Sie sind zum richtigen Zeitpunkt krank geworden, sonst hätte er vermutlich den anderen Weg gewählt.«

Mattes freute sich, aber ihm kam gleichzeitig der Gedanke, dass Peter die falsche Entscheidung getroffen haben könnte, wenn die Redaktion jetzt nach Hamburg umziehen musste und alles neu strukturiert würde. Er konnte nicht warten, er musste Klartext reden.

»Frau Althoff, ich habe Sie falsch informiert«, begann er leise. »Steinle-Bergerhausen lässt uns nicht einfach weitermachen, er ist dabei, alles nach Hamburg zu verlagern.«

»Er WAR dabei«, korrigierte sie ihn freundlich.

Mattes schüttelte den Kopf: »Sie verstehen nicht. Kurz bevor ich ins Krankenhaus kam, hatte er angerufen und ...«

Frau Althoff guckte ihn lächelnd an, und er brach verwirrt ab. Warum registrierte sie nicht, was er sagte? Es ging um die Zukunft der Redaktion, die mehr als wackelig aussah.

Sanft und langsam, als wäre er noch von den Nachwirkungen der Gehirnerschütterung betroffen und bräuchte etwas länger, um zu verstehen, sagte sie: »Sie haben nicht ernsthaft geglaubt, Sie könnten mich reinlegen?«

Sie zog ihr Handy aus der Handtasche, wählte eine Nummer und meldete sich: »Hier ist Althoff. Ich bin gerade bei ihm, er liegt noch im Bett, sieht aber wieder ziemlich gut aus ... Ja, das stimmt ... Er würde Sie sehr gerne sprechen, Herr Dr. Steinle-Bergerhausen ... Moment, ich gebe weiter.«

Mattes winkte heftig ab. Was sollte das? War sie vollkommen verrückt geworden? Er wollte nicht mit diesem Idioten sprechen! Frau Althoff drückte ihm das Telefon in die Hand. Zögernd nahm Mattes es ans Ohr und meldete sich: »Reuter hier.«

Das Gerät blieb stumm.

»Hallo?« fragte Mattes.

Stattdessen sprach Frau Althoff: »Mit toten Telefonleitungen reden kann jeder. Ihr Märchen von Dr. Steinle-Bergerhausen, der alles schön findet und uns machen lässt, habe ich keinen Augenblick lang geglaubt. Dafür bin ich schon zu lange im Geschäft. Aber machen Sie sich keine Sorgen, es ist alles geregelt.«

»Alles geregelt?«, fragte Mattes matt und ließ das Handy sinken. Draußen sang immer noch die Amsel, und Mattes lauschte den Tönen, die durch den Park klangen. Er wusste nicht, was Agentin Althoff da geregelt hatte, aber es stand fest, dass sie den Fall übernommen und die Probleme gelöst hatte. Vielleicht schwamm Steinle-Bergerhausen schon in einem Piranha-Becken, vielleicht hatte die Althoff ihn ohne Fallschirm aus dem Flugzeug springen lassen, egal. Wie zynisch ich in diesem Geschäft geworden bin, dachte Mattes, aber ihm war klar, dass er sich gerade in einer Ausnahmesituation befand.

Leichtherzig und sicher, dass ihn nichts mehr aus der Fassung bringen konnte, fragte er: »Würden Sie mir verraten, was Sie gemacht haben?«

Frau Althoff erklärte: »Ich habe mit Herrn Weber von der Verlagsleitung telefoniert und ihn davon unterrichtet, dass Mattes Reuter, der Chefredakteur von ›doggies live‹, die Redaktion nach einem Telefonat mit Dr. Steinle-Bergerhausen verlassen hätte und bis jetzt nicht wiedergekehrt sei.«

»Ich bin ins Krankenhaus gekommen und das nicht ganz freiwillig«, murmelte Mattes.

»Das weiß Herr Weber ja nicht«, sagte Frau Althoff geduldig, ehe sie fortfuhr: »Vertraulich habe ich ihm angedeutet, dass Sie ein sehr gutes Angebot von einem Konkurrenzverlag vorliegen hätten, und ich befürchten würde, dass Sie sich dort schon den Arbeitsbereich ansehen und unverzüglich wechseln würden, zumal das Gehalt wesentlich höher wäre. Herr Weber war hoch besorgt, was sich steigerte, als ich erwähnte, dass Dr. Steinle-Bergerhausen leider einige Entscheidungen getroffen hätte, die ein Weiterführen des Magazins in der aktuellen Form ganz klar verhindern würden. Die gesamte Belegschaft hätte inzwischen beschlossen, im Falle des Falles zusammen mit ihrem Chefredakteur zur Konkurrenz zu wechseln.«

»Ihr wärt alle gegangen?«, fragte Mattes erstaunt.

»Unsinn!«, sagte Frau Althoff. »Die anderen wussten doch gar nichts davon. In solchen Momenten muss man bluffen.«

Sorgfältig schloss sie die Fenster und drehte sich zu ihm um. Um ihre Lippen spielte ein Lächeln. »Es wird Sie freuen zu hören, dass Steinle-Bergerhausen versetzt wurde und nichts mehr mit der ›doggies live‹-Redaktion zu tun hat. An seiner Stelle wird das jetzt Herr Weber machen, der Ihnen volle Handlungsfreiheit garantiert. Er bittet nur darum, einmal im Monat über Ihre Entscheidungen informiert zu werden, um im Notfall eingreifen zu können.«

Mattes sah sie anerkennend an und dachte: Sie ist mir immer einen Schritt voraus. Was würde ich nur ohne sie machen?

»Wo ist eigentlich Mucki?«, fiel es ihm plötzlich auf.

Sie lächelte: »Den betreut gerade Tina, und sie macht das sehr gut. In diesem Fall haben wir übrigens tatsächlich eine anstehende Personaländerung.«

»Sie geben Mucki ab?«, fragte Mattes erstaunt.

»Nein, natürlich nicht!« Ihr Tonfall war so empört, als hätte er ihr vorgeschlagen, im Bikini über die Hauptstraße zu laufen. »Aber Tina hat eine Umschulungsmaßnahme bewilligt bekommen, die sie im städtischen Archiv absolvieren darf. Sie beginnt dort nächsten Monat.«

Mattes lachte: »Sortieren von A bis Z und nach Straßennamen.«

»Das kann sie«, bestätigte Frau Althoff und griff nach ihrer Tasche. »Sie hat mir übrigens etwas für Sie mitgegeben.« Vorsichtig zog sie ein großes, mit Geschenkpapier umwickeltes Päckchen heraus und reichte es ihm. Mattes wog es abschätzend in der Hand und rief entsetzt aus: »Ich ahne, was es ist. Ein Buch über Piercings zum Selbermachen.« Er schüttelte sich leicht, entfernte neugierig das Papier und hielt einen Ordner in der Hand. Beim Öffnen strahlten ihm knallbunte Fensterbilder entgegen, die sorgfältig einzeln in Klarsichthüllen abgeheftet waren. Langhaarige Collies, die auf Hügeln standen, während im Hintergrund die Sonne unterging, liegende Pudel, die eine Schleife um den Hals trugen, und Weidenkörbe voller Welpen, um die bunte Blumen drapiert waren.

Frau Althoff blieb erstaunlicherweise vollkommen ernst. »Sie wünscht Ihnen viel Glück für das nächste Heft und hofft, Sie freuen sich über die Bildchen.«

»Ich wünsch ihr auch Glück, und ich freu mich voll«, sagte Mattes leise, lachte ein bisschen und fühlte sich unerwartet gerührt.

Frau Althoff stand auf: »Muss ich Ihnen noch mal Saft und Obst bringen, oder werden Sie bald wieder freigelassen?«, erkundigte sie sich interessiert.

»In der nächsten Woche bin ich wieder da«, sagte Mattes. »Ich werde ganz langsam mit der Arbeit anfangen, und wir werden sehen, wie es klappt.«

»Schön«, sagte Frau Althoff zufrieden und ging zur Tür.

»Danke!«, rief Mattes ihr halblaut hinterher.

Sie drehte sich um: »Wir freuen uns alle, wenn der Chef wieder da ist.«

An einem Freitagnachmittag wurde er entlassen. Astrid hing knapp über der 65-Kilo-Grenze und joggte zweimal am Tag, Mina buddelte ein Loch im Vorgarten, und der Taxifahrer hatte ihm vom »Cocktail Spanier« seiner Mutter erzählt – es hatte sich nichts geändert. Und doch war so vieles anders geworden.

»Ich weiß, was dein Problem ist«, hatte Alex gesagt, mit dem er am Abend lange zusammengesessen hatte. »Du hast deine Finder-Mentalität gegen die des Suchers getauscht. Das passt nicht zu dir.«

»Ich bin doch kein Sucher!«, fuhr Mattes empfindlich getroffen hoch. »Ich gucke nur, was rumliegt, und hebe es auf. Sucher suchen. Die haben keine Ruhe und hetzen verbissen herum.«

Alex grinste: »Und was hast du in den letzten Monaten gemacht?«

»Pfff!«, machte Mattes und verschränkte die Arme vor der Brust. »Auf jeden Fall nicht gesucht! Ich habe vielleicht manchmal etwas schneller finden müssen, um Termine zu halten, aber das passiert ja nur, wenn die Chance nicht da ist, der Drucktermin aber vor der Tür steht. Egal, wie es für dich aussieht, ich bin immer noch ein Finder. Ein aktiver Finder eben.«

Alex lachte und sagte nichts.

Mattes sprang auf und lief umher: »Gut, dann habe ich eben ein wenig Sucher-Mentalität übernommen, aber im Grunde meines Herzens bin ich immer noch Mattes, der auf dem Sofa liegt und die Sterne auffängt, die genau über ihm vom Himmel fallen.« Kleinlaut fügte er hinzu: »Nur dass ich kein Sofa mehr habe und dass ich wie verrückt renne, um genug Sterne zu bekommen. Ich glaube, du hast recht, Alex. Ich sollte mich wieder mehr auf meine Lässigkeit besinnen.«

»Falsch«, sagte Alex. »Mit Lässigkeit kannst du kein Monatsmagazin machen. Und der Job gefällt dir doch, oder?«

Mattes sah ihn nachdenklich an. Schließlich sagte er leise: »Er ist großartig. Ich muss ihn nur anders organisieren, damit der Finder wieder eine Chance hat.«

Sie stießen mit ihren Gläsern an, und Alex fragte: »Wann bist du im Park wieder dabei? Ich möchte zu gerne mal wieder sehen, wie du abkackst und hinter mir winselst, dass ich auf dich warten soll.«

Auch Berry und Beatrice liefen am nächsten Tag, wie auch vorher schon so oft, durch den Park, und Beatrice winkte schon von Weitem, als sie ihn mit Mina kommen sah.

»Geht's dir wieder gut?«, fragte sie. »Deine Schwester hat mir erzählt, was passiert ist.«

»Ja, es ist alles im grünen Bereich«, strahlte er sie an.

Beatrice kraulte Mina und meinte: »Dann hat Astrid jetzt ja endlich wieder Zeit für ihre eigenen Sachen, wenn du selber mit Mina gehen kannst und sie nicht immer mit ihr unterwegs sein muss.«

Mattes stutzte: »So viel Zeit hat sie hier im Park doch gar nicht verbracht, oder?«

Beatrice lachte: »Ich glaube, sie hat hier auch deine Beraterstunden übernommen. Jedenfalls war schnell bekannt, dass sie deine Schwester ist. Sie hat auch immer gerne alle Fragen zu Hunden ausführlich beantwortet. Die Leute halten wirklich viel von ihr. Woher kennt sie sich so gut aus?«

Mattes lachte: »Sie kennt sich überhaupt nicht damit aus. Und sie findet die meisten Hundehalter völlig bescheuert. Hat sie was mit Booten und paddeln erklärt?«

»Weiß ich nicht.«

»Ich hoffe nur, sie hat keine Kekse verteilt«, grinste Mattes.

»Wieso?«, fragte Beatrice neugierig.

»Ach, nur so.«

Den Nachmittag verbrachte er mit dem Laptop auf dem Sofa und bereitete vieles für die erste Redaktionssitzung am Montag vor. Neben ihm lag Mina und schnarchte leise vor sich hin. Es war alles vertraut, aber Mattes war anders geworden. Am Abend würde er mit Robin ins Kino gehen. Einfach so. Und ab nächster Woche würde ›doggies live‹ wieder der Mittelpunkt seines Tages sein. Er hatte große Pläne, mit denen er seine Mitarbeiter überraschen wollte.

Am nächsten Tag um zehn Uhr ging die erste Redaktionskonferenz nach Mattes unfreiwilliger Auszeit los. Frau Althoff, Peter und Nadine saßen am Tisch, und nur Tina, die vor Kurzem beim Stadtarchiv angefangen hatte, fehlte. Mattes merkte mit leichtem Erstaunen, dass er sie vermisste. Nicht sehr, aber ihre direkte Art und die unfreiwillige Komik hatten ihn oft zum Lachen gebracht. Außerdem dröhnte der Kopierer nicht mehr stundenlang durch den Gang. Wem sie jetzt wohl von ihren Piercings erzählte? Ohne Tina war es plötzlich stiller geworden. Gut, dass wenigstens Mucki noch laut kläffen konnte.

Mattes legte sofort los: »Wir haben einen engen Zeitplan. Das letzte Magazin war großartig, vielen Dank für euren unermüdlichen Einsatz! Es ist EUER Heft. Ich werde euch niemals genug dafür danken können. Das nächste Heft wird noch umfangreicher, und ›doggies live‹ wird dann 100 Seiten haben.«

Nadine sah ihn entsetzt an: »Oh, nein. Das schaffen wir nicht, Mattes!«

Peter stand mit einem Ruck auf. Sein Gesicht war vor Ärger rot, und er konnte sich nur mühsam beherrschen. »Wenn du das durchziehen willst, dann ohne mich! Ich dachte, du hättest es kapiert, aber es geht unverändert weiter. Nochmal hol ich dich da nicht raus.«

Er wollte erbost gehen, aber Mattes rief ihn zurück: »Jetzt setzt dich erst mal wieder hin! Es gibt noch weitere Neuigkeiten. Wenn du danach denkst, du musst wie ein wilder Stier rausrennen, bleibt dir dann noch genug Zeit.«

Widerwillig setzte sich Peter wieder an den Tisch. Mattes klatschte munter in die Hände: »Erst mal herzlichen Glückwunsch, Nadine und Peter, ihr seid Ressortleiter geworden.«

Nadine und Peter guckten sich irritiert an, dann sagte Peter abfällig: »Das waren wir schon immer.«

Mattes grinste: »Aber demnächst habt ihr Mitarbeiter in

eurer Abteilung. Ihr werdet nämlich echte Ressortleiter. Wir stocken auf. Nadine bekommt einen frisch ausgebildeten Journalisten an ihre Seite und dazu noch eine junge Frau, die sich mit ihr um die Werbekunden kümmern wird. Und Peter scheucht demnächst eine Grafikerin und einen Fotografen herum.«

Frau Althoff fragte ironisch: »Wie üblich ist das alles mit dem Verlag abgesprochen?«

»Nein, nicht wie üblich«, sagte Mattes. »Diesmal völlig unüblich schon mit Weber geregelt und von ihm nicht nur genehmigt, sondern sogar erwünscht. Er selber kam mit diesem Vorschlag auf mich zu.«

Frau Althoff zog anerkennend die Augenbrauen hoch.

»Außerdem hat der Verlag neue Räume für uns angemietet. Sie werden gerade renoviert. Wir werden den miesen, kleinen Hinterhof verlassen und…«, er machte eine kurze Pause, »…in einen anderen kleinen Hinterhof ganz in der Nähe ziehen, der vielleicht nicht ganz so dunkel und versifft ist, dafür aber größere und viel schönere Redaktionsräume bietet.« Er blickte sich um: »Ich sehe, meine Ankündigungen stoßen auf allgemeine Begeisterung.«

Nadine strahlte ihn an, und sogar Peter guckte plötzlich deutlich entspannter und schien interessiert zu sein. Mattes sah ihn an: »Übrigens Glückwunsch, dass es Sabine und nicht Carolin ist.«

»Carolin?«, fragte Peter irritiert.

»Die Fotos auf deinem Schreibtisch«, erklärte Mattes.

Peter grunzte: »Das Mäuschen aus der Fernseh-Redaktion? Was soll ich denn mit so einer? Hast du wirklich gedacht…«, und schüttelte verständnislos den Kopf.

»Frau Althoff«, wandte sich Mattes nun an seine Büroleiterin, »in zwei Wochen können wir umziehen. Sie können ab sofort alles vorbereiten. Ihr neues Büro wird Ihnen gefallen. Ihnen und Mucki«, fügte er schnell hinzu.

Sie reagierte überhaupt nicht und blieb einfach still sitzen. Er guckte sie fragend an. Warum sagte sie nichts? War sie jetzt beleidigt, weil er das alles hinter ihrem Rücken in die Wege geleitet hatte?

Versöhnlich raunte er: »Wie immer Chefsache«, und zwinkerte ihr zu.

Sie guckte ihn verdammt ernst an. Irgendetwas stimmte nicht.

»Ich werde nicht mit umziehen«, sagte sie ganz einfach.

Wie bitte? Ich muss mich verhört haben, dachte Mattes. Sie will nicht mit umziehen? Denkt sie etwa, wenn sie in ihrem alten Büro bleibt, bleiben wir alle? Er hörte sie lächelnd sagen: »Ich habe eine Position angeboten bekommen, die ich nicht ausschlagen möchte.«

Sie hatte einen neuen Job? Das war unmöglich!

»Frau Althoff! Keiner von uns hat einen neuen Job angenommen, nun fangen Sie doch nicht damit an!« Seine Stimme war besorgt: »Sie können uns doch nicht einfach sitzen lassen!«

Wochenlang hatte er täglich zehnmal gehofft, sie irgendwie loszuwerden, aber jetzt war es das Letzte, was er wollte.

»Woran liegt es? Wollen Sie mehr Urlaub? Soll ich mehr Geld für Sie rausschlagen?«

Seine Stimme hörte sich fast verzweifelt an. Die Althoff konnte nicht so einfach gehen!

»Ich besorge Ihnen eine Hilfe fürs Büro. Frau Althoff, Sie müssen dabeibleiben! Ohne Sie geht es nicht!«

Sie zeigte immer noch kein Einsehen. Aufgebracht fragte er: »Wie heißt die Firma, bei der Sie arbeiten wollen? Ich möchte denen erklären, wie wichtig Sie für uns sind und dass Sie bleiben müssen.«

»Das wird nichts nützen«, lächelte sie. »Ich habe schon zugesagt. Mein Mann und ich werden auf einem Kreuzfahrtschiff um die Welt fahren. Das ist ein alter Traum von uns beiden, und es wird Zeit, dass wir ihn uns erfüllen. Bisher wurde ich hier gebraucht, aber jetzt, wo alles läuft, kann ich hier von Bord gehen und auf der MS Deutschland meine Kabine beziehen. Außenkabine mit Balkon.«

Mattes sank in seinem Stuhl zurück. »Ich gebe auf. Dagegen kann ich nicht ankommen.«

Er seufzte sorgenschwer: »Aber wie sollen wir das hier ohne Sie schaffen?«

Sie beugte sich langsam am Tisch nach vorne und sagte in die gespannte Stille: »Marina Kaspar.«

»Marina Kaspar«, wiederholte Mattes ergeben und verstand nichts. Frau Althoff erklärte: »Marina Kaspar wird meine Stelle übernehmen. Sie ist eine sehr fähige junge Frau, die als Chefsekretärin für einen Freund meines Mannes gearbeitet hat und sich gerne verändern möchte. Sie stellt sich morgen vor, und ich bin sicher, sie wird Ihnen gefallen.«

Mattes brummte: »Gefallen ist nicht die Frage. Kann Sie Ihre weitreichenden Aufgaben auch nur annähernd übernehmen?«

Er dachte an die geschickten Betrügereien, die Agententricks und die Althoff'sche Hemmungslosigkeit, wenn es um Lug und Betrug ging. In dieser Hinsicht würde niemand an sie herankommen können.

»Ich bin sicher, dass sie das kann«, lächelte Frau Althoff amüsiert und ihre Augen blitzten.

Nadine sagte traurig: »Frau Althoff, ohne Sie kann ich mir die Redaktion gar nicht vorstellen.«

Mattes sprang hoch: »Und was wird mit Mucki?«

»Der kommt natürlich mit mir. Ohne ihn würde ich nicht fahren. Da würde ich eher meinen Mann zuhause lassen.«

»Aber wir können nicht arbeiten, ohne dass ein Hund im Nebenzimmer kläfft!«

Das war sein letztes Argument. Schwach zwar, aber nicht von der Hand zu weisen.

Frau Althoff sah ihn siegesgewiss an: »Frau Kaspar hat einen alten Hund, der nicht alleine bleiben kann, den wird sie mitbringen. Ich glaube, er fiept, wenn ihm langweilig ist. Das wird Sie also keine Umgewöhnung kosten.« Sie lächelte: »Und in vierzehn Monaten komme ich in Hamburg wieder an. Dann sehen wir weiter.«

Sie sah Mattes in die Augen und sagte zuversichtlich: »Sie machen das schon.«

Er musste schlucken, dann grinste er mit schiefem Lächeln: »Wie immer Chefsache!«

Gut unterhalten bei Tag & Nacht:

Ben Tewaag: 313

256 Seiten, Klappenbroschur

Ein schonungslos realistischer Gefängnisroman durch das komplette Gefühlsspektrum aus selbstzerstörerischem Exzess, Enttäuschung, Sex, Gewalt, Drogen, Spaß, Versagen.

Robert Griess: Stappers Revolte

288 Seiten, Klappenbroschur

Stapper, Familienvater auf Hartz IV, lässt sich nichts mehr gefallen! Ein hochkomischer Polit-Psycho-Action-Milieu-Roman zwischen Aufstand und Ayurveda.

Danko Rabrenović: Der Balkanizer. Ein Jugo in Deutschland

192 Seiten, Klappenbroschur

Pointiert und selbstironisch erzählt der Radiomoderator und Musiker Danko Rabrenović seine Geschichte(n) als Migrant in Deutschland.

www.tagundnacht-verlag.de